Holmsten · **Kriegsalltag**

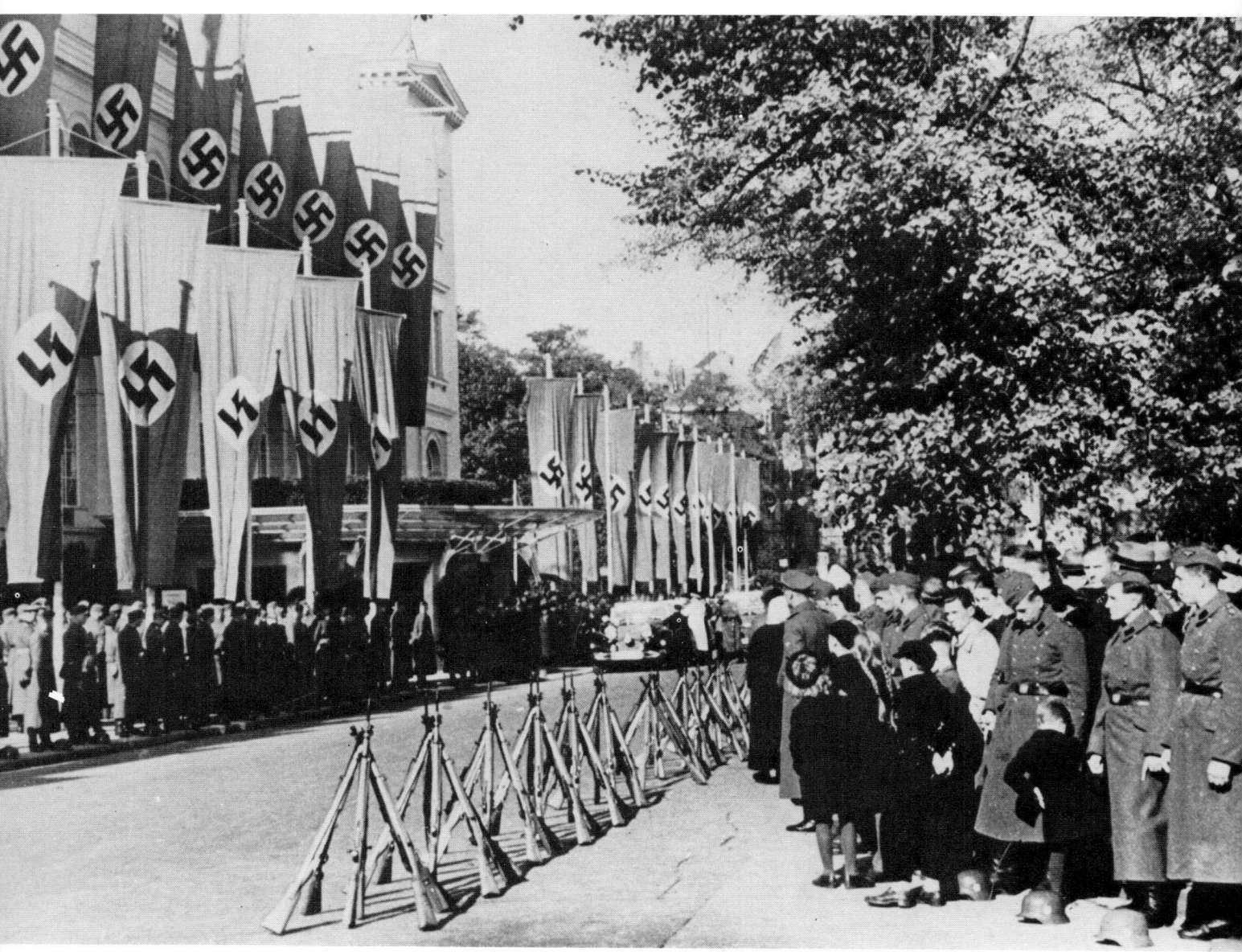

1 *Schweigend, mit ernsten, betroffenen Gesichtern hören am 1. September 1939 die vor der Krolloper in Berlin Versam-
melten, Zivilisten und Soldaten, die Erklärung an, in der Hitler vor dem Reichstag die Eröffnung des Krieges gegen
Polen verkündet: «Seit 4 Uhr 45 wird zurückgeschossen . . .» Die mangelnde Kriegsbegeisterung der Bevölkerung machte
der NS-Führung bereits in den ersten Septembertagen große Sorgen.*

Georg Holmsten

Kriegsalltag

1939–1945 in Deutschland

Droste Verlag Düsseldorf

Fotonachweise:
Prof. Bringmann: 36, 37, 38, 40, 41, 42. Droste-Archiv: 29,30,31,32,35,49. Stadtarchiv Frankfurt: 16, 60, 62, 63, 65, 66, 67, 68, 69, 70, 71, 72, 91, 92. Archiv Dr. Lotsch: 2, 3, 4, 5, 6, 7, 8, 11, 17, 24, 25, 28, 33, 34, 39, 48, 75, 76, 77, 78. Paulmann: 21, 96. Röhnert/Berlin: 61. Hauptstadtarchiv Stuttgart: 12, 15, 20, 53, 82, 84, 89. Archiv Taylor: 58. Stadtarchiv Ulm: 26. Ferner zeitgenössische Quellen

In dem Band «Brauner Alltag 1933–1939 in Deutschland» von Klaus-Jörg Ruhl wurden versehentlich folgende Bildnachweise nicht benannt: Hauptstadtarchiv Stuttgart 85, 109, 134, 135. Stadtarchiv Ulm 12, 21, 137. Stadtarchiv Heilbronn 71

CIP-Kurztitelaufnahme der Deutschen Bibliothek

Holmsten, Georg:
Kriegsalltag : 1939–1945 in Deutschland / Georg Holmsten. –
Düsseldorf : Droste, 1982.
  (Fotografierte Zeitgeschichte)
  ISBN 3-7700-0586-4

© 1982 Droste Verlag GmbH, Düsseldorf
Umschlagentwurf: Helmut Schwanen
Gesamtherstellung: Clausen & Bosse, Leck
Lithos: Rhein-Druck, Düsseldorf
ISBN 3-7700-0586-4

Inhalt

Vorwort

An Büchern über die militärischen und politischen Ereignisse, die Persönlichkeiten des Zweiten Weltkriegs und speziell über Deutschland in den Jahren 1939 bis 1945 ist kein Mangel. Sie füllen mittlerweile ganze Regale in den öffentlichen Bibliotheken und in den Büchereien der an Zeitgeschichte interessierten Leser. Es fehlt nicht an Biographien über Hitler, Göring, Goebbels und die andern «Prominenten» des Dritten Reiches, die in den Kriegsjahren den Zeitgenossen das Leben schwer machten. Jedoch diese Bücher haben fast alle die Neigung, das Leben der Bewohner des Deutschen Reiches, das sich in seiner letzten Periode vermessen «Großdeutsches Reich» nannte, sozusagen «von oben her» zu betrachten. Ein gar zu großer Teil der zeitgeschichtlichen Literatur schildert das Deutschland der Kriegsjahre und seine Menschen aus der Perspektive der Minister, Marschälle und Reichsleiter, des «Führerhauptquartiers», des OKW und Propagandaministeriums, aus der Sicht der Wehrmachtsberichte, der Regierungs- und Parteierlasse und ähnlicher offizieller und offiziöser Dokumente.

Erst in den letzten Jahren ist man dazu übergegangen, das Leben der Menschen im Dritten Reich «von unten her» zu betrachten und zu beschreiben. Die Autoren, meist Historiker, Soziologen und Publizisten der jüngeren Generation, die die Zeit vor 1945 nicht mehr aus eigenem Erleben kennen, versuchen zu ermitteln, wie sich das Leben des gar nicht prominenten Durchschnittsbürgers zwischen 1933 und 1945 abspielte, wie er auf die Maßnahmen der Regierung, Partei und Wehrmacht reagierte. Jedoch die Kriegsjahre 1939 bis 1945, die

immerhin fast die Hälfte der nur zwölf Jahre währenden Epoche des «Tausendjährigen Reiches» ausmachen, werden in diesen Publikationen oft nur kurz abgehandelt. Es sieht fast so aus, als gebe es über den «Braunen Alltag» im Kriege nichts wesentlich Neues mitzuteilen.

Daß dies nicht zutrifft, versucht dieses Buch zu beweisen. Wie veränderte der Krieg das Alltagsleben der Deutschen? Was dachte, empfand und erlebte in Wahrheit der Durchschnittsbürger, der «Mann auf der Straße»? Wie sah der Alltag der Zivilisten im Heimatgebiet, der Frauen und Familien, der Jungen und Mädchen, der Bauern und Städter unter den Bedingungen des Luftkrieges und des von der NS-Propaganda geforderten «totalen Krieges» aus? So wirklichkeitsnah wie irgend möglich bemühen sich der berichtende Text und die vielfach noch nie veröffentlichten Bilder des Buches auf diese Fragen Antwort zu geben.

Da die zensierten Zeitungen und Bücher der Jahre 1939–1945 die Realitäten recht tendenziös und lükkenhaft widerspiegeln, wurden auch andere Zeitdokumente herangezogen, um den Kriegsalltag wahrheitsgetreu darzustellen, so zum Beispiel die der Öffentlichkeit wenig bekannten Geheimberichte des Sicherheitsdienstes der SS oder die gleichfalls «streng vertraulichen» Meldungen der Verwaltungsbehörden und Justiz.

Der Verfasser – Jahrgang 1913 – hat den Kriegsalltag als Zivilist und Soldat vom ersten bis zum letzten Tag in Deutschland erlebt und überlebt. Er konnte daher aus eigener Erfahrung und Erinnerung den Kriegsalltag schildern.

G. H.

1. Volksstimmung und Propaganda –
«... von Kriegsbegeisterung keine Rede ...»

Der Beginn des Krieges gegen Polen am 1. September 1939 war für die meisten Deutschen zwar ein schockierendes Ereignis, jedoch kaum eine Überraschung. Schon in den letzten Augustwochen war die deutsche Öffentlichkeit durch eine vom Propagandaministerium gesteuerte Kampagne in den Zeitungen und im Rundfunk darauf vorbereitet worden, daß ein Konflikt mit Polen kaum noch zu vermeiden sei. «Polen – der Amokläufer gegen Frieden und Recht in Europa» – «Warschau droht mit der Beschießung Danzigs» – «Deutsche Bauernhäuser im Korridor in Flammen» – «Ganz Polen im Kriegsfieber! 1,5 Millionen Mann mobilisiert!» So und ähnlich lauteten die Schlagzeilen der deutschen Blätter, die Meldungen der Rundfunksender, wobei man es mit der Wahrheit der Nachrichten nicht immer sehr genau nahm. In den Wochen vor dem 1. September wandelte sich mit hektischer Betriebsamkeit und Turbulenz nicht nur der Alltag der Politiker, sondern auch das tägliche Leben des Durchschnittsdeutschen. Aus dem Friedensalltag wurde der Alltag des Krieges.

Die Journalistin Ruth Andreas-Friedrich, die gerade von einer Reise aus Schweden nach Berlin zurückkehrte, notierte am 26. August 1939:

> Die Heimfahrt nach Deutschland läßt über den Ernst der Lage kaum einen Zweifel übrig. Reservisten mit Rucksack und Pappkarton drängen sich in den Straßen, auf den Bahnsteigen, in den Wartesälen. «Wir wollen keinen Krieg!» sagen ihre erschrockenen Gesichter. Auf dem Stettiner Bahnhof herrscht unvorstellbares Durcheinander. «Erster Mobilmachungstag», raunt uns der Gepäckträger ins Ohr. «Man hat die Kinder aus den Schulen geschickt und den Reichstag einberufen. Morgen soll der Wahnsinn losgehen.» Der Mann scheint uns für Ausländer zu halten, daß er so freimütig redet. Oder hat die drohende Kriegsgefahr selbst die Angst vor der Gestapo vorübergehend in den Schatten gestellt?

2 *Am 1. September 1939, 4.45 Uhr, eröffnet das zu einem Freundschaftsbesuch in Danzig weilende deutsche Linienschiff «Schleswig-Holstein», gemäß einem zuvor erhaltenen Geheimbefehl, ohne Kriegserklärung das Feuer auf das festungsartig ausgebaute polnische Munitionsdepot auf der Halbinsel Westerplatte.*

Am gleichen Wochenende, dem letzten vor Kriegsausbruch, wurde die erste Maßnahme der Regierung bekanntgegeben, die das bisher leidlich normale Leben der Deutschen auf eine neue Basis stellte. Das Bezugscheinsystem wurde eingeführt. Von nun an gab es viele Lebensmittel und auch manche anderen Waren des täglichen Bedarfs nur noch auf Karten, auf Bezugschein in beschränkten Mengen. Nicht nur in der meist besser und schneller informierten Hauptstadt Berlin, auch in der «Provinz» ahnte die Bevölkerung, was ihr bevorstand. Der Gendarmerie-Kreisführer des bayerisch-fränkischen Landkreises Ebermannstadt meldete in seinem am 29. August, zwei Tage vor Kriegsausbruch, abgefaßten Monatsbericht:

> Im gesamten Landkreis gibt es augenblicklich nur einen Gesprächsstoff: die drohende Kriegsgefahr. Die Stimmung ist dementsprechend erheblich gedrückt. Die vorbereitenden Maßnahmen (Einberufung der Reservisten, Sicherstellung, Ausgabe der Lebensmittelkarten usw.) steigerten allenthalben

die an sich vorhandene Erregung. Obwohl Anzeichen einer Kriegsfurcht nirgends festzustellen sind, im Gegenteil, der Glaube an die starke deutsche Wehrmacht unbegrenzt ist, kann doch auch von einer Kriegsbegeisterung keine Rede sein. Die Erinnerung an den Weltkrieg und seine Folgen ist noch viel zu frisch, um einer Hurrastimmung Raum zu gewähren. Gerade die bäuerliche Bevölkerung empfindet den Leute- und Pferdemangel, den Entzug der Treibstoffe besonders einschneidend und klagt lebhaft über diese Maßnahmen. Es zeigte sich übrigens in den letzten Tagen, daß die propagandistischen Bemühungen des Reiches und der Partei bisher zur gründlichen Aufklärung des Bauerntums nicht ausreichen bzw. nicht immer als populär empfunden wurden. Die Landbevölkerung hört vielfach lieber die Auslandssender als die Nachrichten vom Drahtlosen Dienst. Dies geschieht aber durchaus nicht aus staatsfeindlicher Gesinnung, sondern meist in dem Bestreben, mehr zu erfahren, als die amtlichen Quellen verlauten lassen.

3 «Danzig ist mit dem heutigen Tage heimgekehrt in das Großdeutsche Reich. Unser Führer Adolf Hitler hat uns befreit.» Mit diesen Worten verkündet der NS-Gauleiter Albert Forster in einer in den Straßen der Stadt verbreiteten Proklamation am 1. September 1939 der Bevölkerung von Danzig die «Wiedereingliederung» in das Reich.

4 *Aus nächster Nähe erleben die Danziger vom ersten Tage an den Krieg. Eine Woche dauert der Kampf um die Danziger Westerplatte, deren polnische Besatzung erst nach massiven Angriffen der Marinegeschütze, Stukas und Pionierstoß-trupps kapituliert. Danziger Bürger unmittelbar danach am gegenüberliegenden Ufer des Weichselkanals.*

Daß von «Kriegsbegeisterung» und «Hurrastimmung» bei der Bevölkerung nichts zu spüren war, konstatierte nicht nur der anscheinend über die Volksmeinung gut unterrichtete bayerische Gendarmeriechef. Die Älteren erinnerten sich in den Tagen um den 1. September 1939 an die Augusttage 1914, den Beginn des Ersten Weltkrieges. Damals marschierten die ins Feld ausrückenden Truppen blumengeschmückt und von den Menschenmassen umjubelt durch die Straßen und sangen forsche, fröhliche Lieder, als ginge es zu einem Schützenfest. Jetzt jedoch waren Hitler und seine enge-

5 Die gleich nach Beendigung der Kämpfe um die Westerplatte entstandenen Amateuraufnahmen lassen erkennen, was die Danziger, die zum Ort des Geschehens, dem Vorort Neufahrwasser am Weichselkanal, geeilt waren, empfanden: Neugier und bange Erwartung, aber auch Sorge und Beklemmung. «Heim ins Reich» um diesen Preis?

6 Die Geschütze an der Westerplatte schweigen. Jedoch die Danziger wissen, daß auch für sie jetzt der Kriegsalltag mit Problemen beginnt, die die Bewohner des entmilitarisierten, dem Völkerbund unterstellten Freistaates Danzig bisher nicht gekannt haben. Der junge Mann in Zivil im Bildvordergrund wird vermutlich bald die Uniform der Wehrmacht oder Waffen-SS des «Großdeutschen Reiches» anziehen müssen.

ren Mitarbeiter durch ihre Informanten und Agenten aus den Bereichen des Staatssicherheitsdienstes und der Propagandaämter der Partei recht gut über die mangelnde Kriegsbegeisterung der Bevölkerung orientiert. Sie wußten, daß die Mehrheit der Deutschen durch die Ereignisse seit dem Frühjahr 1939 in Verwirrung, ja Furcht versetzt worden war. Der Einmarsch der deutschen Truppen in die noch unbesetzten Gebiete der Tschechoslowakei, die von Presse und Rundfunk stets von neuem proklamierten Forderungen nach Einverleibung Danzigs in das Reich und einer Landverbindung mit Ostpreußen, schließlich der für den Durchschnittsbürger ebenso überraschende wie unbegreifliche Nichtangriffspakt mit der Sowjetunion, der von den Nationalsozialisten selbst bisher so heftig bekämpften kommunistischen Vormacht – all diese Ereignisse konsternierten viele Deutsche, versetzten sie in einen Zustand banger Erwartung, in dem sich Furcht vor dem Kriege und Hoffnung auf Erhaltung des Friedens mischten.

Zugleich mit der Eröffnung der Feindseligkeiten gegen Polen wurden dann schlagartig die im Kreise der Eingeweihten schon lange vorbereiteten Maßnahmen bekanntgegeben, die den friedlichen Alltag beendeten und den Kriegsalltag einleiteten, in dem sich die Deutschen nunmehr bis zum Mai 1945 – 5 Jahre, 8 Monate lang – einrichten mußten. Der Rationierung von Lebensmitteln folgten die Anordnung zur Verdunkelung der Wohnungen und Straßen, die Verpflichtung zum Luftschutz, das Verbot des Hörens ausländischer Sender, das die lange Reihe der verschärften Strafen der Kriegsjustiz für die verschiedensten Vergehen und Verbrechen eröffnete.

Die Bewohner der deutschen Hauptstadt bekamen als erste schon am 1. September einen Vorgeschmack vom Alltag des Krieges. Die Publizistin Ruth Andreas-Friedrich notierte in ihrem Tagebuch:

> Hoch und tief, tief und hoch. Ein langgezogenes Auf und Ab. Andrik springt empor. «Fliegeralarm!» ruft er erschrocken. Wir sehen uns an und wissen nicht recht, was wir tun sollen. «In den Keller gehen», rät Flamm. Irgendwie genieren wir uns ein bißchen. Kommen uns vor wie Feiglinge. Als wir unten eintreffen, haben sich die übrigen Mieter bereits versammelt. Gasmasken vor dem Gesicht, Luftschutztasche vorschriftsmäßig über der Schulter. «Ekelhaft!» brummt Andrik. Über uns summt ein einsamer Flieger. Gespannt beobachten wir ihn durch das aufgesperrte Kellerfenster. Nach zwanzig Minuten ist der Spuk vorüber. Wieder ertönt ein ungewohntes Geräusch. Ein durchdringendes, langanhaltendes Summen. «Entwarnung» nennen es die Sachkundigen, knöpfen ihre Gasmasken ab und treten befriedigt den Rückmarsch an. Wir äußern uns nicht über dieses Erlebnis. Es ist uns peinlich und erscheint uns beinahe als Blamage. Auf dem Heimweg sehen wir zum erstenmal Sterne über Berlin. Nicht traurig verblassend hinter bunter Lichtreklame, sondern funkelnd in feierlicher Klarheit. Der Mond wirft einen milchigen Schein über die flachen und spitzen Dächer. Kein künstlicher Lichtstrahl dringt auf die Straßen.

Handelte es sich um einen Probealarm, bei dem die Luftschutzbereitschaft der Bevölkerung geprüft werden sollte, oder nur um die Fehlleistung eines übernervösen Luftschutzmannes, wie ein in Berlin kursierendes Gerücht besagte? Keiner wußte es genau. Zwei Tage später, am 3. September, kam es dann zu Begebenheiten, die die Deutschen – vom «Führer» Adolf Hitler bis zum letzten «Volksgenossen» – viel mehr erregten als der so harmlos verlaufene Berliner Probe- oder Fehlalarm. Bisher hatten die meisten angenommen, es werde bei der isolierten Kriegsaktion gegen Polen bleiben, und Frankreich und England würden Gründe finden, um ihren Bündnisverpflichtungen gegenüber Polen nicht nachzukommen. Was geht die Staatsmän-

7 *Zu Fuß zum Kriegsschauplatz. Danziger Bürger im September 1939 vor dem Gebäude der polnischen Post, in dem Polen der deutschen «SS-Heimwehr Danzig» erbitterten Widerstand geleistet hatten.* ▷

8 *Die Danziger, die an dem bei den Kämpfen in den ersten Kriegstagen schwer beschädigten Postgebäude am Heveliusplatz im Herzen der Hansestadt vorübergehen, sind nach dem monatelangen deutsch-polnischen Nervenkrieg um Danzig nunmehr zusammen mit den Deutschen aus dem «Reich» in den Krieg hineingezogen.*

ner in London und Paris schließlich Polen an, fragten sich viele Deutsche und mit ihnen anscheinend sogar Hitler und die anderen Verantwortlichen für die Kriegsaktion an den Ostgrenzen. Der Chefdolmetscher des Auswärtigen Amtes, Paul Schmidt, hatte die heikle Aufgabe, Hitler das ihm von dem britischen Botschafter Henderson übergebene Ultimatum zuzustellen, in dem die Londoner Regierung den «Kriegszustand zwischen Großbritannien und Deutschland» verkündet, falls die Angriffshandlungen gegen Polen nicht eingestellt würden. Die historische Szene schildert der Dolmetscher in seinen Erinnerungen «Statist auf diplomatischer Bühne»:

> Dann begab ich mich mit dem Ultimatum in der Aktentasche in die Reichskanzlei, wo alles voller Spannung auf mein Kommen wartete. In dem Raum vor Hitlers Arbeitszimmer waren die meisten Kabinettsmitglieder und prominente Parteileute versammelt. Ich

betrat das danebenliegende Zimmer, in dem Hitler an seinem Arbeitstisch saß, während Ribbentrop etwas rechts von ihm am Fenster stand. Beide blickten gespannt auf, als sie mich sahen. Ich blieb in einiger Entfernung vor Hitlers Tisch stehen und übersetzte ihm dann langsam das Ultimatum der britischen Regierung. Als ich geendet hatte, herrschte völlige Stille. Wie versteinert saß Hitler da und blickte vor sich hin. Er war nicht fassungslos, wie es später behauptet wurde, er tobte auch nicht, wie es wieder andere wissen wollten. Er saß völlig still und regungslos an seinem Platz. Nach einer Weile, die mir wie eine Ewigkeit vorkam, wandte er sich Ribbentrop zu, der wie erstarrt am Fenster stehen geblieben war. «Was nun?» fragte Hitler seinen Außenminister mit einem wütenden Blick in den Augen, als wolle er zum Ausdruck bringen, daß ihn Ribbentrop über die Reaktion der Engländer falsch informiert habe. Ribbentrop erwiderte mit leiser Stimme: «Ich nehme an, daß die Franzosen uns in der nächsten Stunde ein gleichlautendes Ultimatum überreichen werden.»
Da meine Aufgabe nun erledigt war, zog ich mich zurück und sagte den draußen im Vorzimmer Wartenden, die mich umdrängten: «Die Engländer haben uns soeben ein Ultimatum überreicht. In zwei Stunden besteht zwischen England und Deutschland Kriegszustand.» Auch hier im Vorraum herrschte bei dieser Ankündigung Totenstille. Göring drehte sich zu mir um und sagte: «Wenn wir diesen Krieg verlieren, dann möge uns der Himmel gnädig sein!» Goebbels stand in einer Ecke, niedergeschlagen und in sich gekehrt, und sah buchstäblich aus wie der bewußte begossene Pudel. Überall sah ich betretene Gesichter, auch bei den kleineren Parteileuten, die sich im Raum befanden.

Es war bezeichnend, daß ausgerechnet Göring in diesem Moment der Gedanke kam, daß Deutschland den Krieg auch verlieren könnte. Der über die militärischen Möglichkeiten des NS-Staates gut unterrichtete zweite Mann im Staate nach Hitler wußte nur zu genau, daß Deutschland auf eine kriegerische Auseinandersetzung mit den Westmächten noch lange nicht hinreichend vorbereitet war. Es war ihm wohlbekannt, daß von den mehr als 100 deutschen Divisionen noch nicht einmal die Hälfte voll ausgerüstet, ausgebildet und einsatzbereit, daß der sogenannte Westwall eine noch sehr unfertige Befestigungsanlage war. Nach dem Kriege haben Experten übereinstimmend festgestellt, daß Deutschland von Großbritannien und Frankreich wahrscheinlich schnell besiegt worden wäre, wenn sich die Westmächte im September 1939 zu einer Offensive entschlossen hätten.

Mindestens ebenso groß wie in der Umgebung Hitlers war im Volke die Betroffenheit über die Aussicht, mit den Gegnern Deutschlands aus dem Ersten Weltkrieg erneut kämpfen zu müssen. Der britische Botschafter Henderson, der das kriegsauslösende Ultimatum in Berlin übergeben mußte, erinnert sich: «Nach meinem Eindruck war die Masse des deutschen Volkes, dieses andere Deutschland, vom Entsetzen gepackt über die Idee dieses Krieges, der ihnen aufgedrängt worden war. Ich kann nur sagen, daß die allgemeine Stimmung in Berlin von äußerster Düsterkeit und Depression war.»

Die politische Führung des Dritten Reiches war sich darüber im klaren, daß ihre Propagandisten noch viel Arbeit leisten mußten, um die von ihnen umworbenen und angesprochenen «Volksgenossen» vom Sinn des mit soviel Leichtfertigkeit vom Zaun gebrochenen Krieges zu überzeugen. Die Rationierung von Lebensmitteln erzeugte in einigen Orten schon kurz nach Kriegsausbruch geradezu Panikstimmung und ließ manchen befürchten, Deutschland stünden «Kohlrübenwinter» wie 1914–18 bevor. Nichts deutete darauf hin, daß das Land in diesem Krieg besser mit Lebensmitteln und Rohstoffen versorgt war als im Ersten Weltkrieg, in dem mehr als eine dreiviertel Million Deutsche den Hungertod starben und der Bevölkerung nur 1000 Kalorien Nahrungsmittel pro Tag zugeteilt werden konnten. Daß ein Erwachsener, selbst wenn er nicht schwere körperliche Arbeit zu leisten hatte, mindestens 2300 Kalorien benötigte, wußten vor allem manche Bewohner der großen Städte sehr genau; denn sie hatten im Gegensatz zu der meist besser versorgten Landbevölkerung besonders deutlich die Nachteile der Hungerjahre des Ersten Weltkrieges und der Wirtschaftskrise um 1930 kennengelernt.

9 *Die Plakatpropaganda für die Wiederherstellung der deutschen Herrschaft in den Kolonien des Kaiserreiches, die aufgrund der Bestimmungen des Vertrages von Versailles vor mehr als 20 Jahren aufgegeben werden mußte, nimmt sich ein wenig anachronistisch aus und wird von der Bevölkerung kaum ernst genommen.*

Es war für die Situation bezeichnend, daß gleich zu Anfang des Krieges namentlich in Großstädten Angstkäufe von Lebensmitteln und anderen voraussichtlich knappen Waren stattfanden. Dagegen konnte das Bezirksamt der bayerischen Landgemeinde Ebermannstadt im September 1939 noch melden, daß «ein Hamstern von Lebensmitteln vorerst nur in ganz geringem Maße festzustellen» war. Die militärischen Erfolge auf dem polnischen Kriegsschauplatz lenkten die Bevölkerung von Ebermannstadt im übrigen nur vorübergehend von ihren Alltagssorgen ab. «Die ursprüngliche Niedergeschlagenheit gleich nach Kriegsausbruch», so heißt es in dem Monatsbericht der Gemeindeverwaltung weiter, «wurde alsbald von einer zuversichtlichen Stimmung abgelöst, als sich die Siegesnachrichten vom polnischen Kriegsschauplatz ge-

radezu überstürzten. Aus diesem Grunde konnten
die bei Kriegsbeginn angeordneten Maßnahmen
hinsichtlich Verdunkelung, Einführung der Bezugscheinpflicht, Belegung des Alkohol- und Nikotin-
genusses mit Kriegszuschlag usw. die Stimmung
nicht nachhaltig ungünstig beeinflussen, abgese-
hen von den mit allen Neuerungen verbundenen
selbstverständlichen anfänglichen Schimpfereien.
Die Angehörigen von Kriegsteilnehmern der älteren Jahrgänge, besonders aus den Kreisen der
Feldzugsteilnehmer 1914/18, sind verärgert darüber, daß junge, ledige aktive Wehrpflichtige noch
in der Heimat sind. Aus dieser Atmosphäre heraus
entspringt auch die Ungehaltenheit darüber, daß
der größte Teil der politischen Leiter der NSDAP
als unabkömmlich von der Wehrmacht nicht bean-
sprucht wird, obwohl nach Meinung dieser Nörgler
die ‹alten Kämpfer› jetzt eigentlich erst recht eine
Gelegenheit zum Kämpfen hätten. In der bäuerlichen Bevölkerung sind beachtliche Inflationsbe-
fürchtungen aufgetaucht. Sie äußern sich in ziemlich ausgedehnten Kündigungen von Spareinlagen
bei der Kreissparkasse und einer Flucht in die Re-
alwerte, so daß die unsinnigsten Sachen auf Vorrat
gekauft werden, wie Regenschirme, Weckgläser,
Fahrräder, Gummireifen, Düngergabeln, land-
wirtschaftliche Kleingeräte, bezugscheinfreie Kin-
derwäsche.»
Dieser amtliche Bericht aus einer süddeutschen
Kleinstadt spiegelt nicht nur wahrheitsgetreu den
Kriegsalltag in der Provinz wider, der natürlich mit
Vorsicht und ein wenig Voreingenommenheit aus
der Sicht eines beamteten Staatsdieners geschildert
wird. Er ist zugleich ein aufrichtiges Zeitdokument
und einer jener zahlreichen, nur für einen auserwählten Empfängerkreis bestimmten Berichte, mit
Hilfe derer die politische Führung sich ein realisti-
sches Bild von der wirklichen Stimmung und Meinung der Bevölkerung zu machen versuchte. Es ist
erst nach dem Kriege bekannt geworden, wie um-
fangreich und engmaschig das Informationsnetz
war, das der Staat und die NSDAP als alleinige
Staatspartei über das deutsche Volk ausgebreitet
hatten. Verwaltungs- und Polizeichefs, Funktionäre des Parteiapparats, haupt- und nebenamtliche
Mitarbeiter des Reichssicherheitshauptamtes – sie
alle fertigten Berichte über Ereignisse, Gespräche
und Gerüchte in ihrem Umkreis ab, über die man
kaum jemals in den Zeitungen oder Rundfunksen-

10 *An Plakaten und öffentlichen Anschlägen, in denen die
Deutschen zur Wachsamkeit gegen «Sabotage», Störer
des «inneren Friedens», «Zersetzer der deutschen
Wehrkraft» aufgerufen werden, ist in den Kriegsjahren
kein Mangel.*

dern etwas vernahm. Besonders aktiv war der Chef
des Inlandsnachrichtendienstes des Sicherheitsdienstes des RSHA, Otto Ohlendorf. Seit 1937 und
besonders intensiv in den Kriegsjahren ließ er von
seinen über das ganze Reichsgebiet verteilten Mitarbeitern – Gestapoagenten nannte man sie
schlicht im Volke – das Alltagsleben der Bewohner
beobachten und darüber berichten. Wie dies in der
Praxis vor sich ging, zeigt eine Anweisung des Leit-
abschnitts Stuttgart des SD vom 25. Oktober 1940.
Darin werden die Außenstellen des Sicherheitsdienstes der württembergischen Hauptstadt aufgefordert, ihre Mitarbeiter noch intensiver als bisher
zur Erkundung der Volksstimmung einzusetzen

Deutſchland hilft ſich ſelbſt!

Die große Entſcheidung, in der Deutſchland ſich befindet, nötigt ihm eine umfaſſende wirtſchaftliche Unabhängigkeit auf. Wieder einmal iſt Deutſchland auf ſeine eigenen Kräfte angewieſen und muß die natürlichen Reichtümer der Erde, ſoweit ſie ihm fehlen, durch Erfindungen einer genialen Wiſſenſchaft erſetzen.

Während die Wehrmacht den deutſchen Lebensraum ſchützt, während die Landwirtſchaft die deutſche Ernährung ſichert, ſorgt die deutſche Chemie für die Freiheit von ausländiſchen Rohſtoffen. Ihre Ergebniſſe, z.B. in der ſynthetiſchen Brennſtofferzeugung, der ſynthetiſchen Gummigewinnung oder der Herſtellung von Zellwolle, haben uns dieſe Freiheit bereits in einem Umfange verſchafft, wie ihn die deutſche Wirtſchaft noch nie gekannt hat.

Auf einem Gebiete beſaßen wir ſeit jeher eine an Qualität und Menge überlegene Leiſtung: In der Herſtellung von Heilmitteln. Hier beſteht ein ſolcher Reichtum an Erfindungen und eine ſolche Unabhängigkeit der Erzeugung, daß keine Blockade uns anzutaſten vermag. Die Geſundheit des Volkes ſteht in der ſicheren Hut der deutſchen Ärzte und der pharmazeutiſchen Wiſſenſchaft. Ihre Arzneimittel, um die uns die Welt beneidet, Ergebniſſe einer allumfaſſenden Forſchung, werden ohne Beſchränkung hergeſtellt und ſtehen zum dauernden Einſatz bereit, an der Front und in der Heimat, um die deutſche Volks- und Wehrkraft zu ſchützen.

Kein Arzt und kein Patient braucht auf die Arzneimittel ſeines Vertrauens zu verzichten. Geſund zu bleiben, geſund zu werden, wenn man es nicht iſt, ſich widerſtandsfähig zu erhalten: Das ſind wichtige Gebote der Zeit, die wir durchleben. Denn nur ein Volk, das ſich im vollen Beſitz ſeiner Kräfte befindet, vermag die große Entſcheidung zu beſtehen.

Die deutſche Volksgeſundheit iſt unabhängig vom Ausland. Sie iſt abhängig von der deutſchen Wiſſenſchaft und vom Einſatz aller, die in der deutſchen Geſundheitsfront ſtehen.

ARZNEIMITTEL

11 *Auch der füh-
rende deut-
sche Chemie-
Pharmazie-
Konzern Bay-
er-IG-Farben
beteiligt sich
an der Kriegs-
propaganda.*

und diese mindestens zweimal in der Woche Berichte liefern zu lassen. In der SD-Anweisung wird verfügt:

> Es ist dafür zu sorgen, daß alle Kreise der Bevölkerung in ihrer stimmungsmäßigen Haltung ständig überwacht werden. Jeder V-Mann (d. h. Vertrauensmann des SD) muß überall, in seiner Familie, in seinem Freundes- und Bekanntenkreis und vor allem an seiner Arbeitsstätte jede Gelegenheit wahrnehmen, um durch Gespräche in unauffälliger Form die tatsächliche stimmungsmäßige Auswirkung aller wichtigen außen- und innenpolitischen Vorgänge und Maßnahmen zu erfahren. Darüber hinaus bieten die Unterhaltungen der Volksgenossen in den Zügen, Straßenbahnen, in Geschäften, bei Friseuren, an Zeitungsständen, auf behördlichen Dienststellen (Lebensmittel- und Bezugscheinstellen, Arbeitsämtern, Rathäusern usw.), auf Wochenmärkten, in den Lokalen, in Betrieben und Kantinen aufschlußreiche Anhaltspunkte in reicher Fülle, die vielfach noch zu wenig beachtet werden.

Ohlendorf bezeichnete es in einer grundsätzlichen Erklärung als Aufgabe des SD, «Partei und Staatsführung ein ungeschminktes Bild darüber zu geben, wie sich die Maßnahmen der beiden Institutionen auf allen Lebensgebieten der Wirtschaft, der Verwaltung, der Kultur, des Rechts u. a. m. auswirkten». Diese sehr detaillierten «Berichte zur innenpolitischen Lage», die im Dezember 1939 in «Meldungen aus dem Reich» umbenannt wurden, fielen wegen ihrer im allgemeinen wahrheitsgetreuen Darstellungen, bei der es im Laufe des Krieges immer weniger Positives und für die NS-Führung Erfreuliches zu berichten gab, allmählich Propagandaminister Goebbels und Reichsleiter Bormann, dem einflußreichsten Parteimann in der Umgebung Hitlers, auf die Nerven. Nach dem 20. Juli 1944 mußte die Herausgabe der Berichte, denen Bormann «Defaitismus» vorwarf, eingestellt werden. Heute sind sie eine Hauptquelle der Information darüber, wie sich das Alltagsleben der Deutschen im Kriege abspielte

und wie der Durchschnittsbürger im Dritten Reich wirklich dachte und auf die Maßnahmen des Staates reagierte.

Zusammenfassend kann man aus den in zahllosen Aktenkonvoluten überlieferten, meist als «vertraulich», «geheim» oder «streng vertraulich/nur zur persönlichen Unterrichtung des Empfängers» gekennzeichneten internen Berichten der Behörden und des SD den Schluß ziehen, daß die Volksstimmung sich weitgehend dem Auf und Ab der militärischen Ereignisse anpaßte. Einer vorübergehenden Hochstimmung nach den Siegen über Polen im Herbst 1939 und über Frankreich im Sommer 1940 folgte eine Stimmungsflaute. Nach dem Scheitern der deutschen Offensivpläne gegen die Sowjetunion, besonders nach der Niederlage bei Stalingrad, bemächtigten sich Depression und Zukunftsangst in steigendem Maße großer Teile der Bevölkerung. Die ab 1943 verstärkt einsetzenden angloamerikanischen Luftangriffe gegen deutsche Städte, das Debakel in Nordafrika und weitere Niederlagen an der Ostfront bewirkten sodann ein fast permanentes Stimmungstief im Kriegsalltag der Mehrheit der Deutschen.

Wie die «Meldungen» im einzelnen besagen, kümmerte sich das Gros der Bevölkerung in der militärisch ereignislosen Periode, die den turbulenten Septemberwochen des Polenfeldzuges folgte, zunächst um banale Dinge des Alltags. Die Beobachter des SD berichten:

> Die große Kauftätigkeit der vergangenen Wochen hat dazu geführt, daß vornehmlich in den Gebieten West- und Süddeutschlands mit einem Totalausverkauf in verschiedenen Branchen des Einzelhandels gerechnet wird. Aus Düsseldorf wird hierzu gemeldet, daß in den letzten Tagen in ganz außergewöhnlichem Umfange Gegenstände aller Art von der Bevölkerung aufgekauft worden sind. Es handle sich in erster Linie um Möbel, Porzellan, Haushaltsgeräte, Radioapparate, Pelze sowie Waren des täglichen Bedarfs. Die teuersten und wertvollsten Gegenstände wären teilweise von Personen erworben worden, die sich unter normalen Verhältnissen derartige Anschaffungen keineswegs leisten

Lohnt es sich noch ?

Sie tun drüben so, als hätten sie den Krieg bereits gewonnen. Sie versuchen uns weiszumachen, unser Widerstand wäre sinnlos und wir verdankten es nur ihrer Großmut, daß uns noch ein paar Wochen Bedenkzeit belassen wären, um uns zu überlegen, ob wir nicht lieber kapitulieren wollten, ehe sie uns vollends den Garaus machen.

Steht es so?
Es steht anders!

Es steht ernst, aber es steht anders, als sie uns glauben machen wollen. Für uns steht alles auf dem Spiel, unsere ganze Existenz, unsere ganze Zukunft. Darin haben sie recht. Aber gerade deswegen werden wir jetzt auch alles in die Waagschale werfen, was wir überhaupt hineinzuwerfen haben. Und das wird mehr sein, als sie drüben von uns bisher kennengelernt haben und als ihnen lieb ist. Das wissen sie und das fürchten sie. Sie wissen, daß auch unsere Stunde wieder kommen wird, und sie wissen auch, daß sie auf die Dauer unserer Härte nicht gewachsen sein werden. Sie fürchten das um so mehr, je näher der Augenblick rückt, wo wir mit neuen Waffen ihre derzeitige materielle Überlegenheit und mit den neuaufgestellten Divisionen ihre derzeitige Überzahl wettmachen werden.

Diesem Augenblick möchten sie zuvorkommen.

Sie möchten ihn uns sozusagen unter der Hand damit abkaufen, daß sie dem einzelnen von uns einen Passierschein zuwerfen und ihm die Schonung seines Lebens versprechen, um dann mit uns allen hinterher leichtes Spiel zu haben.

Würden wir darauf hereinfallen, dann wäre hintennach von ihren Versprechungen auch für diejenigen keine Rede mehr, die sich als Feiglinge und Überläufer von ihnen eine Galgenfrist erkauft hätten!

Plötzlich entdecken sie ihr menschliches Herz und erklären, sie seien keine Barbaren, die am Toten etwa Vergnügen fänden, sondern wohlwollende und wohlmeinende Menschenfreunde, die aus reinem Mitleid unser Leben schonen wollten.

Damals hieß es, es seien zwanzig Millionen Deutsche zuviel auf der Welt. Wir glaubten nicht, daß es ihnen ernst sei damit. Hinterher lernten wir erkennen, daß es so war. Mit vierzehn Jahren Arbeitslosigkeit und Elend für sieben Millionen von uns, mit der allgemeinen Ausplünderung und Hoffnungslosigkeit für alle begann die Sache sich zu bestätigen.

Daß wir aus ihr doch noch herauskamen, war nicht der Einsicht und Barmherzigkeit unserer Feinde,

nicht dem Völkerbund und keinem Churchill oder Roosevelt, sondern

allein dem Führer und dem Nationalsozialismus zu verdanken!

Daß wir aber heute, nachdem wir uns mühsam wieder ein ordentliches und erträgliches Leben aufgebaut hatten, in diesen Kampf um Sein oder Nichtsein gegen die alten Hasser und Neider von einst verwickelt worden sind, verdanken wir unserer Schwäche und Leichtgläubigkeit im Jahre 1918! Woran wir es damals fehlen ließen, haben wir heute doppelt wettzumachen. Woran unsere Feinde es damals nach den heutigen Erklärungen ihrer Hetzjuden haben angeblich fehlen lassen, wollen sie jetzt ebenfalls wettmachen:

Heute erklärt der Jude Morgenthau, es wären unser 40 Millionen zuviel auf der Welt!

Davon reden sie in ihren Flugblättern an uns nicht!

Aber es lohnt sich, daß wir es dafür um so lauter tun,

und es lohnt sich, dafür zu kämpfen, daß sie das nicht wahrmachen können, was sie diesmal mit uns vorhaben!

Es lohnt sich wahrhaftig!

Auch unsere Zeit wird wieder kommen!

12 *«Es steht ernst, aber es steht anders, als sie uns glauben machen wollen . . .» Mit solchen Behauptungen, die vage Hoffnungen erwecken sollen, appelliert die NS-Propaganda in der Schlußphase des Krieges an die Deutschen. Hier die erste und letzte Seite einer der zahlreichen Schriften, die von den Parteifunktionären im Volk verbreitet wurden.*

würden. Des weiteren ist aufgefallen, daß Gegenstände angeschafft wurden, die z. Z. noch gar nicht benötigt werden. So wurde u. a. festgestellt, daß beispielsweise Kinderwagen von Personen gekauft wurden, die noch nicht einmal verheiratet sind und die Wagen für Mai, September, Oktober 1940 auf Abruf bereithalten lassen! In Koblenz konnte eines der größten Porzellangeschäfte während der letzten Tage den Ansturm der Käufer nur dadurch regeln, daß das Geschäft zeitweilig geschlossen wurde. Den Meldungen ist zu entnehmen, daß es sich überwiegend um ausgesprochene Angstkäufe handelt. Ähnliche Nachrichten liegen aus Wiesbaden und Stuttgart vor. Stuttgart berichtet, daß während des ersten Verkaufssonntags (10. 12. 39) ein Teil der Läden wegen Aus-verkaufs geschlossen war, was unter ländlicher Bevölkerung, die an diesem Tage Weihnachtseinkäufe tätigen wollte, Mißstimmung hervorgerufen habe. Bei all den überstürzten Käufen wird auch hier als Hauptursache die Furcht vor einer Geldentwertung gesehen. Teilweise hat die Bevölkerung dieser Befürchtung offen Ausdruck verliehen.

Der besonders kalte und langwierige erste Kriegswinter zeigte der Bevölkerung, was sie bei einer längeren Dauer des Krieges zu erwarten hatte. «Die Stimmung in der Industriearbeiterschaft, die bisher im allgemeinen gut war, wird jetzt teilweise durch die Mängel in der Kartoffel- und vor allem in der Kohlenversorgung ungünstig beeinflußt», heißt es noch vorsichtig zurückhaltend im SD-Bericht Anfang Januar 1940, während ein weiterer Bericht aus dem gleichen Monat mit geradezu «alarmierenden Meldungen» aufwartet:

Weitaus der größte Teil der eingegangenen Nachrichten der letzten Tage befaßt sich nach wie vor mit dem Mangel in der Hausbrandversorgung. Die neuesten, z. T. alarmierenden Meldungen aus dem gesamten Reichsgebiet lassen erkennen, daß bei weiterem Anhalten der derzeitigen Versorgungsschwierigkeiten Unruhen größeren Ausmaßes auftreten werden. Die Stimmung in der Bevölkerung, namentlich in den Großstädten, in·denen der Mangel besonders empfindlich ist, wird in den vorliegenden Berichten als außerordentlich gespannt dargestellt. So wird z. B. aus Hamburg gemeldet, daß bei den Dienststellen der Partei wie in den staatlichen Verwaltungsstellen Äußerungen getan wurden, die auf eine starke Mißstimmung in der Bevölkerung schließen lassen. U. a. wurden Bemerkungen laut, wie «daß man nicht wieder hungern und frieren wolle wie im Weltkrieg. Damals habe man erst im dritten Kriegsjahr frieren müssen, jetzt sei es schon nach einem Vierteljahr ebenso schlimm. Man habe eben einen Krieg ohne genügende Vorbereitungen angefangen ...» In Erfurt wurden, den vorliegenden Meldungen zufolge, in den Tagen zwischen Weihnachten und Neujahr wie auch in den letzten Tagen Kohlenwagen von der Bevölkerung auf der Straße angehalten, wobei die Bevölkerung eine drohende Haltung einnahm, so daß die Polizei eingesetzt werden mußte, um zu verhindern, daß die Kohlenwagen gestürmt wurden. Aus Nord-Bayern wird berichtet, daß die Kohlenversorgung in Hof, Bayreuth und Ansbach in den letzten Tagen katastrophale Ausmaße angenommen habe. So könne z. B. in Hof seit einigen Tagen pro Familie nur noch ein halber Zentner Kohle für eine Woche abgegeben werden. In Bayreuth und Coburg werde in den nächsten Tagen mit größeren Stillegungen gewerblicher Betriebe gerechnet, falls nicht rechtzeitig Kohlenlieferungen erfolgen würden. Die

gleichen Verhältnisse werden aus Ostpreußen gemeldet.

In der Tagespresse wurde über die Folgen der Kohlenknappheit nur ausschnittweise und beschönigend berichtet und vieles verschwiegen. Nur durch Gerüchte und «Mundpropaganda» wurde in einigen Orten bekannt, daß alte Leute erfroren in ihren Wohnungen aufgefunden wurden. Über die Todesursache hatten Ärzte und Polizeistellen zu schweigen. Es war in vielen Städten Teilen der Bevölkerung wohlbekannt, daß Betriebe wegen Kohlenmangel teilweise oder total stillgelegt werden mußten, so zum Beispiel – wie ein SD-Bericht meldet – allein in einem Industriegebiet in Thüringen 107 von 239 größeren Unternehmen mit über 100 Mitarbeitern, also fast die Hälfte dieser Firmen.

Die Ruhe an der Westfront ließ in vielen Deutschen im Winter 1939/40 die Hoffnung aufkeimen, daß Großbritannien und Frankreich vielleicht doch keine Konsequenzen ziehen würden, daß es am Ende zu einem Verhandlungsfrieden und Kompromiß zwischen Hitler und den Westmächten kommen könnte. Um mehr zu erfahren, als in den Zeitungen zu lesen und im deutschen Rundfunk zu hören war, stellte mancher insgeheim und vorsichtig ausländische Sender an. Vor allem das Abhören des britischen Rundfunks und der Radiostationen der Schweiz entwickelte sich im Laufe des Krieges zu einer mit Zuchthaus bedrohten riskanten Abendbeschäftigung vieler Deutscher. In den Deutschlandberichten des Exilvorstandes der SPD wird gemeldet, daß «trotz der Gefährlichkeit des Abhörens viele die Sender» mithörten, was man «aus den Unterhaltungen entnehmen» könne. In einer südwestdeutschen Stadt ereignete sich, wie man den «Deutschlandberichten» entnehmen kann, folgender groteske Zwischenfall:

Mit dem Abhören der Auslandssender muß man ungeheuer vorsichtig sein, denn es gibt Nachbarn, die einen gern reinlegen möchten. Wir haben auch einen solchen Lumpen in der Nachbarschaft, von dem die Bevölkerung sagt, daß er von der Polizei angestellt sei. Letzte Woche lungerte der Bursche wieder mal in einem Nachbarhof herum, und da passierte es ihm, daß er unvermutet den Inhalt eines Nachttopfes auf den Kopf bekam. Der Bursche verschwand dann, ohne auch nur einen Ton von sich zu geben. Nun ist dieser Lump seit ein paar Tagen zum Blockwart des Luftschutzes ernannt worden. Er hat jetzt also das Recht, jederzeit in den Höfen der Mietshäuser herumschnüffeln zu dürfen, um nachzusehen, ob auch die Verdunkelung klappt.

Je länger der Krieg dauerte, um so größer wurde in weiten Kreisen der Bevölkerung das Bedürfnis, Nachrichten zu erfahren, die ihnen von den deutschen Zeitungen und Rundfunksendern verschwiegen wurden. In den «Meldungen aus dem Reich» vom Januar 1942 wurde festgestellt, «daß die öffentlichen Führungsmittel in ihrer Wirkung z. Z. sehr wesentlich beeinträchtigt sind.» Und weiter hieß es dann: «Die Volksgenossen hätten das Gefühl, daß bei negativen Vorgängen die öffentlichen Führungsmittel stets ein ‹offizielles Gesicht› wahrten. Es habe sich deshalb der Zustand herausgebildet, daß in solchen Lagen weite Volkskreise nicht mehr die Presse als die beste Unterrichtungsquelle ansehen, sondern aus Gerüchten, Erzählungen von Soldaten und Leuten mit politischen Beziehungen, Feldpostbriefen und dergleichen ‹ihr Bild› zusammenbauten.»

Noch kritischer wurde die Volksstimmung 1943 nach den ersten großen Niederlagen in Nordafrika und an der Ostfront. In dem SD-Bericht vom 8. Juli 1943 wurde gemeldet, «viele Volksgenossen» seien angesichts «der Unabsehbarkeit der weiteren Entwicklung auf militärischem Gebiet und des Kriegsendes gedrückt und vielfach nervös.» Diese Einstellung der Bevölkerung spiegele sich in der «Verbreitung von Gerüchten» und in «politischen Witzen» wider:

Das Erzählen von staatsabträglichen und gemeinen politischen Witzen, selbst über die Person des Führers, habe seit Stalingrad erheblich zugenommen. Bei Gesprächen in Gaststätten, Betrieben und sonstigen Zusammenkünften würden die Volksgenossen sich gegenseitig die «neuesten» politischen

13 «Die Sowjetmacht im Todeskampf» behaupten die deutschen Zeitungen bereits am 9. Oktober 1941, wenig mehr als drei Monate nach dem in Extrablättern verkündeten Beginn des Krieges gegen Rußland. Sehr bald erkennt die deutsche Öffentlichkeit, wie falsch und verlogen diese Behauptung war.

Witze erzählen und dabei vielfach keinen Unterschied zwischen solchen einigermaßen harmlosen Inhalts und eindeutig gegnerischen machen. Selbst Volksgenossen, die sich kaum kennen, würden politische Witze austauschen. Offenbar setze man gegenseitig voraus, daß einer heute schon jeden Witz er-

14 *Auch 1945, in den letzten Kriegsmonaten, läuft die Propagandamaschine noch auf vollen Touren. Während sich an den Fronten der unaufhaltbare Zusammenbruch abzeichnet, proklamieren die Zeitungen «die große geschichtliche Wende» und erklären: «Adolf Hitlers Siegesglaube auch unser Glaube».*

zählen könne, ohne mit energischer Abfuhr, geschweige denn Anzeige bei der Polizei, rechnen zu müssen. Das Gefühl dafür, daß das Anhören und Weitererzählen politischer Witze eines gewissen Schlages für den anständigen Deutschen und Nationalsozialisten einfach eine Unmöglichkeit ist, sei weiten Kreisen der Bevölkerung und auch einem Teil der Parteigenossenschaft offenbar abhanden gekommen. Witze der folgenden Art wurden aus dem ganzen Reichsgebiet gemeldet und sind sehr weit verbreitet: Nächstens gibt es mehr Butter, weil die Führerbilder entrahmt werden. – Zarah Leander wurde ins Führerhauptquartier verpflichtet, sie muß dem Führer vorsingen: Ich weiß, es wird einmal ein Wunder geschehen.

Wenige Wochen später bereits, am 16. August 1943, hatten die «Meldungen aus dem Reich» noch viel Peinlicheres zu berichten:

Nach den vorliegenden Meldungen aus allen Reichsteilen fühlt sich die Bevölkerung z. Z. einer starken Belastung ihrer seelischen Widerstandskraft ausgesetzt. Die Volksgenossen vermissen reale Anhaltspunkte für den von ihnen geforderten Optimismus. Angesichts des nur von wenigen verstandenen «eisernen Schweigens der Regierung» suchen sie, selbständig ein Bild von der Lage zu gewinnen. Die breite Masse des Volkes sei, so heben die Meldungen hervor, nicht davon überzeugt, daß alle Voraussetzungen des Sieges in unserer Hand sind. Ein typisches Vorkommnis wird aus Braunschweig berichtet: Zwei Frauen unterhielten sich auf dem Wochenmarkt über die Luftangriffe, von Vergeltung höre man nichts, es gebe wohl keine Mittel dafür. Einige in der Nähe stehende Bahnarbeiter riefen in diese laut geführte Unterhaltung hinein: «Es gibt schon ein Mittel dagegen, unsere Regierung muß weg. Wir müssen eine neue Regierung haben!» Das Nachlassen des Deutschen Grußes und das Verschwinden der Parteiabzeichen wird als Tatsache aus verschiedenen Reichsgebieten gemeldet. Mehrfach wurden Träger des Parteiabzeichens angesprochen («Wie, Sie tragen das Ding noch?») oder sogar angepöbelt. Mehrfach wurde auch folgender «Witz» gemeldet: Wer der Partei 5 neue Mitglieder zuführt, darf selbst austreten. Wer 10 Mitglieder wirbt, bekommt sogar eine Bescheinigung, daß er nie in der Partei gewesen ist. Ein schon vor Monaten aufgetauchter Witz hat eine neue Version bekommen: Tausche goldenes Ehrenzeichen gegen Siebenmeilenstiefel.

Der SD-Berichterstatter in Friedberg, dem Nachbarort von Augsburg, schließlich scheute sich nicht, im Krisenjahr 1943 folgenden «Stimmungsbericht» aus der süddeutschen Provinz zu erstatten:

Die Stimmung in Stadt und Land ist unveränderlich flau. Sie entspricht dem vierten Kriegsjahr und hat wohl ihren Urgrund in der Aussichtslosigkeit der weiteren kriegerischen Entwicklung. Der einfache Volksgenosse, der bisher immer noch den Glauben an ein erwartbares Kriegsende hochhielt, kommt allmählich zur Überzeugung, daß das Ende des Krieges in immer weitere Ferne rückt. Die innere Teilnahme am Krieg verschwindet, selbst größere Ereignisse haben keine Dauerwirkung mehr. Die vielfach zu beobachtende Interesselosigkeit des einzelnen verändert auch seine Haltung. Die Partei ist kaum mehr in der Lage, hier aufmunternd zu wirken, da ein Großteil der Politischen Leiter insbesondere auf dem flachen Lande selbst Zuspruch bräuchte. Vielfach ist man der Ansicht, daß unsere Propaganda z. Zt. restlos versage. Die Stimmen zur Versorgungslage haben sich nicht geändert. Bezeichnend ist folgende Einzeläußerung eines Arbeiters der MAN, die öffentlich im Zug gemacht wurde: «Nichts Gescheites mehr zum Fressen, einen Dreck zum Saufen, nichts mehr zum Rauchen – jetzt können sie uns nur noch ganz verrecken lassen!» Von keiner Seite erfolgte ein Widerspruch.

2. Volksgenossen, Parteigenossen und andere Zeitgenossen

Was waren das für Menschen, deren Alltag und Lebensäußerungen das NS-Regime mit seinen vielfältigen Staats- und Parteiorganen zu überwachen und zu lenken versuchte? Den Machtanspruch der Nationalsozialisten, die während der Kriegsjahre in verstärktem Maße alle Deutschen für ihre Ziele einspannen wollten, spiegelt mit exakter Gründlichkeit der «Gotha» wider, damals das repräsentative, alljährlich auf deutsch und französisch erscheinende Nachschlagewerk der politischen und diplomatischen Welt. Da liest man im letzten Kriegsjahrgang des «Gothaischen Jahrbuchs für Diplomatie, Verwaltung und Wirtschaft», daß das «Großdeutsche Reich» – französisch: «Grande-Allemagne» – am 1. 8. 1941 den stolzen Umfang von 874804 qkm und eine Bevölkerung von 112280110 Einwohnern hatte. Ohne die im März 1939 im Zuge der «Wiedereingliederung der Länder Böhmen und Mähren» als Protektorat dem Reich einverleibten Gebiete und das nach dem Septemberfeldzug als Generalgouvernement eingegliederte polnische Territorium umfaßte das eigentliche Deutsche Reich immer noch 680709 qkm mit 90030765 Einwohnern. Denn zu diesem Komplex gehörten schließlich auch das 1938 «ins Reich heimgekehrte» Österreich, das Sudetenland, die bis September 1939 Polen unterstehenden neugeschaffenen «Reichsgaue» Danzig–Westpreußen und Wartheland mit der Hauptstadt Posen. War es da ein Wunder, daß sich die Machthaber des Dritten Reiches den anderen Europäern überlegen fühlten?

Schon vor dem Kriege gab es das boshafte Wort, nach dem Verbot der SPD und KPD gebe es in Deutschland keine Genossen mehr, sondern nur noch Parteigenossen, Volksgenossen und andere Zeitgenossen. In den Kriegsjahren mußte man zu der letztgenannten Kategorie die in Deutschland unfreiwillig anwesenden Kriegsgefangenen und die – wie es im NS-Jargon hieß – «fremdvölkischen» Arbeiter aus den von deutschen Truppen besetzten Gebieten zählen, die auch zum größten Teil nicht freiwillig ins Reich gekommen waren. Im letzten Kriegsjahr war allein die Zahl dieser beiden Gruppen auf fast 10 Millionen angestiegen. Zu diesen in mancher Hinsicht benachteiligten Zeitgenossen gehörten schließlich auch die durch die Nürnberger Gesetze aus der «Volksgemeinschaft» ausgeschlossenen Juden, von denen laut amtlicher Statistik am 1. Mai 1941 168972 immer noch auf dem Gebiet des Deutschen Reiches lebten.

Das Verhältnis zwischen den Parteigenossen und den übrigen Volksgenossen, die nicht die Ehre hatten, der NSDAP anzugehören, und darauf oft auch keinen Wert legten, war ein recht problematisches. Die Zahl der Pg's, wie man sie abgekürzt bisweilen ironisch und nicht gerade wohlwollend nannte, stieg bis zum Kriegsende auf mehr als 8,5 Millionen an; für eine «Elite der Nation», was die Pg's ursprünglich sein sollten, sicherlich eine gar zu große Masse Mensch. Es gab unter diesen Millionen viele, die auch nach Ansicht der Parteiführung zu den im Schulungsmaterial der NSDAP als «Opportunisten» oder «Karrieremacher» bezeichneten Mitgliedern gerechnet werden mußten. Sie waren in erster Linie aus beruflichen oder wirtschaftlichen Gründen der Partei beigetreten, und die politischen Ideen des Parteiprogramms interessierten sie weniger. Sie waren Pg's geworden, um eine Stellung zu erhalten, um schneller befördert zu werden oder um als Handwerksmeister und Unternehmer Aufträge des Staates und der Partei zu erhalten. Nicht zuletzt um die Parteikasse aufzufüllen, hob die NSDAP von Zeit zu Zeit die Mitgliedersperre auf und holte einen großen Schub von Anwärtern in die Ortsgruppen hinein. Aus gewöhnlichen Volksgenossen wurden sie zu Parteigenossen mit allen Ehren und Pflichten, wobei viele aus der Riesenschar der 8,5 Millionen allerdings nur ihrer Beitragspflicht nachkamen und sich vor allen andern mit der Mitgliedschaft verbundenen Pflichten drückten. Gegen die «Drükkeberger» innerhalb und außerhalb der Partei führten die überzeugten NS-Propagandisten den ganzen Krieg über einen mehr oder weniger vergeblichen Kampf. In den Kriegsjahren besorgte sich die NSDAP den Mitgliedernachwuchs vor allem sehr ungeniert aus der Hitler-Jugend. Viele Jugendliche wurden nach Vollendung des 18. Lebensjahrs in die Partei übernommen, ohne daß sie befragt wurden, ob sie damit überhaupt einverstanden waren. So erging es vor allem jungen Männern, die zur Wehrmacht eingezogen worden waren. So mancher von ihnen erfuhr erst nach dem Kriege, wenn er sich vor einer Entnazifizierungskammer rechtfertigen mußte, daß er in der Parteizentrale mit einer Mitgliedsnummer geführt wurde.

Es kam im Kriege recht häufig vor, daß Parteistellen massiv Druck ausübten, um eine möglichst hohe Mitgliederzahl «nach oben» melden zu können. Vor allem Leute, die ein öffentliches Amt oder Ehrenamt bekleideten, waren diesem Druck ausgesetzt. So richtete der Kreishauptstellenleiter des Amtes für Kommunalpolitik bei der NSDAP-Kreisleitung der rheinpfälzischen Stadt Prüm am 15. August 1940 an die Bürgermeister des Kreises folgendes Schreiben:

Bekanntlich ist die Partei offen. Gemäß Anordnung des Kreisleiters bitte ich Sie, sofort zu prüfen, wer von den ehrenamtlichen Gemeindebeamten (Bürgermeister, Beigeordnete, Gemeinderäte, Ratsherrn, Amtsbeigeordnete und Amtsälteste) noch nicht Mitglied der Partei ist. Fordern Sie von den noch etwa vorhandenen Nichtmitgliedern der Partei binnen 3 Tagen den Nachweis, daß sie sich bei ihrem Ortsgruppenleiter zur Aufnahme in die Partei angemeldet haben, oder aber die freiwillige Niederlegung des Amtes. Es ist unhaltbar, daß ein im öffentlichen Dienst tätiger Gemeindebeamter der Partei fernbleibt. Wenn Sie auch z. Zt. mit Arbeit überlastet sind, so verlangt der Kreisleiter mit Rücksicht auf die große Bedeutung der jetzt möglichen Aufnahme aller Gemeindebeamten in die Partei von Ihnen die vorzugsweise und schnellste Bearbeitung dieser Aktion. Ich bitte, mir innerhalb 8 Tagen mitzuteilen,

15 *Alles, was aus Metall ist – vom Kupferkessel bis zur Bronzestatue im Hausgarten – sollte der gute Deutsche als «Metallspende des deutschen Volkes zum Geburtstag des Führers» opfern.*

16 *Zum Geburtstag des «Führers» – Kaisers Geburtstag in NS-Manier – gab es auch im Kriege Appelle, Feiern, Reden, Huldigungsartikel und Führergedichte, Führergeburtstagsmarken und vieles andere mehr.*

Gauappell der „Alten Garde"

anläßlich des Geburtstages des Führers und des 20jährigen Bestehens der NSDAP. im Gau Hessen-Nassau

Sonntag, den 19. April 1942, vormittags 10.30 Uhr im Palmengarten Frankfurt a. M.

Folge:

1. Kampflieder-Marsch

2. Fahneneinmarsch

3. Gemeinsames Lied „Volk ans Gewehr!"

4. Fanfarenruf und Trommelwirbel

5. Sprecher: „Bekenntnisse des Führers"

6. Chor der HJ. „Deutschland, heiliges Wort . . ."

7. Ansprache des Gauleiters

8. Führergruß und Lieder der Nation

9. Fahnenausmarsch

Liedtext umseitig

> daß in Ihrem Amtsbezirk die Sache in Ord-
> nung geht, und mir gleichzeitig die Amtsnie-
> derlegungen derjenigen Gemeindebeamten
> mitzuteilen, die sich nicht zu einer Aufnah-
> me in die Partei entschließen können.

In den ländlichen Gemeinden der Eifel erregte dieses Rundschreiben eine sehr unterschiedliche Reaktion. Etliche Gemeinderatsmitglieder reichten
ihren Aufnahmeantrag ein, teils um keinen Ärger
mit der Partei zu haben, teils auch aus der Überzeugung heraus, daß sie nur als Mitglieder des Ge-
meinderats die Interessen der Bevölkerung wirkungsvoll vertreten konnten. Jedoch immerhin
mindestens 46 Gemeinderäte, meist Bauern, lehnten rundweg den Eintritt in die NSDAP ab. Sechs
von ihnen hielten es noch nicht einmal für notwendig, eine Begründung für ihre in diesen Jahren un-
gewöhnliche Weigerung anzugeben, daß sie auf
die Mitgliedschaft in der Partei des «Führers» keinen Wert legten. Lakonisch lauteten die Absagen
etwa: «Ich bin bereit, das Amt freiwillig niederzu-
legen» oder «Ich melde mich aus dem Gemeinde-
rat». Ein Ortsbürgermeister und ein Beigeordne-
ter antworteten schlicht und deutlich: «Auf das
Amt verzichten wir ohne weiteres.» Und eine Ge-
meinde übermittelte der Kreisleitung einfach eine
Namensliste mit der Mitteilung: «Folgende Gemeinderatsmitglieder weigern sich, der Partei beizutreten, und wollen ihr Amt freiwillig niederle-
gen.» Nur einige hielten es für angebracht, ihre
Ablehnung des Parteibeitritts zu begründen, wobei sie die verschiedensten Ausreden fanden. Einer wies z. B. auf seine miserable Wirtschaftslage
hin: «Da ich finanziell nicht in der Lage bin, mich
in die Partei aufnehmen zu lassen, muß ich mit
Bezug auf Ihr Schreiben von meinem Amte freiwillig zurücktreten.» Oder: «Ich kann die Beiträge
nicht aufbringen. Wenn man dann als armer Mann
muß weggehen, dann will ich das eben tun.»
Oder: «Ich bin nicht in der Lage, die Beiträge zu
bezahlen, und muß noch ein paar Jahre warten,
bis es mal besser geht, bis die Kinder mal ein biß-
chen helfen können.»
An den harten Schädeln und der Zivilcourage der
Eifelbauern scheiterten, wie die erhaltenen Akten
beweisen, vielfach die Bemühungen der Partei-

dienststellen, neue Mitglieder zu werben. Der
Bürgermeister und Ortsbauernführer E. aus dem
Kreis Bitburg verbat sich sehr energisch den Versuch zweier Politischer Leiter, eine Frau zum Eintritt in die NS-Frauenschaft zu bewegen. In einem
Schreiben der Kreisleitung Bitburg wird der Zentrale in Trier mitgeteilt, der Bürgermeister habe
erklärt, «diese übten einen unangebrachten
Zwang bei ihrer Werbung aus. Er brüstete sich
dann, sich einem solchen Zwang nicht zu fügen.
Er sei nicht Parteigenosse und habe auch abgelehnt, der Partei beizutreten. Trotzdem sei er
Ortsbürgermeister und Ortsbauernführer. Er habe
seinen Standpunkt der Partei und dem Landrat
gegenüber so vertreten und sei daraufhin doch in
drei Tagen mit seinen Ämtern betraut worden.
Als die beiden Politischen Leiter dann den Erb-
hofbauern E. darauf aufmerksam machten, daß
z. Zt. der Eintritt in die NSDAP möglich sei, erklärte E. wiederum in gehässiger Weise, die Partei
sei immer auf; wenn man sich nur bereit erkläre,
eine entsprechende Aufnahmegebühr, 20,– RM,
zu zahlen, würde einem sogar eine niedrige Mitgliedsnummer zugeteilt. Er kenne solche Fälle.
Dieses Verhalten eines Ortsbürgermeisters und
Ortsbauernführers hat hier größtes Aufsehen und
Befremden erregt, um so mehr, als hier alle Bürgermeister und Ortsbauernführer, Beigeordnete
und Gemeinderäte längst Parteigenossen sind,
und diejenigen, die den Beitritt zur NSDAP ablehnten, aus ihren Ämtern entfernt wurden. Auf
jeden Fall empfehle ich Ihnen, sich diesen Zeitgenossen gründlich anzusehen. Er gehört nach den
hier gemachten Erfahrungen weder in die Partei,
noch in ein öffentliches Amt.»
Der Bürgermeister wurde abgesetzt, und die Trie-
rer Kreisleitung verfügte in einem Schreiben an die
Bitburger Pg's: «Der Nachfolger muß unter allen
Umständen Mitglied der Partei sein. Sie wollen ab
sofort jeden Haushalt in den beiden Ortschaften
überprüfen und weitere Volksgenossen in die Partei aufnehmen, sofern sie tragbar erscheinen. Es
muß unter allen Umständen erreicht werden, daß
10 % der Bevölkerung dieser Ortschaften noch in
die Partei aufgenommen werden können.»
Dieses Intermezzo um einen kleinen Gemeinde-
vorsteher aus dem Eifelland ist bezeichnend für
den Umgangston, der in vielen Orten zwischen den
Parteigenossen und den Volksgenossen üblich war.

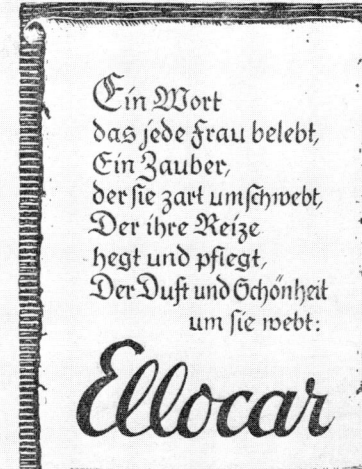

17 Man sollte es kaum glauben: diese Anzeigenseite aus dem «Illustrierten Beobachter» mit ihren sehr friedensmäßigen Annoncen stammt aus dem Februar 1941.

Der kleine Mann auf dem Lande und in den Orten hatte es kaum jemals direkt mit den Gauleitern der NSDAP zu tun, jenen «Gaufürsten», die in ihrem «Reichsgau» oft sehr eigenwillig und resolut in die Verwaltung und über die ihnen unterstehenden Politischen Leiter in die Gemeinden und den Alltag der Bevölkerung hineinregierten. Ein besonders gefürchteter und launischer Provinztyrann war der Gauleiter von Ostpreußen, Erich Koch, der ab 1941 als Reichskommissar der Ukraine auch dort ein Schreckensregiment mit Massenhinrichtungen und Deportationen der Bevölkerung führte; nach dem Kriege wurde Koch wegen Massenmordes zum Tode verurteilt.

Andere Gauleiter, die mit Hilfe williger Parteigenossen den Volksgenossen das Leben schwer machten, waren der Frankfurter NS-Gebieter Sprenger und der Parteichef im Reichsgau Köln–Aachen, Grohé. Über die Zustände im Lande um Köln berichtet der Informant der Deutschlandberichte der SPD, es herrsche dort «Zorn auf die hohen Würdenträger der SA und der SS, die sich unter brutaler Ausnützung ihrer Macht aufs beste versorgen. Das ist eben die Volksgemeinschaft, sagte mir bitter ein Bankbeamter. In Köln ist besonders der Gauleiter Grohé verhaßt. An der schwarzen Tafel eines Kölner Großbetriebs klebte ein aus dem ‹Westdeutschen Beobachter› ausgeschnittenes Bild des Gauleiters, unter dem die folgenden Zeilen standen:

> Ein Volk, ein Führer und ein Reich,
> Vor dem Gesetz ist jeder gleich.
> Es hungert Grohé unverdrossen
> Als Vorbild für die Volksgenossen.

Bereits am Nachmittag erschienen vier Gestapobeamte, aber ihre Versuche, den Schuldigen zu ermitteln, sind, wie man mir sagte, ergebnislos geblieben. Solche Sprüche gehen von Mund zu Mund. Der eben erwähnte Freund hatte auch ein von englischen Fliegern abgeworfenes Blatt gesehen, das alle Einzelheiten über die ungeheuerlichen Auslandsguthaben der obersten Führergarnitur enthielt.»

Die Gauleiter und «Goldfasane» aus ihrer Umgebung, wie die höheren Parteifunktionäre wegen ihrer mit goldglitzernden Rangabzeichen geschmückten hellbraunen Uniformen genannt wurden, hatten meist nur wenig direkten Kontakt mit den Volksgenossen, dem Mann auf der Straße. Sie zogen es vor, bei Versammlungen markige Reden im Sinne der «Reichsschulungsbriefe der NSDAP» mit Durchhalte- und Endsiegparolen zu halten, und überließen das Gespräch mit dem Bürger den weniger hochgestellten «Politischen Leitern», den Zellenleitern und Blockleitern.

Am häufigsten hatte die Bevölkerung mit den Blockleitern zu tun, die als Repräsentanten der Partei einen «Block» von etwa 50 Haushaltungen zu betreuen hatten. Einige von ihnen, vor allem solche, die selber mehr zwangsweise als freiwillig zu Blockleitern avanciert waren, erledigten den Parteiauftrag auf recht lässige, liebenswürdige Art und beschränkten die Hausbesuche und «aufklärenden» Gespräche in ihrem Block auf das notwendigste Minimum. Andere dagegen waren wenig be-

Über die Einstellung eines deutschen Durchschnittsbürgers zum Kriegsgeschehen notierte der in Göttingen lebende Schriftsteller Hermann Stresau in seinen Aufzeichnungen «Von Jahr zu Jahr» am 8. Juli 1942:
Ich sprach vor einigen Tagen mit einem jungen Tischler, dessen Meinung und Haltung mir charakteristisch zu sein schien für seine ganze Generation. Den Krieg beurteilte er so: Die Stimmung an der Front ist tadellos, die Erfolge kommen uns, als den soldatisch Überlegenen, durchaus zu. Diese Vorstellung sitzt ganz sicher und fest, übrigens ohne Überheblichkeit dem Gegner gegenüber, der ganz sachlich oder, mangels genauer Kenntnis, wenigstens in sachlichem Tone behandelt wird. Dieser junge Tischler möchte selbst lieber Soldat an der Front sein. Der Propaganda und der ganzen Nachrichtenpolitik dagegen mißtraut er aufs tiefste. Er wird davon so gut wie gar nicht beeinflußt. Der Krieg, meint er, werde noch lange dauern, Rußland sei eigentlich nicht kleinzukriegen, selbst wenn wir bis zur Wolga vorgingen. Was die Zeitungen von den Engländern erzählten, sei größtenteils Quatsch. Nach den Zeitungen und der Propaganda müßten wir den Krieg längst gewonnen haben. Die Propaganda wolle einen für dumm verkaufen und

28

liebe Quälgeister der Leute in ihrer Umgebung. Denn ein Blockleiter der NSDAP hatte vielfältige Möglichkeiten, seinen Mitmenschen auf die Nerven zu fallen. Er konnte jederzeit an der Wohnungstür klingeln und unangemeldet bei den Volksgenossen «Volksaufklärung und Propaganda» im Sinne des gleichnamigen Goebbels-Ministeriums betreiben. Es war die Aufgabe des Blockleiters, die Parolen der NS-Führung gemäß den Weisungen der Schulungsämter der Partei im Volk zu verbreiten und nach bestem Vermögen «weltanschauliche Schulung» zu betreiben. Viele Blockleiter hatten den Ehrgeiz, ihre Mitbürger mit mehr oder weniger Zwang und energischer Überredung zum Abonnement einer Parteizeitung zu veranlassen, der NS-Volkswohlfahrt und anderen Parteiorganisationen neue Mitglieder zuzuführen. Bei die-

setze einem Kindermärchen vor. Auch nach dem Krieg werde es 10 Jahre dauern, bis der Wiederaufbau einigermaßen gelungen sein werde und es uns wieder «gut» ginge. Er für seine Person (er ist kurz vor dem ersten Weltkrieg geboren) habe bisher nichts Rechtes vom Leben gehabt. Als Kind: Krieg, als Heranwachsender: Inflation usw., schlechter Verdienst in den Kriegsjahren, nach 1933 ein paar Jahre, wo es besser zu werden anfing, dann wieder Krieg mit unabsehbarer Dauer schlechten Lebens. Alles in allem: eine völlige Illusionslosigkeit, nüchternster Realismus, mit einer gewissen Tapferkeit der Haltung. Wir dürften, meinte er, den Krieg nicht verlieren, das wisse Gott sei Dank jeder, denn sonst ginge es uns noch schlechter. Was «die da oben» sagen, glaubt er beinahe grundsätzlich nicht. Und das ist ein Durchschnittsmensch, mit einem guten Verstand, und man kann ihm nichts vormachen. Ich glaube, oder bin geneigt zu glauben, daß er nicht eine Ausnahme darstellt, sondern eher die Regel. Sollte das zutreffen, so wäre mit dieser Generation schon etwas in Zukunft anzufangen. Diese Mentalität sticht sehr ab gegen die längst durch die Logik der Tatsachen überholte und widerlegte Illusionistik der führenden Leute.

18 *Für den Eintritt in die N. S. Volkswohlfahrt wird auch noch im Kriege mit bombastischen Hitlerworten von «höchstem Sozialismus» geworben. Die Minibeiträge zur NSV wurden von vielen Deutschen nicht zuletzt deshalb gezahlt, weil sie hofften, auf diese Weise von weiteren Parteiverpflichtungen verschont zu bleiben.*

sen Bemühungen hatten die Blockleiter nur zu oft Erfolg. Denn es hatte sich allmählich bei der Bevölkerung herumgesprochen, daß der Bezug eines NS-Blattes und der Eintritt in eine Nebenorganisation der Partei probate Mittel waren, um für «politisch zuverlässig» zu gelten und von den Amtswaltern der Partei nicht mehr behelligt zu werden.

Die Deutschen hatten es sich in den Jahren der NS-Diktatur angewöhnt, auf zwei Ebenen zu leben: auf einer mehr privaten und auf der öffentlichen. Im privaten Kreise, mit Menschen, denen man Vertrauen schenken konnte, sprach man noch offen, sagte, was man dachte. Auf der öffentlichen Ebene, wo man es mit Leuten zu tun hatte, die man kaum kannte oder denen man mißtraute, und dazu gehörte vor allem der Umgang mit Repräsentanten der Partei, paßte man sich wohl oder übel an und hütete sich vor aufrichtigen Bekenntnissen und Äußerungen über die jeweilige Kriegslage.

Der perfekt getarnte Volksgenosse las den «Völkischen Beobachter» oder das Parteiblatt seines Wohnortes, zahlte in einer wenig aktiven Nebenorganisation der Partei wie etwa der NS-Volkswohlfahrt, dem Reichsluftschutzbund oder Reichskolonialbund einen Monatsbeitrag von 50 Pfennig bis höchstens 2 Mark und grüßte stramm mit «Heil Hitler», wenn er seinem zuständigen Blockleiter begegnete. So schlängelte sich mancher durch den Krieg, dauernd pendelnd zwischen den Polen Anpassung und innerem Widerstand nach der Operettenweisheit «Doch wie's im Innern aussieht, geht niemand was an». Jedoch nur wenige rafften sich zu aktivem Widerstand gegen ein Regime auf, das sie innerlich ablehnten. Es war in der Bevölkerung wohlbekannt, daß die Blockleiter von Zeit zu Zeit Stimmungsberichte über die in ihrem Umkreis herrschenden Ansichten und Gerüchte und auch Berichte über die politische Einstellung von Bewohnern ihres Parteibereichs anzufertigen hatten. Eine Aktivität, die manchesmal in Denunziation mißliebiger Mitbürger und Anzeigen bei der Gestapo ausarten konnte.

Die Parteivorgesetzten der Blockleiter waren die Zellenleiter, die 4 bis 8 Blöcke zu inspizieren hatten. Eine ihrer Hauptaufgaben war die Unterweisung der Blockleiter, die meist keine höhere Schulbildung hatten, anhand des von der Parteileitung ausgegebenen «Schulungsbriefs». Die

19 *In der ersten Kriegshälfte, der Periode der deutschen Siege, prangen die Straßen der Städte noch manchmal im Flaggenschmuck der Friedenstage. In der zweiten Hälfte des Krieges gibt es dann kaum noch Siege zu feiern.*

Ortsgruppenleiter, die sich in größeren Städten um Wohnquartiere mit mehreren tausend Haushaltungen zu kümmern hatten, gehörten schon zu den hauptamtlichen «Goldfasanen», denen die Bürger je nach Einstellung mit Respekt oder Distanz und Antipathie gegenübertraten. In Gegenwart eines Ortsgruppenleiters hielt der schlaue Volksgenosse die Schnauze, grüßte zackig mit «Heil Hitler!» und dachte im übrigen, was er wollte, nach dem tröstlichen Motto: «Die Gedanken sind frei ...»

Das war im übrigen auch beinahe die einzige Freiheit, die den Deutschen in den Kriegsjahren im Heil-Hitler-Staat geblieben war. Daß das mit dem Deutschen Gruß verbundene «Heil Hitler!» einen Doppelsinn hatte, war ein seltsamer Umstand, den am treffendsten der damals kursierende Witz wiedergibt: Zwei Männer begegnen einander. Der eine grüßt: «Heil Hitler!» Darauf der andere: «Heil du ihn, ich bin kein Arzt.» – Und oft erzählt wurde auch ein anderer Deutscher-Gruß-Witz: Göring sagt zu Goebbels: «Ich habe bemerkt, daß die Leute nicht mehr mit Heil Hitler grüßen. Wie wäre es, wenn Sie zur Abwechslung mal wieder im Volk den alten Gruß Guten Tag propagieren wollten?» – Goebbels antwortet: «Ausgeschlossen, so lange unser geliebter Führer lebt, wird es keinen guten Tag mehr geben.»

„Deutschlands Schicksal wird nicht entschieden durch die Wirtschaft und nicht durch Wehr und Waffen, aber es wird endgültig entschieden werden, wie unser Volk sich einstellt zum Kinde."
Adolf Hitler.

Die Vortragsreihe „Gesundes Volk" wird durchgeführt in Verbindung mit dem Amt für Volksgesundheit und dem Deutschen Roten Kreuz.

Vortrag:

21 Heiraten — aber wen?

Redner: Ministerialrat Dr. Stähle, Gauamtsleiter des Amtes für Volksgesundheit.

Freitag, 6. Februar, 19.30 Uhr, Landesgewerbeamt, Lindenstr. 18.

Eintritt RM —.80; mit Hörerkarte RM —.60.

Die volksgesundheitlichen Grundsätze einer richtigen Gattenwahl. — Die Ehe in ihrer Beziehung zur Gesundheit des einzelnen und des ganzen Volkes.

Lichtbildervortrag:

22 Wie können wir unsere Kinder vor Krankheiten bewahren?

Die Gefahren des Winters und des Frühjahrs für den Säugling und das Kleinkind. — Rachitis. — Warum Vigantol? — Erkältungskrankheiten. — Einiges über Diphterie, Scharlach, Masern und Grippe. Die Vorbeugung dieser Krankheiten.

Redner: Dr. Knapp, Kinderarzt, Stuttgart.

Freitag, 13. Februar, 19.30 Uhr, Wilhelm-Murr-Saal, Jägerstr. 24.

Eintritt RM —.80; mit Hörerkarte RM —.60.

Vortrag:

23 Die Nervosität in ihrer Beziehung zur heutigen Zeit

Redner: Oberstabsarzt Dr. Reim.

Freitag, 20. Februar, 19.30 Uhr, Oberes Museum, Lindenstr. 10.

Eintritt RM —.80; mit Hörerkarte RM —.60.

19

20 *Auch im Kriegsjahr 1942 wird in Vortragsreihen mit Propagandatiteln wie «Gesundes Volk» vor allem darauf hingewiesen, daß zu den «volksgesundheitlichen Grundsätzen einer richtigen Gattenwahl» und Ehe die Erzeugung einer möglichst großen Kinderzahl gehört.*

Neben dem Deutschen Gruß gab es den Deutschen Blick und die Deutsche Rundschau. Wenn Bekannte sich auf der Straße oder in der Bahn Neuigkeiten erzählten, schauten sie sich erst mal um, ob auch kein Fremder zuhörte; ein Verfahren, das besonders in den letzten Kriegsjahren zweckmäßig war, als sich die KZ's immer mehr mit Leuten füllten, die wegen «defaitistischer Äußerungen» verurteilt worden waren.

Wer das Pech hatte, einem Mitmenschen zu begegnen, der es für seine Pflicht hielt, sogenannte defaitistische Bemerkungen oder politische Witze, wie sie an manchem Stammtisch ungeniert erzählt wurden, der Gestapo anzuzeigen, konnte in der Tat im KZ landen. «Was gibt es für neue Witze?» lautete eine damals kursierende leicht riskante Scherzfrage. «Ein Jahr KZ», lautete die Antwort. Manchmal konnte es etwas weniger sein, manchmal mehr, wie einige harte Gerichtsurteile aus den beiden letzten Kriegsjahren beweisen. Wie auch sonst in Diktaturen war das Erzählen von politischen Witzen im Dritten Reich eine der wenigen Möglichkeiten für viele, ihre Verbitterung über die Zeitsituation und diejenigen, die daran schuld waren, wenigstens indirekt in sarkastischer Form zu äußern. Jedoch beschränkte sich der sogenannte Flüsterwitz in den Kriegsjahren, in denen die Justiz viel härter zugriff als im Frieden, auf Gespräche in kleinem, vertrautem Kreise.

In der Öffentlichkeit – und dazu gehörten Luftschutzkeller, Lokale, Geschäfte, Zugabteile – galt für die meisten das Sprichwort «Schweigen ist Gold». Den Mund halten, nicht auffallen, «graue Maus» sein: das waren die vielleicht nicht sehr rühmlichen und couragierten, aber leider zeitgerechten Weisheiten, die Zivilisten und Soldaten das Überleben der Jahre 1939–45 erleichterten. Sie schwiegen, schwindelten bisweilen, wenn ihnen nichts anderes übrig blieb, und drückten sich, wo sie konnten, wie sie konnten. In der ersten Kriegshälfte, in der Periode der deutschen militärischen Erfolge, bildete diese von der NS-Führung wenig geschätzte und heftig bekämpfte Kategorie von Volksgenossen eine Minderheit. In der zweiten Kriegshälfte, als das Großdeutsche Reich von einer Krise in die andere geriet, wurde sie zur Mehrheit im deutschen Volk.

Die «Drückebergerei» insbesondere entwickelte sich zu einer Zeiterscheinung, die den Behörden, der Partei und den Wehrmachtsdienststellen viel Kopfzerbrechen bereitete. Die Soldaten drückten sich vor dem Fronteinsatz, die Zivilisten vor der Einberufung zur Wehrmacht. In einem SD-Bericht vom Dezember 1943 über die Bemühungen vieler Behörden und Betriebe, ihre Mitarbeiter «UK» zu stellen, d. h. sie für unabkömmlich zu erklären und damit dem Wehrdienst zu entziehen, wird gemeldet:

> Der im Kriegseinsatz bereits stehende Volksgenosse stelle häufig fest, daß gewisse Teile der Bevölkerung von den Totalisierungsmaßnahmen (den Maßnahmen für den tota-

31

Die Tatsache, daß viele «Hoheitsträger» der Partei
nicht eingezogen wurden, während gewöhnliche
Volksgenossen Soldat werden mußten, selbst wenn
ihre Arbeit keineswegs kriegsunwichtig war, bot
während des ganzen Krieges Anlaß zu Mißtrauen
und Verstimmung zwischen den NSDAP-Mitglie-
dern und anderen Bürgern. Das zentrale Parteior-
gan, der «Völkische Beobachter», sah sich im Dezember 1943 schließlich gezwungen, zu diesem
heiklen Problem Stellung zu nehmen. Das Blatt be-
hauptete, daß von den 85 000 hauptamtlichen Funk-
tionären der Partei 48 600 bei der Wehrmacht und
daß 40 Prozent der männlichen Mitglieder der
NSDAP eingezogen seien; nicht nachprüfbare Zahlen, aus denen hervorging, daß immerhin 60 Prozent der Pg's nicht Soldaten waren. Hinzu kam, daß
weitaus die meisten dieser zur Wehrmacht einberu-
fenen Parteigenossen höchstwahrscheinlich nicht
an der Kampffront Dienst taten. Es war in der Bevölkerung bekannt, daß viele von ihnen es aufgrund
von Beziehungen verstanden, sich Druckposten im
rückwärtigen Heeresgebiet zu verschaffen. Erst
nach dem Kriege hat es sich herausgestellt, daß

überhaupt die Zahl der wirklichen Frontkämpfer
recht klein war. Auf 20 Soldaten kam im Durchschnitt nur einer, der an der kämpfenden Front sein
Leben riskieren mußte. Die übrigen hielten sich lieber weiter hinten auf und drängten sich durchaus
nicht nach «vorn». Je länger der Krieg dauerte, um
so geringer wurde die Zahl der echten Freiwilligen.
Meist handelte es sich um Jugendliche, die keine
Vorstellung davon hatten, was ihnen an der Front
bevorstand, und um jene immer noch überzeugten
Nationalsozialisten, die bis zum «Endsieg» weiter-
kämpfen wollten.
Wie wenig gefragt Dienst in der Wehrmacht und in
der SA bei der ländlichen Bevölkerung war, meldet
ein Bericht der SD-Stelle im mainfränkischen Kit-
zingen vom April 1943:

FAMILIEN-NACHRICHTEN

Es wurden geboren:
Ute ist am 12. Juli 1944 als zweites Kind angekommen. In Freude und Dankbarkeit: *Jane Hoffmann*, geb. Michels, zZ. Neuruppin, Fährweg 32; *Fritz Hoffmann*, zZ. Leutnant in einer Panzer-Abtlg.
Karin, unser drittes Kriegskind, am 12. 7. *Ursula Bosse*, geb. Kämpfer, zZ. Haus Rutschmann, Oberschreiberhau; *Wilhelm Bosse*, Obermagistratsrat zZ. im Felde.
Claus Jürgen, am 12. Juli 1944, als viertes Kind. *Charlotte Wittke*, geb. Wolff; Zahnarzt Dr. *Wittke*, Gleiwitz OS., Wilhelmstr. 12.

Es haben sich verlobt:
Christel Aufarth; Werner Schillmann, Leutnant i. e. Panzer-Aufklärungs-Abt. Rothenstein/Saale; Eisenach Elisabethstr. 3.

Es haben sich vermählt:
Herbert Szugsdies, Oberfeldwebel der Luftwaffe; *Ingeborg Szugsdies*, geb. Döge. Berlin, 7. Juli 1944.
Dr. phil. habil. *Ludwig Rohling*, Dozent für Kunstgeschichte an der Universität Greifswald, Bahnhofstraße 2/3; *Marie-Luise Rohling*, verw. Schmidt, geb. Zeisner. Breslau 18, Kirschallee 75. 22. Juli 1944.
Gerald Unruh, Assessor im Auswärtigen Amt, zZ. Fahnenjunkerwachtmeister dR., mit Frau *Renate*, geb. Soldat, 3. Juli 1944.
Dipl.-Kfm. *Joachim Schütze* und Frau *Herta*, geb. Held. Dresden-A. 24, Uhlandstr. 38, Leipzig N 25, Beuthstr. 67.
Dipl.-Ing. *Nicolai Rudbach; Waldtraut Rudbach*, geb. Petersson. Krakau, Hans-Zimmermann-Platz 3, den 30. Juni 1944.

Am 16. Juli 1944 starb im Alter von 72 Jahren unsere inniggeliebte und tief verehrte Gattin, Mutter und Großmutter

Emma v. Schirach
geb. Middleton-Lynah-Tillou

Sie erlag nach heldenhaft ertragenem Leiden den schweren Brandwunden, die sie beim Absturz eines Flugzeuges auf ihr Heim erlitten hat.
Carl Baily Norris v. Schirach, Kammerherr, Generalintendant a. D.; Rosalind v. Schirach; Baldur v. Schirach, Reichsleiter und Reichsstatthalter in Wien; Henriette v. Schirach, geb. Hoffmann, mit den Enkelkindern Angelika, Klaus, Wolf Robert und Richard.
Es wird gebeten, von Beileidsäußerungen abzusehen.

Wir erhielten die schmerzliche Nachricht, daß mein über alles geliebter, guter, um mich besorgter Mann, der herzensgute Vati seiner beiden Lieblinge, unser innigstgeliebter Sohn, Bruder, Schwiegersohn, Schwager und Onkel, der

Feldwebel in einem Panzer-Rgt.
Martin Kiekbusch
Inh. mehrerer Auszeichnungen
27. 4. 1914 15. 6. 1944

in einem Feldlazarett im Südosten verstorben ist. Er folgte seinem Bruder Walter, der vor vier Jahren im Westen den Heldentod fand. Sie starben getreu ihrem Fahneneid. Geliebt, beweint und unvergessen.
In tiefem, unsagbarem Schmerz: Gertraud Kiekbusch, geb. Liebig; Burkhard und Peter als seine beiden Lieblinge, Richard Kiekbusch und Frau; Ernst Liebig und alle Angehörigen.
Alt-Ruppin, Am Rhin 2, Greifenberg (Pom.), Berlin

Tiefes Herzeleid brachte uns die traurige Nachricht, daß unser geliebter, sonniger, jüngster Sohn, mein einziger, lieber Bruder

Panzer-Grenadier
Fritz Müller
geb. 30. 12. 1925

am 14. Juli 1944 in der Normandie den Heldentod fand. Er fiel im unerschütterlichen Glauben an Deutschlands Sieg.
In stiller, tiefer Trauer: Erich Alex; Paula Alex, verw. Müller; Uffz. Kurt Müller, Bruder, sowie alle Angehörigen.
Berlin C 2, Kaiser-Wilhelm-Str. 12.

Am 3. Juni 1944 mußte im Osten mein geliebter Mann, liebster Papi, Sohn, Schwiegersohn und Neffe, der

Gefreite
Heinz Paczkowski
Inhaber des EK. 2, des Sturmabz. und des Heeres-Flakartl.-Abz.

im 23. Lebensjahr sein junges Leben lassen.
In tiefem Weh: Ursula Paczkowski, geb. Votke als Gattin; sein Liebling Heta ... und seine Mutti, im N... aller, die ... hatten

---

Unsagbar großes Herzeleid brachte uns die schmerzliche Nachricht, daß mein heißgeliebter, unvergeßlicher Gatte, der beste Vati seines kleinen Gerd, unser guter Bruder, Schwiegersohn, Schwager, Onkel und Neffe

Sig.-Obergefr.
Gottfried Auerbach
Bauer und ϟϟ-Mann
geb. 2. November 1919

vor dem Feinde sein junges Leben fürs Vaterland opferte. Er ruht nun vereint mit seinen Eltern.
Unser Schmerz ist groß: Erika Auerbach, geb. Kunze, und Söhnchen Gerd; Paul Kunze und Frau als Schwiegereltern; Johanna Auerbach; Erich Auerbach und Frau; Suse Auerbach; Hedwig Enzmann; Alfred Glöckner und Frau Elfriede, geb. Enzmann.
Kleinvoigtsberg und Reichenbach über Freiberg (Sa.).

Neun Monate nach dem Tode unseres kleinen Söhnchens wurde mir nun auch das Liebste genommen. Mein über alles geliebter Mann gab nach zweijähriger, glücklicher Ehe sein Leben für Deutschland. Am 8. Juli 1944 verstarb er an den Folgen einer am 7. Juli 1944 erlittenen schweren Verwundung in einem Feldlazarett im Osten. Er folgte seinem Bruder Klaus nach einhalb Jahren.

Leutnant und Kompanie-Führer
Heinz Eschmann
Inh. des EK. 1 u. 2, des Infant.-Sturmabz. in Silber, d. Ostmedaille und des Verwundetenabz., Träger des Goldenen HJ.-Ehrenzeichens

Du warst der Inhalt meines Lebens!
In tiefer, stiller Trauer: Deine Frau Margot Eschmann, geb. Helmbrecht; deine Eltern: Friedrich Eschmann u. Frau Gertrud, geb. Köhler; dein Schwester Erika u. dein kleiner Bruder Ulrich; deine Schwiegermutter Ida Helmbrecht u. dein Schwager Obergefr. Heinz Helmbrecht, zZ. in amerikan. Gefangenschaft.
Berlin NW 21, Essener Str. 19.

Unendlich hart und schwer traf uns die tieftraurige Nachricht, daß unser über alles geliebter, sonniger Sohn, unser einziges gutes Kind, Neffe, Vetter und Freund

ϟϟ-Unterscharführer in einer ϟϟ-Panzer-Grenadier-Division
Günter Lippmann
Inh. verschiedener Kriegsauszeichn.

im blühenden Alter von 23 Jahren an der Invasionsfront den Heldentod fand. Er fiel am 13. Juni 1944, nachdem er an den Einsätzen in Holland, Belgien, Frankreich, Serbien, Griechenland und Sowietrußland teilgenommen hatte. Auf einem Heldenfriedhof in der Normandie ist er mit militärischen Ehrungen beigesetzt. Lieber Günter! Wir werden dich nie vergessen und dein Andenken treu in Ehren halten.
In unsagbarem Herzeleid: Paul Lippmann; Elfriede Lippmann, geb. Brietzke, u. alle Angehörig.
Berlin SW 61, Katzbachstr. 21.

Schwer traf uns das Schicksal mit der traurigen Nachricht daß nach kurzer, allzu glücklicher Ehe, mein über alles geliebter Mann, unser allzeit lebensfroher, sonniger, jüngster Sohn und Bruder, Schwager, Onkel, Neffe und Schwiegersohn

ϟϟ-Unterscharführer i. d. Waffen-ϟϟ
Pg. Edmund Heuser
Hauptabteilungsleiter i. Stab d. RJF.
Inhaber des EK. 2 und des KVK. 2. Klasse mit Schwertern

im 25. Lebensjahr am 11. Juni 1944 im Westen in einer ϟϟ-Panzer-Div. sein junges, blühendes, zu den stolzesten Hoffnungen berechtigtes Leben, für seinen geliebten Führer und Großdeutschlands Zukunft gab. Ihn und sein immer strahlend sonniges Wesen werden wir nie vergessen. Mein junges Glück fand damit ein frühes Ende.
In tiefem Weh, im Namen aller, die ihn lieb hatten: Margot Heuser, geb. Risch.
Bln.-Reinickendorf-West, Eichborndamm 4.

Uns traf die schmerzliche Nachricht, daß unser lieber, guter Pflegesohn und Neffe, Bruder, Schwager und Vetter

Obergefreiter
Erhard Bähr
Inh. des EK. 1 u. 2, d. Verw.-Abz. in Silber u. a. Auszeichnungen

im blühenden Alter von 24½ Jahren im Osten den Heldentod fand. Er folgte seinem Vetter, dem Obergefreiten Kurt Schwess, nach elf Monaten in die Ewigkeit.
In tiefem Schmerz: E. Gruhl und Frau als Pflegeeltern; August ...

Obergrenadier
Hermann Mayr
geb. 5. 12. 1909 in St. Petersburg
gef. 14. 6. 1944 an der Ostfront

Wir gaben unser Liebstes.
In tiefer Trauer: Irmtraud Mayr, geb. Scherrmann, und Sohn Hermann Peter; Wwe. Natalie Mayr, geb. Rutkowsky; Nataly Mayr; Margarita Neumann, geb. Mayr; Friedrich Scherrmann und Frau Elisabeth, geb. König; Rolf Scherrmann; Walter Neumann; Adolf Mayer.
ZZ. Troppau/Ostsudeten, Hummelgasse 39; Berlin-Neukölln, Emser Straße 112/113.
Von Beileidsbesuchen bitte Abstand zu nehmen.

Unsagbar hart traf uns die Nachricht, daß unser einzigster, über alles geliebter, sonniger und hoffnungsvoller Sohn, mein innigstgeliebter Verlobter, der

Leutnant und Kompanieführer in einer Panzer-Grenadier-Division
Karl Sanow
Inh. d. EK. 2 und des Verw.-Abz.
28. 7. 1921 5. 6. 1944

für seinen Führer und Großdeutschland den Heldentod gestorben ist. Nach den Worten seines Generals war er einer jener jungen Leutnante, wie sie die Division braucht, immer voller Schwung und Lebensmut.
In stolzer Trauer: Emil Sanow, Reg.-Ober-Inspek.; Elli Sanow, geb. Schwoboda, Berlin N 113, Bergener Str. 1; Charlotte Abendroth nebst Eltern, Oberhausen (Rhld.), König-Heinrich-Str. 4.

Hart und schwer traf uns die traurige Nachricht, daß unser innigstgeliebter, herzensguter Sohn, mein lieber Mann, Bruder, Schwager, Neffe und Onkel, der

Feldwebel und Zugführer in einem Panzer-Grenadier-Regt.
Günter Albinsky
Inh. d. EK. 2, der Ost- u. Sudetenmedaille

am 5. Juni 1944 im Alter von 24 Jahren in den schweren Kämpfen im Osten für Führer und Vaterland den Heldentod gefunden hat.
In tiefem Schmerz: Karl Albinsky; Emma Albinsky, geb. Bieul; Liesbeth Albinsky, geb. Lehmann; Kurt Albinsky, Hauptfeldwebel; Edith Albinsky, geb. Herrmann.
Berlin W 9, Bellevuestraße 6.

Wir erhielten die schmerzliche Nachricht, daß unser innigstgeliebter, tapferer, einziger Sohn, mein lieber Ka, der

Abiturient
Karl-Heinz Tiggemann
Leutnant in einer Nachr.-Abtlg.

Inhaber des EK. 2. Klasse
nie wieder zu uns zurückkehrt. Er starb am 22. Juni 1944 in Italien an den Folgen einer Verwundung im Alter von 21 Jahren und opferte sein junges, hoffnungsvolles Leben, wir das Liebste, was wir hatten. Karl-Heinz bleibt bei uns unvergessen.
In unsagbarem Schmerz: Karl Tiggemann und Frau Helene, geb. Quarz; Irmgard Schleicher.
Berlin NW 40, Heidestraße 33, den 12. Juli 1944.

Wir erhielten die tieftraurige Nachricht, daß mein inniggeliebter, treusorgender Mann, der stolze Papa seiner beiden Lieblinge, unser inniggeliebter, unvergeßlicher jüngster Sohn, unser Sonnenschein, unser lieber Bruder, Schwiegersohn, Schwager, Onkel, Neffe und Vetter, der

Hauptmann und Kompaniechef
Fritz Schulze
Inh. d. KVK. 2. Kl. m. Schwertern u. a. Auszeichnungen

im blühenden Alter von fast 33 Jahren in Italien am 24. Januar 1944 sein hoffnungsvolles Leben lassen mußte.
In tiefem, unsagbarem Schmerz, seine trauernde Gattin Ursula Schulze, geb. Kloß, mit Dieter und Klein-Bernd; seine schwergeprüften Eltern Otto Schulze und Anna Schulze, geb. Seidel; seine liebe Schwester Friedel Ohlgart, geb. Schulze; sein lieber Bruder Alfred Schulze, Gefr., und alle, die ihn gern hatten.
Berlin-Reinickendorf-West 4, Spandauer Weg 28.
Berlin, Swinemünder Str. 43.

In treuer Pflichterfüllung für sein Vaterland verstarb am 13. Juni 1944 plötzlich und unerwartet in Breslau unser lieber, treusorgender Schwager, Onkel und Vetter

Oberst
Oskar Kohtz
Heeresabnahmeinspizient
Inh. d. EK. I u. II v. 1914/18, d. KVK. I. u. 2. Kl. u. a. Ausz.

In tiefer Trauer zeigen wir an, daß unser innigstgeliebter Sohn, treuer Bruder, Schwager und Onkel, der

Landwirt / ϟϟ-Sturmmann
Alfred-Leopold von Hake
Oberleutnant d. R.
Inh. d. EK. 1 u. 2, des Verw.-Abz. u. a. Kriegsauszeichnungen

als Kompaniechef einer Panzer-Späh-Kompanie am 3. Juli 1944 bei einer dienstlichen Übung tödlich verunglückte.
Für die Angehörigen: Franz von Hake, Major a. D., u. Frau Ilse von Hake, geb. Schwerdtner-Pomeiske.
Fürstenwalde, Spree.

Hart und unerbittlich traf uns die Nachricht, daß unser lieber, großer Junge, mein herzensguter Bruder, Enkel, Neffe und Vetter, der

Gefreite
Gerhard Nemsow

kurz vor Vollendung seines 21. Lebensjahres bei den schweren Abwehrkämpfen an der Ostfront am 29. Juni 1944 sein junges Leben lassen mußte.
Die trauernden Hinterbliebenen: Hans Nemsow als Vater; seine liebe Mutter Lucie Nemsow, geb. Boldwan, und Schwester Lisa nebst allen Angehörigen.
Brandenburg/Havel, Dräfertstr. 92, Berlin.

Die Beerdigung der Frau
Verena Langen
findet am Donnerstag, dem 20. Juli, um 15 Uhr, von der Kapelle des Zehlendorfer Friedhofes, Onkel-Tom-Straße 30, aus statt.

Mein innigstgeliebter Mann und treuester Lebenskamerad, mein herzensguter, überaus treusorgender Vater

Herr Direktor
August Christian
Wehrwirtschaftsführer

Inhaber des KVK. 1. u. 2. Klasse, des EK. II u. and. Auszeichnungen des Weltkrieges 1914—18
ist nach schwerer Krankheit plötzlich von uns gegangen.
In tiefem Schmerz: Frau Liesel Christian, geb. Brey; Frau Else Schoellkopf, geb. Christian.
Heilbronn/N., Wollhausstr. 97, 11. Juli 1944.

In der Frühe des 14. Juli 1944 ging nach schwerer Krankheit mitten aus der vollen Arbeit mein geliebter Mann, unser guter Vater, der

Bankdirektor
Albert Balhorn
Rittmeister der Res. z. V.
Inhaber des EK. II. Kl. von 1914 und anderer Auszeichnungen

von uns. Sein Leben war Treue und Sorge für uns und viele.
Im Namen aller Angehörigen: Luise Balhorn, geb. Willies; Gerda Hepner, geb. Balhorn; Horst Balhorn; Horst Hepner, zZ. im Westen.
Braunschweig, den 14. Juli 1944.

Gottes Wille nahm uns am Freitag, dem 14. Juli 1944, dem Vortage seines 48. Geburtstages, unerwartet meinen lieben Mann und unvergeßlichen Vater, den

Rücksiedler aus Dornfeld/Galizien
Pg. Eduard Harlfinger
Zellenleiter der NSDAP. und Ortsbauernführer
Inhaber d. Kriegsverdienstmedaille u. d. Kriegsverdienstkreuzes 2. Kl.

Sein Leben war Einsatz für Volk, Führer und Reich.
In tiefer Trauer: Christine Harlfinger, geb. Bechthoff, als Gattin; Brunhilde, als Kind; Johanna Hirschler und Sophie Rupp als Geschwister und alle Anverwandten.
Morgen über Lutbrandau, Kreis Leslau; Siegendorf/Niederdonau; Lilienhorf/Wartheland; Lutbrandau; Glogau; Posen.

Fern ihrer lieben Geburts- und Heimatstadt, Berlin, schloß am Freitag, dem 7. Juli 1944, nach langem, schwerem Leiden unsere liebe Mutter, Großmutter und Uroma

Bertha Pasche
geb. Brederick
Trägerin des Ehrenzeichens der Deutschen Mutter

im Alter von 88½ Jahren für immer ihre müden Augen.
Dies zeigen tiefbetrübt an: Lucie und Irmgard Pasche mit Klein-Uilli.
ZZ. Grünau, Post Dobberschütz, Krs. Krotoschin (Warthegau), den 11. Juli 1944.
Die Beerdigung fand bereits am ...

Am Montag, dem 3. Juli 1944, schlief nach schwerer Krank... mein lieber, treusorgender Mar...

Otto Reichert
Leutnant der Marine
im Alter von 67 Jahren.
In tiefer Trauer:
Mathilde Reichert, geb. Ham...
Berlin N 65, Togostraße 1.
Die Beerdigung hat bereits s... gefunden.

Am 14. Juli 1944 ist unsere liebe Schwester, Schwägerin ... gute Tante

Anna Staeck
geb. Seeker
im 82. Lebensjahr von ihrem I... den erlöst worden.
Im Namen der Hinterbliebenen
Otto Reetz.
ZZ. Vorderheide b. Liegnitz/Schl...
Die Trauerfeier findet am 20. J... um 14.30 Uhr, im Krematoriu... Berlin-Wilmersdorf, Berliner S... statt.

Heute morgen rief Gott mei... liebe, gute, treusorgende Mutter

Margarethe Tempelhagen
geb. Giesler
im gesegneten Alter von 82 Jahr... durch einen sanften Tod heim ... seinen ewigen Frieden.
Dorothea Tempelhagen.
Werder, Kr. Ruppin, 17. Juli 194...

STELLEN-ANGEBOT...

Selbständiger Einkäufer für Werk der eisen- und met... verarbeitenden Industrie gesucht. Angebote mit hand... schriebenem Lebenslauf erb... unt. HG 180 an Ala, Hamburg...

Schreibkraft (Sekretärin) Interesse an Organisationsfra... und Befähigung f. gute Schr... gestaltung für Abteilungsle... eines interessanten Industrie... triebes gesucht. Bewerbun... unter „Befähigt 32331" an A... Wien I., Wollzeile 16.

Für einige Stenotypist...nen, Kontoristinnen, Maschi... schreiberinnen sowie Buchh... terinnen und weibliche Bi... hilfskräfte bietet sich bei F... liner Firma der Elektroin... strie die Möglichkeit des E... satzes auf technischem, ka... männischem oder verwaltur... technischem Gebiet bei w... gehender Berücksichtigung ... persönlichen Wünsche für ... bestimmtes Arbeitsgebiet. ... Stenotypistinnen gegebenenf... verkürzte Arbeitszeit. Bewerb... gen mit den üblichen Un... lagen u. Kennwort „AVSt... erbeten unter ZB 8025 an V... Berlin SW 68.

Direktions-Assistent ... Betriebsführer eines Betrie... der Metallindustrie zum ba... mögl. Antritt nach Mit... deutschland gesucht. Bewerl... auch Volljuristen, mit In... strieller Praxis, bewährten ka... männischen und betriebsw... schaftlichen Kenntnissen wol... ausführliche Angebote ... reichen mit Kennwort Nr. ... unter ZL 10926 an VB., Bei... SW 68.

Einkaufsleiter aus der met... verarbeitenden Industrie w... zum baldigen Antritt von sä... Betrieb gesucht. Entsprechen... Einkaufspraxis, beste ... nische und Materialkenntni... Beherrschung neuzeitlicher ... ganisationsformen, Dispositi... vermögen u. Geschick zur M... schenführung bei der Leit... einer umfangreichen Abteili... mit verschiedenen Ressorts ... wie Gewandtheit und Verha... lungstalent sind Voraussetzu... Bewerbungen mit Kennw... „J 1083" erbeten unter ZJ 1... an VB., Berlin SW 68.

Direktions-Assistent ... sucht, der als „rechte Hand" ... Betriebsführers eines mit... deutsch. Metallbetriebes über ... diegene kaufmännische, betrie... wirtschaftliche und mögl. a... juristische Kenntnisse sowie ... schnelle Auffassung verf... flott zu korrespondieren ... sicher zu verhandeln verm... Bewerbungen geeigneter Kr... werden erbeten mit Kennw... Ü 278 unter ZM 10927 an V... Berlin SW 68.

Als Leiter der Materialw... schaft (Einkauf mit Konting... stelle u. Rechnungsprüfung ... wie Materialverwaltung ... Wareneingang) wird wirklic... Könner von industriellem Met... betrieb, Mitteldeutschlands ... bald gesucht. Beherrschung ... gesamten Einkaufs- und Ma... rialwesens und allgem. tec... und einschlägige Materialker...

21 *Noch nie gab es in den deutschen Zeitungen so viele Todesanzeigen wie in den Jahren 1939 bis 1945. Hier eine Ganzseite mit Bekundungen der Trauer aus dem «Völkischen Beobachter» vom Juli 1944.*

Die NSDAP hatte im Laufe des Krieges immer
größere Mühe, selbst ihre «Hoheitsträger» bei der
Stange zu halten. In so manchen Orten mußten die
Politischen Leiter durch strikte Parteibefehle er-
mahnt werden, die braune Uniform auch in der Öffentlichkeit und nicht nur bei internen Parteiveran-
staltungen zu tragen. Die gewöhnlichen Pg's, die
nicht im Besitz einer Uniform waren, mußten immer wieder dazu angehalten werden, das Parteiabzeichen anzulegen, das früher von manchen so be-
gehrte Hakenkreuz auf dem Rockaufschlag, das sie
jetzt lieber in der Tasche verschwinden ließen.
Denn in den letzten Kriegsjahren, als der von den
Pg's proklamierte Endsieg in immer weitere Ferne
rückte, mußten sie sich wenig wohlwollende Blicke
oder gar spöttische Bemerkungen über den «Bon-
bon» oder die «Wollhandkrabbe» gefallen lassen,
wie das Parteisymbol respektlos im Volk genannt
wurde. Noch deutlicher als die Zivilisten gingen
viele Soldaten in Distanz zur Partei und ihre Parolen. Der Berichterstatter der SD-Außenstelle in
Bad Kissingen meldet im Ton der für solche Berichte an höhere Dienststellen obligaten Entrüstung:

Wenn man so die Unterhaltungen der Soldaten verfolgt, so gewinnt man immer wieder
den Eindruck, daß das Militär ohne jedes Interesse an der Partei ist. Genügend Fälle beweisen die gegensätzliche Einstellung. Wohl
ist in allen Waffengattungen weltanschauli-
cher Unterricht, aber in vielen Vorträgen
wird immer wieder hervorgehoben, daß es
nur das Militär ist, das in erster Linie an den
Siegen und überhaupt am ganzen Aufbau
Deutschlands schuld ist. Von einem Hauptmann wurde erzählt, daß die Herren Offiziere an der Propaganda des Reichsministers
Dr. Goebbels absolut keinen Gefallen finden. Ja, in diesem Offizierskorps kam es sogar vor, daß einer der Offiziere bei der politischen Zeitungs- und Rundfunkschau von
Hans Fritzsche den Radio abstellte mit folgenden Worten: «Fritzsche bringt wieder seinen Quatsch! Die Herren sind doch einverstanden, wenn ich den Radio ausmache!» –
Der Apparat wurde ohne Widerrede daraufhin abgestellt. – Fortgesetzte Beobachtungen
haben ergeben, daß der Soldat einen SA-
Mann oder Politischen Leiter in Uniform nur
sehr selten grüßte, obwohl Grußpflicht besteht. Es sind nur wenige, (es sei denn), sie
sind selbst Politische Leiter oder SA-Män-
ner, die grüßen.

3. Jugend im Kriege – «Die Fahne ist mehr als der Tod»

Der Ausbruch des Krieges traf die Mehrheit der deutschen Jugend sicherlich nicht wie ein Blitz aus heiterem Himmel. Die in der Hitler-Jugend und im BDM organisierten Jungen und Mädchen waren auf den Krieg besser vorbereitet als die Erwachsenen, die in den NS-Organisationen in den sechs Jahren seit Hitlers Machtübernahme nicht aktiv gewesen waren und ein recht unpolitisches Berufs- und Privatleben führten. Kinder und Heranwachsende waren viel stärker in den Dienst des Staates eingespannt worden als die Älteren. Sie mußten, ob sie wollten oder nicht, seit dem Erlaß der Jugenddienstverordnung vom März 1939 der «Jugenddienstpflicht» nachkommen, die im Kriege durch mehrere Anordnungen noch erweitert und verschärft wurde.

Von den 8 870 000 Jungen und Mädchen zwischen 10 und 18 Jahren, die 1939 in Deutschland lebten, gehörten mehr als 8,1 Millionen den diversen Organisationen der vom «Reichsjugendführer» Baldur v. Schirach geleiteten Staatsjugend an: die Jungen zwischen 14 und 18 Jahren der eigentlichen Hitler-Jugend (HJ), die Mädchen dieser Altersstufen dem Bund Deutscher Mädel (BDM), die Jungen zwischen 10 und 14 dem Deutschen Jungvolk (DJ), die Mädchen bis 14 den Deutschen Jungmädeln (DJU). Die noch Jüngeren bekamen schon im Kindergarten hübsche Geschichten vom lieben «Führer» zu hören, und auch sie wurden bereits «weltanschaulich geschult», indem man ihnen von den Heldentaten der Soldaten und der Hitlerjungen aus der «Kampfzeit» der Nationalsozialisten vor 1933 erzählte. Wie witzige Zeitgenossen bemerkten, fehlte nur noch eine NS-Organisation für Säuglinge, die man am besten als «AA-Männer» in die Reihen der Führergefolgschaft eingliedern sollte.

Schon in den Friedensjahren waren vor allem die Angehörigen der HJ, die Jugendlichen im unternehmungslustigen «Abenteueralter» zwischen 14 und 18, auf Schulungsabenden und in vormilitärischen Kursen auf Kampf und Krieg vorbereitet

worden, ganz im Sinne des oft zitierten Poems des rheinischen Dichters Heinrich Lersch: «Deutschland muß leben, und wenn wir sterben müssen». Und in dem vom Reichsjugendführer Baldur v. Schirach, der auch gefühlig pathetische Lyrik schrieb, persönlich verfaßten Text des Hitler-Jugend-Liedes hieß es ebenso kämpferisch und todesbereit: «Wir marschieren für Hitler durch Nacht und Not mit der Fahne der Jugend für Freiheit und Brot ... Ja, die Fahne ist mehr als der Tod.» Noch militanter erklang die Weise vom Marschieren, Kämpfen und Sterben in dem von den Jungen oft gesungenen Lied des HJ-Poeten Hans Baumann:

> Es zittern die morschen Knochen
> der Welt vor dem roten Krieg.
> Wir haben den Schrecken gebrochen,
> für uns wars ein großer Sieg.
> Wir werden weitermarschieren,
> wenn alles in Scherben fällt,
> denn heute gehört uns Deutschland
> und morgen die ganze Welt.

Den Jungen fehlte die bittere Erfahrung der älteren Generation, die Schrecken und Not des Ersten Weltkrieges erlebt hatte. Für manchen HJ-Angehörigen war der neue Krieg zunächst nur ein Abenteuer, das er etwa so erlebte, wie es Karl-Heinz Janßen in seinem aufrichtigen Bericht über jene Jahre erzählt:

> Und dann war er eines schönen Septembertages da, der Krieg, auf leisen Sohlen, denn Deutschland hatte ihn ja nicht erklärt, hatte nur ‹zurückgeschossen›. In aller Form, so wie wir es uns ausgemalt hatten, erklärten ihn dann die Engländer. Sie taten uns auch den Gefallen, daß wir ihn von Anfang an miter-

ders am Steuerknüppel einer Me 109 durch die Lüfte flitzen, wie Günther Prien mit einem U-Boot gen Engelland fahren, wie Guderian auf einem Panzer zum Kanal durchbrechen oder wie Rommel in Afrika vorstoßen. Statt Comic strips kauften wir uns Groschenhefte voller Kriegserlebnisse – jede Woche ein neues. Die Schrecken des Krieges störten uns Knaben nicht, sie zogen uns an. Daß unsere Väter einberufen wurden, schien nur recht und billig. Und der «Heldentod» gehörte dazu. Viele der Lieder, die wir in der Schule und später in der Hitler-Jugend lernten, handelten von der Ehre, fürs Vaterland zu sterben. Die Fahnen wehten ins Morgenrot und leuchteten zum frühen Tod, heilig Vaterland war in Gefahren, mochten wir sterben, Deutschland stürbe nicht, und fern bei Narvik lag ein kühles Grab. Bei der «Flaggenparade» hörten wir ehrfürchtig den abgewandelten Spruch des preußischen Kriegsdichters Walter Flex: «Wer auf die Fahne Deutschlands schwört, hat nichts mehr, was ihm selber gehört!»

22 *Beim Reichsarbeitsdienst geht es im Kriege schon recht militärisch zu. Immerhin – statt des Gewehrs tragen die RAD-Männer beim Ausmarsch vorläufig noch den Spaten über der Schulter.*

lebten. Schon am ersten Tag summten die Vickers-Wellington-Maschinen über den friesischen Weiten; über der Deutschen Bucht waren wilde Luftschlachten zu beobachten; Bomben fielen verstreut über Städte und Dörfer; fast jede Nacht dröhnten die 10,5-cm-Geschütze der Flak auf Wangerooge. Nun wollte ich nicht mehr Hitler-Junge werden, sondern Soldat: wie Major Moel-

Der sogenannte «Kriegseinsatz», der dann in der nächsten Zeit von den Jungen gefordert wurde, begeisterte viele nicht allzusehr. Sie waren noch nicht alt genug, um als Flieger- und U-Boot-Helden oder Stoßtruppführer im Heer Ruhm und Ritterkreuz zu erwerben, wie sie es sich erträumt hatten. Für sie blieb vorerst nur der weniger heroische «Einsatz» an der Heimatfront. Ja, dieses Wort «Einsatz» bekamen die Deutschen, ob jung, ob alt, in jenen Tagen unzählige Male zu hören und zu lesen. Zu den zahllosen Sammelaktionen der Kriegsjahre wurden vor allem auch die Jungen und Mädchen «eingesetzt». Sie gingen von Haus zu Haus und sammelten Altmetall, Knochen, Woll- und Wintersachen, Decken, Bücher, Sportgeräte und was sonst gerade von der Partei verlangt wurde. Die Jugendlichen, die mit Handkarren, angefüllt mit den von ihnen gesammelten, mehr oder weniger freiwillig gegebenen Spenden der Bevölkerung, durch die Straßen zogen, gehörten im Krieg zum Alltag der deutschen Städte. Der Jungvolkführer Werner Klose schildert in seinem Dokumentarbericht «Generation im Gleichschritt» eine solche Aktion:

Das gesammelte Material fuhren Pimpfe oder Jungmädel zu den Händlern ab, die ihnen dafür zwar nicht viel bezahlten, doch kam im Laufe des Jahres immerhin einiges zusammen. Der Fähnleinführer lieferte die Summe bei der NS-Volkswohlfahrt ab, oder er organisierte mit dem Geld die nächste Aktion. Die Jungen besorgten sich Holz, Stoffreste, Farben und Kleister, richteten im Heim eine Bastelstube ein und fertigten Spielsachen, die zum Weihnachtsmarkt verkauft oder versteigert wurden. Denn es gab kein Spielzeug mehr, und die Jungen wollten den Kindern der Soldaten, vor allem von gefallenen Vätern, eine Freude machen. Die Jungmädel erwarben von den Sammelgeldern Geschenke für die Verwundeten, die sie in den Lazaretten besuchten. Diese Besuche waren mit Gesang, Scharade und Pantomime schon wieder eine «Aktion», die lange vorbereitet werden mußte. Gewiß, es wurde von oben gesteuert, wurde «gemacht», doch die Kinder empfanden nicht den Krampf und die Heuchelei. Sie waren in der Mehrzahl froh, daß sie ernst genommen wurden und auch etwas leisten durften in einem Krieg, den sie selbstverständlich für gerecht und notwendig hielten.

Der «Kriegseinsatz» der älteren Jungen und Mädchen aus der HJ und dem BDM bestand vor allem ab 1943 aus Arbeiten, die normalerweise von Erwachsenen erledigt wurden. In einem HJ-Bericht werden folgende «Kriegseinsätze» der Jugendlichen aufgezählt: 1. Die Jungen halfen den Parteidienststellen als Kuriere und Wächter. Sie verteilten Propagandamaterial und arbeiteten in den Büros mit. 2. Für Staat und Gemeinden waren Jungen und Mädchen im Meldedienst des Luftschutzes tätig. Die Jungen dienten der Feuerwehr, der Technischen Nothilfe und waren bei der Post als Boten und Briefträger unterwegs. Sie unterstützten die Polizei, verteilten Lebensmittelkarten, waren Lotsen durch die verdunkelten Großstädte und halfen auf Bahnhöfen. 3. Die Wehrmacht setzte Jungen im Boten- und Kurierdienst, bei Transporten als Verladehelfer und im Telefondienst ein. 4. Jungen und Mädchen halfen in Geschäften und Betrieben bei der Verteilung und dem Transport von Waren, im Verkauf, aber auch bei öffentlichen Arbeiten, wenn Schnee geräumt oder wenn bei Glatteis die Straßen gestreut werden mußten. 5. Gesammelt wurde pausenlos und beinahe alles: Altmetall, Knochen, Fallobst, Laub, Heilpflanzen, Teekräuter, Wollsachen, Wildfrüchte, Sportgeräte und Bücher. Alljährlich sprang die Jugend zur Erntehilfe ein. Zahlreiche Jugendführer dienten in den Lagern der «Kinderlandverschickung». 7. Der hauswirtschaftliche und soziale Hilfsdienst war eine Aufgabe der Mädchen. Sie halfen Müttern mit Kindern, betreuten Kindergärten, Altersheime. 8. Der Gesundheitsdienst stellte den Feldscheren und Gesundheitsmädeln zahlreiche Hilfsaufgaben in Lagern, Lazaretten, Krankenhäusern und Sanitätsstellen. 9. «Kriegsehrendienst» nannten sie es,

23 *Das Sammeln von Gegenständen aus Metall, die dann zu Kriegsgerät umgeschmolzen werden, ist für «Jungvolk»-Mitglieder Pflichtdienst.*

24 *Kartenlesen, Entfernungschätzen und Richtungbe-stimmen ist Bestandteil der «vormilitärischen Ausbil-dung» bereits im Jungvolkalter zwischen 10 und 14.*

Bei allen diesen «Einsätzen» übernahmen die Mädchen noch besondere Aufgaben, die ihnen durch Jungmädelbund und BDM gestellt waren: 1940 hatten 318782 im Haushalt mitgeholfen, 64106 dem Roten Kreuz gedient, 60263 in Lazaretten und 107185 im Bahnhofsdienst gearbeitet. Was im ersten Kriegsjahr noch als frisch-fröhliche Sonderaktion begann, wurde im totalen Krieg zum Dauerzustand. Wichtiger als diese meist recht zivilen Beschäftigungen wurde im Laufe des Krieges die vormilitärische Ausbildung der Jungen. An den Wochenenden, aber auch an manchem Nachmittag und Abend wurden sie zu Geländeübungen kommandiert, im Kartenlesen, Kleinkaliberschießen und Wehrsport ausgebildet. HJ-Führer, die bereits als Soldaten gedient hatten, und Frontoffiziere, die nach einer Verwundung ihren Genesungsurlaub in der Heimat verbrachten, wirkten als sachkundige Instrukteure. Sie hatten es vielfach mit Jungen zu tun, die aus den Friedensjahren Vorkenntnisse mitbrachten. Denn schon seit langem gab es innerhalb der HJ Sonderabteilungen, in denen die Jugendlichen auf den Dienst im Heer, in der Luftwaffe und Kriegsmarine vorbereitet worden waren.

In der Flieger-HJ, der zeitweise 80000 Jungen angehörten, betrieb man den Bau von Modellflugzeugen, erlernte den Segelflug und konnte dabei Prüfungen im Gleitflug ablegen. Die Luftwaffe nahm die Jungen in Bombern und Stukas mit, um ihnen den Luftkampf in der Praxis zu zeigen. Über 60000 Jugendliche beteiligten sich an den Ausbildungskursen in der Marine-HJ, die entweder auf Segelschulschiffen der Kriegsmarine in der Nord- und Ostsee oder auf Flußschiffen im Binnenland stattfanden. Besonders beliebt bei der technisch interessierten Jugend war die Motor-HJ, deren Mitgliederzahl im Durchschnitt weit über die 100000 hinausging. Motormechanik und Fahrpraxis waren die Hauptfächer der jugendlichen Kursusteilnehmer. Bei der Motor-HJ wurden sie für den Wehrdienst in den motorisierten Einheiten des Heeres vorbereitet. Jungen vom Lande machten gern bei der Reiter-HJ mit. Es gab ferner eine Nachrichten-HJ, einen Sanitätsdienst der Jugend für künftige Ärzte, und im Kriege wurde schließlich noch eine Sonderabteilung der HJ für die Ausbildung von Luftschutzhelfern geschaffen.

Überhaupt vermehrte sich der Aufgabenkreis der HJ, je länger der Krieg dauerte. Infolge der Einbe-

wenn sie Kriegerwitwen, Flüchtlingen und Obdachlosen behilflich waren bei den kleinen, oft so schwierigen und lästigen Alltagsarbeiten: Sie holten Brennstoff heran, brachten den Garten in Ordnung, reparierten Fenster und Dächer oder erledigten die umständlichen Wege zu den vielen Behörden, die Bezugscheine und Lebensmittelkarten ausgaben.

rufungen der Erwachsenen zur Wehrmacht fehlten vor allem auf dem Lande Arbeitskräfte. Schon vor dem Kriege hatte es in der HJ sogenannte Landdienstgruppen gegeben, in denen nicht nur Jungen, sondern auch Mädchen den Bauern bei der Einbringung der Ernte und anderen Arbeiten helfen mußten. Im Krieg wurden die Jugendlichen noch häufiger zu solchen Hilfsdiensten herangezogen. Sie mußten sich so intensiv an der landwirtschaftlichen «Erzeugungsschlacht» beteiligen, daß darunter der Schulunterricht litt.

Zugleich wurden die Aktivitäten der HJ in den Ostgebieten verstärkt. 1942 gab die Reichsjugendführung die Jahresparole «Osteinsatz und Landdienst» aus und wies damit darauf hin, welche Arbeiten nunmehr von den Jungen und Mädchen erwartet wurden. Im Rahmen der «germanischen Landnahme im Osten», wie die Okkupation polnischer Gebiete im NS-Jargon genannt wurde, erhielt die HJ Sonderaufgaben zugewiesen. Ein großzügiger sogenannter «Einsatz der Jugend bei der Neubildung ostdeutschen Bauerntums» wurde in Westpreußen, Posen und in dem zum Generalgouvernement umgewandelten polnischen Territorium proklamiert und organisiert. 30 000 Jungen und Mädchen leisteten allein im Jahr 1942 ihren Landdienst in den Ostgebieten ab. Sie waren zum großen Teil in Lagern untergebracht, wo sie von über 1 200 speziell für den Osten ausgebildeten Lagerführern beaufsichtigt wurden. Besonders die aus den Städten kommenden Jugendlichen hatten oft Grund zur Klage, da ihnen die Arbeit in der Landwirtschaft schwer und ungewohnt war. Es mangelte in den Ostgebieten an Lehrern, und so wurden in der zweiten Kriegshälfte in den neuen

26 *Flakhelfer an den Scheinwerfern sind in den letzten Kriegsjahren oft Jugendliche, die noch zur Schule gehen. Bei Luftangriffen sind sie den Gefahren ebenso ausgesetzt wie die Soldaten.*

27 *Mit kurzen Hosen und nackten Knien – so stehen die Jungen neben den Geschützen und MG's, mit denen sie nach flüchtiger Ausbildung in der letzten Kriegsperiode gegen die wohlausgerüsteten Truppen der Alliierten eingesetzt werden. Vergeblich protestieren einsichtige Offiziere gegen den militärisch wenig sinnvollen Opfergang der «Kindersoldaten».*

25 *Die militärischen Ereignisse, vor allem deutsche Siege und Vormärsche, werden von den Jungen auch im Schulunterricht in einer «Frontstunde» anhand von Berichten der Zeitungen und Illustrierten durchgenommen.*

28 *Versehrte, vom Wehrdienst zeitweilig befreite Soldaten und vor allem Frauen füllen die Hörsäle der Universitäten im Kriege. Im Wintersemester 1943 / 44 stellen die Frauen 49,5 %, nahezu die Hälfte, aller an deutschen Hochschulen Studierenden.*

29 *In der ersten Kriegshälfte werden die jungen Männer vom Reichsarbeitsdienst häufig noch mit recht friedensmäßiger Arbeit beschäftigt, hier zum Beispiel mit dem Auffüllen der Kartoffelkiepen.*

Reichsgauen Wartheland und Danzig-Westpreußen zahlreiche notdürftig ausgebildete ältere BDM-Mädchen als Schulhelferinnen verwendet. Eine besonders heikle Aufgabe hatten die HJ-Mitglieder und BDM-Führerinnen zu erfüllen, die bei dem «Umsiedlungsprogramm» mitwirken mußten, jener im Warthegau durchgeführten Aktion, bei denen man Tausende von Polen zum Verlassen ihrer Höfe zwang, die dann Deutschen übergeben wurden. Die BDM-Führerin Melita Maschmann erzählt in ihrem sehr aufrichtigen Bericht «Fazit»:

Es gehörte eine andere psychische Konstitution als die unsere dazu, ungekränkten Gemütes mitanzusehen, wie ganze Familien von

ihren angestammten Höfen vertrieben wurden. Und nun gar eingreifen zu sollen, wenn diese Leute, die ins Elend zogen, liebgewordenen Besitz unter den Augen ihrer Austreiber mitzunehmen versuchten. Als wir uns bei einem der SS-Führer erkundigten, wohin die Polen, deren Vertreibung wir miterlebten, kämen, wurde uns geantwortet: sie kommen auf die durch Aussiedlung der Deutschen leer gewordenen Höfe, oder: sie werden im Generalgouvernement angesiedelt. Mit diesen Auskünften gaben wir uns zufrieden. Ich sagte wohl schon, daß wir groß darin waren, einen Bogen um heikle Fragen zu machen. Unser Unterbewußtsein sorgte in der Regel mit Erfolg dafür, daß das Bewußtsein sich

nicht erst in gefährliche Diskussionen ein-
ließ. Wären wir bis zu der Einsicht vorgesto-
ßen, daß es unmöglich genug freistehende
Höfe für die Ausgesiedelten im Generalgouvernement geben konnte und daß viele von
ihnen der Heimatlosigkeit und bitterster Ar-
mut preisgegeben wurden, so hätte uns wohl
auch die Feststellung nicht beängstigt: Die
Polen waren unsere Feinde. Wir mußten den
Augenblick, in dem wir mächtiger waren als
sie, ausnützen, um sie in ihrer «völkischen
Substanz» zu schwächen. Solche Argumente
bezeichneten wir als «Realpolitik». Daß wir
im Grunde einen «Volksmord» planten, habe ich mir niemals eingestanden. Während
des Krieges träumten wir von der Gründung
eines deutschen Imperiums. Ohne es selbst
zu merken, glitten wir nach und nach in eine
Haltung hinein, für die der Zweck die Mittel
heiligte.

30 *Kartoffelschälen ist nicht gerade eine Lieblingsbeschäf-
tigung der Männer vom Reichsarbeitsdienst. Aber im
Kriege gibt es Schlimmeres, und mit Musik und Geduld
kriegen sie's trotzdem hin.*

Bei den Jungen und Mädchen, die solche schwieri-
geren Spezialaufgaben zu verrichten hatten, handelte es sich um ältere, von den nationalsozialistischen Ideen überzeugte Jugendliche, die sich freiwillig für den Dienst in den Ost- und Grenzgebie-
ten des Reiches gemeldet hatten. Ihre Zahl hielt
sich daher in Grenzen. Dagegen war die KLV – die
Kinderlandverschickung – eine Großaktion, die
Millionen von Familien anging, Kinder und Eltern
auseinanderriß. Man hat ausgerechnet, daß in den
Kriegsjahren mehr als 3 Millionen Kinder aus den
durch Luftangriffe gefährdeten Städten in 5000
KLV-Lagern in ländlichen Gebieten untergebracht
bracht waren. Bei diesen sogenannten Lagern handelte es sich jedoch nicht um Barackenunterkünf-
te, wie sie etwa den Ostarbeitern zugemutet wurden, sondern meist um Jugendheime, Hotels und
Pensionen. Sie befanden sich im Protektorat Böh-
men-Mähren, in Österreich und in Ländereien des
deutschen Ostens und Südens, wo Luftangriffe
kaum zu befürchten waren. Häufig wurden ganze
Schulklassen mit ihren Lehrern im Rahmen der
KLV evakuiert, und die Kinder erhielten im ländlichen «Exil» Unterricht von den ihnen bekannten
Pädagogen.
Je länger der Krieg dauerte, um so seltener hatten
Kinder und Eltern die Möglichkeit, sich zu treffen.

Viele KLV-Lager lagen Hunderte von Kilometern
von den Heimatorten der Kinder entfernt. Die weite Reise konnten sich viele Mütter nicht leisten. Im
übrigen waren sie nicht gern als Besucherinnen gesehen. Nach Ansicht der KLV-Leiter bekamen die
Kinder, die zu oft mit ihren Müttern zusammen waren, nur unnötig Heimweh. Die Trennung der Kinder von ihren Eltern stellte eine Erscheinung dar,
die bezeichnend für den Alltag des Krieges war und
das Familienleben belastete. In keinem Krieg der
deutschen Geschichte sind Mütter und Kinder so
oft und so lange durch den Staat und seine Organe
getrennt worden wie zwischen 1939 und 1945.
Trotzdem hatten die von der KLV betroffenen Jugendlichen ein freieres und bequemeres Leben als
die Jungen, die die NS-Eliteschulen, die Nationalpolitischen Erziehungsanstalten und die Adolf-
Hitler-Schulen, besuchten. Der Lehrplan der Napolas, wie die erste Kategorie abgekürzt genannt
wurde, war dem der Realgymnasien angepaßt. Die
Schüler dieser Internaten ähnelnden Anstalten,
die sich im NS-Stil Jungmannen nennen durften,
waren in früheren Schlössern, Herrensitzen und
Klöstern untergebracht, die in landschaftlich

31 *Ernteeinsatz in Reih und Glied – so nennt sich im Kriegsjargon des Arbeitsdienstes das Zusammentragen von Kartoffeln an einer Sammelstelle. In den letzten Kriegsjahren werden die RAD-Männer mehr bei Schanz- und Befestigungsarbeiten als mit Kartoffel- und Getreideernte beschäftigt.*

schönen Gegenden lagen. Bis 1945 wurden 46 Napolas eingerichtet, von denen die meisten ihren Sitz in Österreich, im Sudetenland und in den Ostgebieten hatten.

Sportliche Leistungen waren den Lehrern ebenso wichtig wie gute Zensuren in den «nationalpolitisch wichtigsten Fächern» Deutsch, Geschichte und Biologie. Ganz im Sinne des Wortes Hitlers, daß deutsche Jungen «schnell wie Windhunde, zäh wie Leder und hart wie Krupp-Stahl» sein müßten, gab der Inspekteur der Nationalpolitischen Erziehungsanstalten, der SS-Obergruppenführer Heißmeyer, in einem Presseinterview 1941 die bezeichnende Erklärung ab: «Was nützt uns ein Junge, der eine große geistige Begabung besitzt, im übrigen aber doch ein schwacher, vor Entscheidungen willenloser und schlapper Kerl ist? Uns schwebt ein Typ des frischen Jungen vor, der von guten, erbtüchtigen Eltern kommt, körperlich gesund ist, Mut hat und geistige Frische und Aufgewecktheit mitbringt.»

Noch härter ging es an den von der NSDAP und HJ gegründeten Adolf-Hitler-Schulen zu, die vorwiegend den Führernachwuchs für die Partei ausbilden sollten. «Wir wollen keine bleichen Musterknaben», ließ der Reichsjugendführer v. Schirach in einer programmatischen Rede verlauten, «sondern aufrechte und fröhliche deutsche Jungen, die

auch das Ringen und Boxen verstehen, denen keine Mauer und kein Zaun zu hoch ist. Wir verlangen Mut, Tapferkeit, Entschlossenheit und Draufgängertum.» Manchen Hörer berührte es etwas seltsam, wenn er ausgerechnet Schirach solche Reden schwingen hörte, der ebenso wie der stets zu ähnlichen Ansprachen aufgelegte Reichsführer SS Himmler eher einen weichlichen, verwöhnten als schneidigen, abgehärteten Eindruck machte. In der offiziösen Publikation aus dem Jahr 1943 «Das kommende Deutschland. Die Erziehung der Jugend im Reich Adolf Hitlers» las man dann: «Von den Ostern 1942 zur Entlassung kommenden Jungen entschieden sich 67 v. H. für die politische Führerlaufbahn, 10,9 v. H. wollten Offiziere werden … In der Stunde, da ihnen der Reichsleiter Baldur von Schirach im Namen des Führers das Diplom der Adolf-Hitler-Schule überreicht und ihnen mit diesem Zeugnis der Reife den Weg in das Leben und die Führung der Nation offensteht, empfangen sie den politischen Ritterschlag des revolutionären Jahrhunderts.» Solche großen Worte waren mehr für die seltenen Feierstunden bestimmt. Im Kriegsalltag stand die nüchterne und mühselige Ausbildung der Jugend für die drei Waffengattungen der Wehrmacht im Vordergrund. Die HJ faßte die Jungen zwischen 15 und 18 Jahren in Wehrertüchtigungslagern zusammen, in denen sie in anstrengenden, konzentrierten, mehrwöchigen Lehrgängen zunächst eine militärische Grundausbildung erhielten. In den WEL's wurden sie häufig so hart «geschliffen», daß die Eltern sich über die rauhe Behandlung ihrer manchmal noch recht kindlichen und schwächlichen Sprößlinge beschwerten. Gesundheitliche Schäden stellten sich in der Tat bei manchen der 15- bis 16jährigen ein, und die intensiv in den WEL's betriebene «weltanschauliche Schulung» hatte gleichfalls Folgen. «Man klagt darüber», so heißt es in einem SD-Bericht vom November 1943, «daß Jungen nach Absolvierung der Lager nicht mehr zu bewegen seien, die Schule weiter zu besuchen oder im Betrieb zu arbeiten, da sie überzeugt seien, auch ohne Schlußzeugnis und abgeschlossene Ausbildung als Soldat zu einem beruflichen Ausbildungsziel zu gelangen.»

Auch im Arbeitsdienst der männlichen und weiblichen Jugend, der schon längst seinen ursprünglichen Charakter einer freiwilligen Leistung verloren hatte und zu einer von vielen wenig geschätzten «nationalen Pflicht» geworden war, traten im Kriege militärische und halbmilitärische Tätigkeiten immer mehr in den Vordergrund. Zu «zivilen» Arbeiten wie etwa Straßen- und Siedlungsbau und Hilfsdiensten in der Landwirtschaft wurden die Jungen vom RAD immer seltener eingesetzt. Sie mußten vor allem «schippen», Schanz- und Befestigungsarbeiten leisten, Flugplätze für die Luftwaffe herrichten. In den letzten Kriegsjahren taten sie bei Flakbatterien Dienst, und bei Kriegsende beteiligten sich die RAD-Jungmänner wie die Soldaten an der Verteidigung des Landes.

Die von Jahr zu Jahr gesteigerte Einbeziehung der Jugend in die militärischen Maßnahmen der NS-Führung zeigen deutlich die von der Presse- und Rundfunkpropaganda verbreiteten Jahresparolen der HJ, die die Reichsjugendführung seit 1934 zu jedem Neujahr verkündete. 1934 hieß noch recht friedlich «Jahr der Verständigung», 1939 war das «Jahr der Gesundheit». Dann aber markierten die Parolen den wechselvollen Verlauf des Krieges: 1940 «Jahr der Bewährung», 1941 «Unser Leben ein Weg zum Führer», 1942 «Osteinsatz und Landdienst», 1943 «Kriegseinsatz der deutschen Jugend», 1944 schließlich war das «Jahr der Kriegsfreiwilligen».

Die HJ-Propaganda hatte allen Grund, 1944 zum «Jahr der Kriegsfreiwilligen» zu proklamieren. Denn die zunehmende Kriegsmüdigkeit erfaßte allmählich auch die 15- bis 18jährigen, die sich bisher mit jugendlichem Idealismus an den Aktionen der HJ beteiligt hatten. Während die vom Propagandaministerium gesteuerten Medien Presse und Rundfunk stets nur Meldungen über vom Endsieg überzeugte Kriegsfreiwillige und rückhaltlose Zustimmung der Wehrpflichtigen zu ihrer Einberufung brachten, stellte der Landrat des bayerischen Landkreises Ebermannstadt schon im September 1942 in einem vertraulichen Monatsbericht fest:

Anfang dieses Monats war die Musterung des Jahrgangs 1925. Der Eindruck, den ich dabei gewonnen habe, war noch schlechter wie bei der Musterung des Jahrgangs 1924 heuer im Februar. Von einer Kriegsbegeisterung war keine Spur zu entdecken. Die Freiwilligenmeldungen waren nur gering und wurden meist wieder zurückgezogen, wenn

32 *Hinter der Fahne in die «neue Zeit», von der das Lied der Hitler-Jugend kündet, marschieren die Jungen beim Klang von Trommeln und Trompeten. Wenige Jahre später werden sie statt der Musikinstrumente Gewehre, Flakgeschütze und Panzerfäuste bedienen.*

zur Dauer der Verpflichtung Stellung genommen werden sollte. Auf die Fragen, welche Waffengattung bevorzugt wird, waren die Antworten meist «Flak» oder «Luftwaffen-Bodenpersonal», zweifellos aus der Vorstellung heraus, daß diese Truppengattungen am wenigsten gefährdet seien, also Druckposten sind, wie der gebräuchlichste Ausdruck im Ersten Weltkrieg war. Ganz niederschmetternd waren die Ergebnisse der Prüfungen über Kenntnisse im Rechnen, Geographie, Geschichte usw. Es scheint doch so zu sein, daß unmittelbar nach der nationalen Erhebung die Schulkinder vor lauter Schulferien, Staatsjugendtagen, freien Ganztagen und Halbtagen, beschränkten Stundenzahlen, sportlichen Veranstaltungen, Wanderungen, Beurlaubungen, Durchführung von Sammlungen usw. gar nicht mehr dazu gekommen sind, in erster Linie einmal richtig Schreiben und Rechnen usw. zu lernen.

Die Eingeweihten in den höheren Parteistellen und in den Wehrbezirkskommandos wußten nur zu genau, daß die Presseberichte über begeisterte Freiwilligenmeldungen für die Wehrmacht und Waffen-SS mit Vorsicht zu genießen waren. Den

Dienststellen, die mit Einberufungen zu tun hatten, war wohlbekannt, daß so manche Freiwilligenmeldung durchaus nicht aus innerer Überzeugung und Einverständnis mit den Zielen der politischen Führung abgegeben wurde. Viele sogenannte Freiwillige meldeten sich, weil sie zuvor von ihren HJ-Führern oder Lehrern «bearbeitet», nachdrücklich dazu aufgefordert worden waren. Ihnen blieb schließlich nichts anderes übrig, als den Gang zum Wehrbezirkskommando zu machen, wenn sie nicht – wie es im Kriegsjargon hieß – «total zur Sau gemacht» werden wollten. Andere meldeten sich deshalb freiwillig, weil sie sowieso bald mit ihrer Einberufung rechnen mußten und als Freiwillige wenigstens die Chance hatten, sich den Wehrmachtsteil aussuchen zu können, der ihnen als das kleinste Übel erschien. Im letzten Kriegsjahr meldeten sich auf Anordnung von oben ganze Schulklassen geschlossen «freiwillig». HJ-Einheiten rechneten es sich zur Ehre an, die Meldescheine der bei ihnen organisierten Jungen gleich gebündelt bei den Wehrersatzämtern zu übergeben. Die HJ kommandierte diejenigen Mitglieder, welche zu den wehrpflichtigen Jahrgängen gehörten, zu Versammlungen, bei denen Parteiredner und Offiziere für den freiwilligen Eintritt in die Wehrmacht warben.

Für viele Jugendliche, die zu den wirklichen oder auch nur gezwungenen und scheinbaren Kriegsfreiwilligen von 1944 gehörten, war der militärische Dienst nichts Neues. Sie hatten an Wehrübungen der HJ teilgenommen, Kurse in den Wehrertüchtigungslagern absolviert und meist auch als Luftwaffenhelfer bei den Flakbatterien ihrer Heimatorte Dienst getan. Ab Anfang 1943 waren den Flakeinheiten der luftgefährdeten Städte Hitlerjungen zugeteilt worden, meist höhere Schüler ab 16, die neben dem Schulunterricht als Flakartilleristen Dienst taten. In häufig bombardierten Städten wie Berlin und Orten des rheinisch-westfälischen Industriereviers hatten die Jungen so oft «Nachtdienst» bei der Flak, daß sie nur noch selten oder total übermüdet zum Unterricht erschienen. Diese jugendlichen Luftwaffenhelfer waren bei Angriffen viel gefährdeter als die erwachsenen Zivilisten, die in Kellern und Bunkern Schutz suchten. Die Zahl der HJ-Flakhelfer, die zwischen 1943 und 1945 getötet oder verwundet wurden, geht in die Tausende. Die BDM-Führerin Melita Maschmann berichtet in ihren Erinnerungen:

> In einem Vorort von Berlin sah ich eine Reihe toter Flakhelfer nebeneinanderliegen. Eben erst war ein Luftangriff zu Ende gegangen. Die Flakstellung, in der diese Schuljungen Dienst taten, hatte mehrere Volltreffer bekommen. Ich kam in einen Barackenraum, in dem die Überlebenden sich gesammelt hatten. An den Wänden entlang saßen sie auf dem Fußboden und wandten mir ihre weißen, vom Grauen verzerrten Gesichter zu. Viele weinten. In einem anderen Raum lagen Verwundete. Einer von ihnen, ein Junge mit einem runden, weichen Kindergesicht, straffte sich, als der Offizier, in dessen Begleitung ich mich befand, ihn fragte, ob er Schmerzen habe. «Ja, aber das ist nicht wichtig, Deutschland muß siegen.»

Gläubig, ja fanatisch von den ihnen in der HJ eingehämmerten Ideen überzeugt wie dieser Luftwaffenhelfer waren auch die Jungen der SS-Panzerdivision «Hitlerjugend», der im Sommer 1943 auf Befehl Hitlers aufgestellten Eliteeinheit der Staatsjugend. Mit Ausnahme der Offiziere und Unteroffiziere, die der «SS-Leibstandarte Adolf Hitler» entnommen waren, bestand die Division aus 17 und 18 Jahre alten HJ-Angehörigen. Sie wurden 1944 bei den Abwehrkämpfen an der Invasionsfront eingesetzt. Bei den Gegnern erhielten die Jungen von der «Hitlerjugend» den Spitznamen «Babydivision», aber ein kanadischer Offizier erklärte über die Jungen, die hätten «mit einer Hartnäckigkeit und Wildheit gekämpft, wie man sie während des ganzen Feldzuges nicht wieder erlebte». Im Kessel von Falaise wurde die Division bis auf wenige Überlebende vernichtet. Der Oberkommandierende an der Invasionsfront, Generalfeldmarschall v. Rundstedt, der manche Befehle aus dem Führerhauptquartier nur widerwillig befolgte, erklärte: «Es ist ein Jammer, daß diese gläubige Jugend in aussichtsloser Lage geopfert wird.»

Diese gläubige, politisch einseitig erzogene und daher nicht zu realistischen Urteilen fähige Jugend wäre, wenn es allein nach dem Willen fanatischer Parteifunktionäre gegangen wäre, rücksichtslos an der Seite voll ausgebildeter Soldaten an der Front eingesetzt worden. Jedoch besonders in den höhe-

44

ren Kommandostellen an der Westfront gab es verantwortungsbewußte Offiziere, die es ablehnten, die ihnen von den Parteistellen geradezu aufgedrängten HJ-Jungen an der Seite der Soldaten kämpfen zu lassen. Der Chef des Generalstabes beim Oberbefehlshaber West, Westphal, protestierte in folgendem zugleich an die Reichsjugendführung, die Parteikanzlei der NSDAP und das Oberkommando der Wehrmacht gerichteten Schreiben vom 7. 12. 1944 gegen den «Fronteinsatz der Hitlerjugend»:

Zu dem beabsichtigten Fronteinsatz der HJ-Jungen Jahrgang 28 und jünger in Kommandobehörden von Gen. Kdo. an aufwärts, in Nachrichteneinheiten und Versorgungs-Truppen nimmt Ob. West wie folgt Stellung: 1. Der Fronteinsatz des Jahrg. 28 bedeutet einen großen Einbruch in die in den nächsten Tagen anlaufenden Einziehungen. 2. Bei den für den Fronteinsatz der HJ vorgesehenen Einheiten ist die Auskämmung bereits weitgehendst durchgeführt. Es befinden sich hier in der Masse Soldaten geringen kämpferischen Wertes. 3. Um die kämpferische Begeisterung der Jungen zu erhalten, erscheint Einsatz bei Stäben, Versorgungs- und Nachr.-Truppen wenig zweckmäßig. 4. Die Masse der Jungens wird den Hauptbelastungen im Kriege – Hunger, wenig Schlaf und übernormalen Anstrengungen – körperlich noch nicht gewachsen sein. Bei Einsatz werden ernste gesundheitliche Schädigungen eintreten müssen, die spätere vollwertige Verwendung in Frage stellen. Aus diesem Grunde muß auch der Einsatz als Kradmelder abgelehnt werden. Die Notwendigkeit, den Nachwuchs für den Grabenkämpfer gesundheitlich und besonders moralisch in bester Form zu erhalten, wird durch den Fronteinsatz der Hitlerjungen gefährdet. Nach Sammlung von Erfahrungen über die bei Heeresgruppe B im Einsatz befindlichen Hitlerjungen wird Oberbefehlshaber West erneut melden.

In den letzten Kriegswochen gerieten zusammen mit der übrigen Bevölkerung zahllose Jungen und Mädchen in das Chaos des Zusammenbruchs. In den KLV-Lagern in Ostpreußen, im Warthegau, in Oberschlesien und in der Slowakei befanden sich 1944 und 1945 noch mehr als eine halbe Million Jugendlicher. Die meisten von ihnen wurden nicht in ihre Heimatorte zu den Eltern zurückgeholt, da die Maßnahmen zur Räumung der frontnahen Gebiete häufig viel zu spät anliefen. Die Kinder, zuweilen ganze Schulklassen und Einheiten der HJ, des BDM und des Jungvolks machten den überstürzten Rückzug im Strom von Millionen Flüchtlingen mit. Viele erlagen den Strapazen, denen ihr jugendlicher Körper nicht gewachsen war, erfroren und verhungerten. Andere wurden bei den Rückzugsgefechten der deutschen Truppen mit den nachsetzenden Sowjeteinheiten verwundet und getötet, von der Roten Armee interniert und ins Innere Rußlands verschleppt. In den ersten Nachkriegsjahren meldeten sich bei den Vermißtenstellen des Deutschen Roten Kreuzes viele Kinder, die den Westen erreicht hatten und nach ihren Eltern forschten, umgekehrt aber auch Väter und Mütter, die wissen wollten, ob ihre in einem KLV-Lager im Osten untergebrachten Kinder vielleicht noch am Leben seien.

Einen sinnlosen Opfertod erlitten jene Jungen, die bei den Städtekämpfen der letzten Kriegsperiode ohne Rücksicht auf ihre völlig unzulängliche Ausbildung und Ausrüstung in den Kampf geworfen wurden. Besonders hoch waren die Verluste der Jugendeinheiten bei dem monatelangen Ringen um die schlesische Hauptstadt Breslau und in Berlin. Hunderte von Jungen, die in eilends zusammengestellten HJ-Einheiten gemeinsam eingesetzt wurden, fanden in den letzten Tagen des April 1945 bei der Verteidigung von Brücken und Zugangsstraßen zu den inneren Stadtteilen der Reichshauptstadt gegen einen weit überlegenen Feind den Tod.

4. Deutschlands Frauen lebten gefährlich: «... bei den Frauen eine ausgesprochene Kriegsmüdigkeit»

Sieht man von dem Massensterben von Frauen und Kindern in den Hungersnöten und Seuchen des Dreißigjährigen Krieges ab, so gibt es keinen zweiten Krieg in der deutschen Geschichte, der den Frauen so vielfältige Leiden und Belastungen auferlegte wie der Zweite Weltkrieg. Hunderttausende von Frauen starben in den bombardierten Städten, kamen bei den Flüchtlingstrecks der letzten Kriegsmonate ums Leben. Millionen traten, zum großen Teil schon im Kindesalter, dem BDM, der NS-Frauenschaft und anderen Organisationen bei, in denen das Regime im Kriege auch von der weiblichen Bevölkerung Opfer an Freiheit, Freizeit, Gesundheit und manchen anderen Lebensgütern verlangte. Frauen und Mädchen stellten sich manchmal freiwillig, sehr oft aber auch nur unter Druck und Zwang in den Dienst des Krieges als Rüstungsarbeiterinnen, als karitative Helferinnen in Lazaretten und Krankenhäusern, als Hilfskräfte im Luftschutz und in der Wehrmacht.

Zu den primären Belastungen des Alltags gehörte bei den meisten Frauen, wie in den Friedensjahren, die Führung des Haushalts und die Versorgung der Familie mit Lebensmitteln; Aufgaben, die im Kriege viel schwerer zu bewältigen waren als in normalen Zeiten. Zwar gab es 1939–45 nie solche Hungersnöte wie im Ersten Weltkrieg. Jedoch immer wieder wurden, bald in dieser, bald in jener Stadt, selbst Grundnahrungsmittel wie Kartoffeln, Brot und Fleisch knapp, von der zeitweise völlig unzureichenden Versorgung mit Fisch, Obst und Gemüse ganz zu schweigen. In den geheimen «Meldungen aus dem Reich» des Reichssicherheitshauptamts wird schon im Frühjahr 1940 festgestellt, daß «die Versorgung der Bevölkerung, vorwiegend in Industriegebieten und Großstädten mit Speisekartoffeln unzureichend» sei. Im nächsten Jahr, 1941, wird dann alles noch knapper. Der SD meldet:

Arbeiterfrauen gaben ihrem Unwillen wie folgt Ausdruck: «Wir und unsere Kinder sehen in der Woche schon überhaupt kaum Fleisch, da man alles dem schwer arbeitenden Mann zugute kommen läßt.» Eine andere Äußerung, die ebenfalls in Arbeiterkreisen zu hören sei: «Da hat man uns erzählt, die Mengen sind so klein, damit wir fünf Jahre aushalten, und dabei reicht es schon jetzt nicht mehr ...» Vor allem die Kartoffelknappheit verursacht besonders in Arbeiterkreisen große Schwierigkeiten. Arbeiterfrauen wüßten oft nicht mehr, was sie kochen sollten, da bei der in diesen Kreisen ohnehin bestehenden Brotknappheit ein Ausgleich mit Brot nicht mehr möglich sei.

Im Jahr darauf, 1942, heißt es in den «Meldungen aus dem Reich», die Hausfrauen kennten «oft nur noch die eine Sorge, wie sie den Hunger ihrer Familienangehörigen nach schwerer Tagesarbeit befriedigen sollten. In Arbeiterkreisen sei verschiedentlich eine verstärkte Zunahme der Klagen über ein dauerndes Hungergefühl zu verzeichnen. In den luftgefährdeten Städten des Westens, die oft mehrmals in der Nacht Luftalarm haben, wird seitens der Bevölkerung immer wieder der Wunsch nach einer zusätzlichen Lebensmittelzuteilung geäußert. Besonders kinderreiche Mütter klagen darüber, daß sie bei der augenblicklichen Zuteilung außerstande seien, den nach Beendigung des nächtlichen Luftalarms sich stets einstellenden Hunger ihrer Kinder zu stillen.»

Im November 1943 endlich, nach der Steigerung der Luftangriffe auf deutsche Städte und den ersten großen Niederlagen an der Ostfront, sieht sich

Sommer ohne „ihn"

Zwischen all den Arbeitstagen, für deren gesteigerte Intensität wohl kein Volk der Welt ein so freudiges Verständnis aufbringt wie das deutsche, muß doch auch einmal eine wenn auch noch so kleine Ruhepause ihr Recht finden. Und gerade dafür hat wiederum keine Führung unter den Nationen der Welt ein so tiefes Verständnis wie die nationalsozialistische. Kraft durch Freude ist eine sehr weise Erkenntnis. Diese Freude soll gerade jetzt, in einer Zeit, die mehr denn je Kraft verlangt, nicht zu kurz kommen!

33   *Den Sommer ohne «ihn», nämlich den zum Wehrdienst eingezogenen Mann oder Freund, mußten viele Frauen verbringen. So heiter wie den in dem Bildbericht des «Illustrierten Beobachters» fotografierten Mädchen war ihnen nur selten zumute.*

Sonnenbad nach dem Ballspiel mit einer Tüte Pflaumen. Wer den Stein am weitesten spuckt, darf die nächsten Tüten holen. Es wird genau gemessen!

Aufnahmen:
Hilde Zenker (Witzleben);
Joh. Minti Beer

„Weißt du noch, Senta? Beim letzten Besuch hier waren wir noch zu dritt. Wirst du ‚ihn' denn überhaupt wiedererkennen?"

47

der SD genötigt, über die Rückwirkung dieser Ereignisse speziell auf die Frauen in den «Meldungen aus dem Reich» zu berichten:

> Nach den vorliegenden Meldungen ist die Stimmung unter den Frauen infolge der schweren Kämpfe und der ständigen Rückzugsbewegungen im Osten zwar ruhig, aber doch recht gedrückt. Man wartet mit Sorge ab, was nun mit Rußland werden soll. Das Zurückgehen unserer Truppen wird von vielen Frauen mit als Zeichen einer allgemeinen Schwächung unserer Widerstandskraft gewertet. Andererseits fragen gerade die Frauen sich, zumal im Hinblick auf die Einberufung älterer männlicher Jahrgänge und der Werbung von Flakwaffenhelferinnen, warum so viele Truppen in den Städten des Reiches zu sehen sind und warum diese nicht an die Front geschickt würden. Am Kriegsgeschehen im einzelnen nehmen die Frauen weniger Interesse. Besonders die weibliche Jugend zeigt sich recht teilnahmslos. Häufig trete bei den Frauen eine ausgesprochene Kriegsmüdigkeit zutage. Sie sind bestrebt, allem aus dem Wege zu gehen, was die Gedanken zum Kriegsgeschehen hinlenke, so vermeiden sie z. B. entsprechende Radio- und Filmdarbietungen und lassen den politischen Teil der Zeitung unbeachtet. Im allgemeinen zeigten nur diejenigen Frauen, die nahe Angehörige an den Fronten haben, und Frauen der Intelligenzkreise wesentliches Interesse am politischen Geschehen. Mit Sorge sähen auch viele Frauen, daß der Zusammenhalt und das gegenseitige Verständnis in ihrer Ehe unter der langen Kriegsdauer zu leiden beginne.

Solche nur für einen auserwählten Kreis leitender Partei- und Staatsfunktionäre bestimmte Darstellungen vermitteln einen ganz anderen Eindruck von den Alltagssorgen und der Stimmung der Frauen als die zu gleicher Zeit in den Tageszeitungen, Illustrierten und Wochenschauen publizierten Bilder und Berichte. Der deutschen Öffentlichkeit wurden da nur zuversichtlich lächelnde oder ener-

gisch dreinblickende Frauen und Mädchen vorgestellt, Arbeiterinnen, die konzentriert und «schaffensfroh» in den Rüstungsfabriken werkten, Frauen, die scheinbar heiter und gefaßt Dienst im Luftschutz oder Lazarett taten. Von ihrer Verdrossenheit und Verzweiflung durften die zensierten Massenmedien Presse, Rundfunk und Film nicht berichten, und in den Artikeln wurden beflissen «unsere fleißigen, tapferen, von unbeugsamem Siegesund Durchhaltewillen beseelten Frauen» gerühmt. Bezeichnend für die Rolle, die die Nationalsozialisten im Kriege den Frauen zugedacht hatten, ist auch die Tatsache, daß sie noch weniger als in den Friedensjahren an politischen Entscheidungen be-

34 *Die Mädchen haben im Kriege vielfältige Hilfsdienste zu leisten, zum Beispiel auch Flüchtlinge aus gefährdeten Gebieten und Evakuierte am Bahnhof zu empfangen und zu den Auffangstellen zu begleiten.*

teilt wurden. Dies entsprach den Prinzipien der NSDAP, die schon lange vor der Machtübernahme im Jahre 1933 in einem Grundsatzbeschluß festgelegt hatte, daß Frauen aus der «Führung der Partei» ausgeschlossen seien. Weder im Reichstag noch in den Landes- und Gemeindeparlamenten ließen die Nationalsozialisten Frauen als Vertreter ihrer Partei auftreten. In höheren Beamtenstellungen gab es im Dritten Reich nur wenige Frauen. Selbst die resolute Gertrud Scholtz-Klink, die seit 1934 als «Reichsfrauenführerin» den Millionenorganisationen der NS-Frauenschaft und des Deutschen Frauenwerks vorstand, hatte in der hohen Politik kein Wort mitzureden. Im Krieg stand sie immerhin an der Spitze der zwei größten Frauenorganisationen, die es bisher in Deutschland gab.

Der NSF und dem Frauenwerk gehörten insgesamt rund 6 Millionen Mitglieder an, also etwa jede fünfte erwachsene Frau im Reichsgebiet. Mit Hilfe eines gewaltigen bürokratischen Apparats, der wegen der Massenevakuierung von Frauen und Kindern aus den luftgefährdeten Städten oft in Verwirrung geriet, hatten die NSF-Funktionärinnen neben sozialen und karitativen Aufgaben vor allem dafür zu sorgen, daß die Frauen gemäß den Richtlinien der Partei geschult, «weltanschaulich ausgerichtet» wurden. Dies geschah vornehmlich bei Frauenschaftsabenden, die jede Woche einmal abgehalten werden sollten, was jedoch im Kriege oft nicht möglich war. Die Frauen bekamen bei diesen Zusammenkünften «deutsche Hausmusik» zu hören, wie es bieder in den Programmen hieß, ferner Vorträge über Themen wie «Das deutsche Wohnhaus», «Völkisches Kunstgewerbe und nationaler Bildschmuck im Hause», «Die deutsche Hausbücherei» und andere Dinge, von denen man annahm, daß Frauen dafür Interesse haben. Vorträge im Rahmen der politischen Schulung wurden den Frauen gleichfalls bei dieser Gelegenheit gehalten. Allerdings hütete man sich im allgemeinen, ihnen zuviel NS-Propaganda vorzusetzen; denn die gar zu gesinnungstüchtigen «Nazissen», wie man diese Sorte uniformierter NSF-Vertreterinnen im Volke nannte, mußten sonst befürchten, daß nur wenige Pflichtbesucherinnen zu den Veranstaltungen erschienen.

Überhaupt war die Frauenschaft trotz der schwungvollen Reden nach den Richtlinien der Reichsschulungsbriefe, die ihre Spitzenrepräsen-

35 Hoher Besuch ist da – wenn der «Reichsarbeitsführer» Konstantin Hierl kommt, haben die «Arbeitsmaiden» wie die Soldaten in Reih und Glied anzutreten und knapp auf Fragen zu antworten.

tantinnen auf öffentlichen Versammlungen hielten, ein politisch recht laxer Verein. Nicht einmal ein Drittel der Amtsträgerinnen der NSF gehörten der NSDAP, der eigentlichen Partei, an. Unter den gewöhnlichen Mitgliedern, die sich in der Mehrzahl auf das Zahlen von Beiträgen beschränkten, waren noch weniger Parteigenossinnen zu finden. Selbst den meisten Pg's waren «politische Weiber», die zackiger als die Männer auftraten, ein Greuel. Sie waren froh, wenn die Ehefrauen sich auf die ihnen im nationalsozialistischen Parteipro-

49

36 *Rotkreuzschwestern haben im Kriege nicht nur Laza-*
rettdienst. Es gehört auch zu ihren Aufgaben, Soldaten,
die im Wehrdienst ihr Augenlicht verloren haben und
nunmehr an den Universitäten studieren, zum Hörsaal
zu begleiten.

gramm zugedachten Rollen beschränkten, Haus-
hälterin und Mutter zu sein.
Die Reichsfrauenführerin Scholtz-Klink, selber
Mutter von elf Kindern und Gattin eines SS-Ober-
gruppenführers, setzte sich dafür ein, daß bei den
Frauenschaftsabenden besonders häufig das Thema Mutterschaft behandelt wurde. «Führer und
Volk» mindestens vier Kinder, wenn möglich noch
mehr, zu schenken, damit es Nachwuchs für die ge-

fallenen Soldaten gab, galt als vornehmste Kriegs-
pflicht der überzeugten NS-Frau. Kinderlose Frau-
en und Männer, die keine Kinder in die Welt setzten, wurden verächtlich als «bevölkerungspoliti-
sche Blindgänger» beschimpft oder bedauert. Mit
zahlreichen Vergünstigungen, die der von der
«Reichsobermutter» – so lautete ein Spitzname der
Scholtz-Klink – beaufsichtigte Reichsmütterdienst
anbot, versuchte man Ehepaare zur Gründung von
Großfamilien anzuregen. Kinderreiche Frauen
wurden mit dem Mutterkreuz ausgezeichnet, das
es gleich in drei Stufen gab, in Bronze für vier, in
Silber für sechs, in Gold für acht und mehr Kinder.
Der Propagandaminister Goebbels, selber Oberhaupt einer kinderreichen Familie, verkündete die
Weisheit: «Die Frau hat die Aufgabe, schön zu sein
und Kinder zur Welt zu bringen. Den ersten besten
und ihr gemäßesten Platz hat die Frau in der Familie, und die wunderbarste Aufgabe, die sie erfüllen
kann, ist die, ihrem Land und Volk Kinder zu
schenken, Kinder, die Geschlechterfolgen fortset-
zen und die Unsterblichkeit der Nation verbür-
gen.»
Es war für die Naziführer von zweitrangiger Bedeutung, ob das Kind in einer Ehe zur Welt kam
oder ob die Mutter unverheiratet war. Himmler,
Bormann, Hess und Hitler persönlich äußerten
wiederholt Worte des Lobes über ledige Mütter,
«Mütter ohne Hochzeitskrone», wie ein damals
vielgelesener Roman hieß. Sie erklärten offen, daß
in Kriegszeiten, in denen es an Männern mangelte,
die für eine Ehe frei waren, Mädchen auch ohne
Trauring «ihrem Volk Kinder schenken» sollten;
Hauptsache, der Kindesvater und die Kindesmut-
ter waren «erbgesund» und deutschen oder zumindest «artverwandten» Blutes. Es war eine der
Hauptaufgaben des Hilfswerks «Mutter und
Kind», sich um ledige Mütter und ihre Sprößlinge
zu kümmern.
Die SS gründete sogar den «Verein Lebensborn»,
in dessen Heimen nicht nur den Frauen der SS-
Männer sondern auch «gutrassigen verehelichten
und außerehelichen Müttern zu einer unbedrück-
ten Entbindung» verholfen werden sollte gemäß
dem Wahlspruch des «Lebensborn»: «Heilig ist uns
jede Mutter guten Blutes.» – Bedeutende Erfolge
waren der Institution, über die im Volke mehr oder
weniger obszöne Witze und Gerüchte kursierten,
nicht beschieden. In den Kriegsjahren hat es nie

mehr als etwa ein Dutzend «Lebensborn»-Heime mit wenigen hundert Insassinnen gegeben.

Die Bevölkerung reagierte auf die Proklamationen der Partei, die Deutschen sollten vor allem im Kriege Kinder in die Welt setzen, zum Teil recht unwillig, besonders in der zweiten Kriegshälfte, als viele Kinder Opfer von Luftangriffen wurden. In einem SD-Bericht aus Mainfranken vom September 1943 heißt es:

> Es wird erzählt, daß die Menschenverluste sehr groß seien und, was besonders stark auf das Gemüt der Frau wirkt, viele Kinder bei den Angriffen umkämen. Viele Frauen äußerten sich heute schon ganz offen, daß es ein Verbrechen sei, jetzt noch Kinder in die Welt zu setzen, solange man Gefahr laufe, sie auf so schreckliche Art zu verlieren. Ebenso sei es für die Kinder schrecklich, die in vielen Fällen den Vater im Felde und die Mutter unter den Trümmern ihrer Wohnungen verlieren und hilf- und schutzlos der ungewissen Zukunft entgegengehen müssen. Aus Oberbach bei Brücken wird uns berichtet, daß eine dortige Frau ihr Umstandskleid zu einem Straßenkleid umgearbeitet habe und als Grund dafür zugab, daß sie, solange der Krieg dauere, ersteres ja doch nicht mehr brauche. Die Frauen, auch auf dem Lande, sagen geradeheraus, daß unsere Führung überhaupt kein Recht habe, den Gedanken der kinderreichen Familie zu propagieren, solange sie nicht in der Lage sei, die Heimat vor den schrecklichen Luftangriffen zu schützen und das Leben der Volksgenossen in der Heimat zu sichern.

Je länger der Krieg dauerte, um so stärker wurden Frauen zu gemeinnützigen Arbeiten und zu Dienstverpflichtungen in «kriegswichtigen» Betrieben, Behörden und Wehrmachtsstellen herangezogen. Während sich erwachsene Frauen vielfach mit Hilfe von Beziehungen und einiger Schläue lästiger Arbeit zu entziehen vermochten, war dies den im Bund Deutscher Mädel organisierten Jugendlichen schwerer möglich. Millionen von Mädchen wurden im Laufe des Krieges zum «Ernteeinsatz» verpflichtet, allein 1942 über 1 400 000.

Hunderttausende leisteten ihr Pflichtjahr gleich in der Landwirtschaft ab und halfen den Bauernfrauen, deren Männer und Söhne im Felde standen. Im Osteinsatz mußten BDM-Mitglieder bei den Umsiedlungsaktionen mitwirken, bei denen häufig unter tragischen Begleitumständen polnische Familien von ihren Höfen verdrängt und durch deutsche Bauern ersetzt wurden. Im Reichsarbeitsdienst mußten sich ganze Jahrgänge weiblicher Jugend als «Arbeitsmaiden» betätigen. Hitler, der sich zunächst gesträubt hatte, deutsche Frauen zu schwerer Arbeit im Dienst des Krieges zu verwenden und damit lieber «fremdvölkische» Arbeiterinnen aus den besetzten Ländern beschäftigt hätte, kündigte in einer Rede im Mai 1941 dann doch noch den «Kriegseinsatz» der Frauen an:

37 *Ein leider nicht allzu seltener Anblick im Kriege waren versehrte, erblindete Soldaten, die von ihrem Schäferhund geführt durch die Straßen gingen.*

38 *Mutter und Sohn. So empfing manche Mutter am Bahnhof ihren Sohn, und sie war froh, wenn der Junge noch am Leben und die Verwundung nicht zu schwer war.*

Da die Aufrufe der NS-Prominenten zu freiwilliger Kriegsarbeit der Frauen nicht allzuviel Erfolg hatten, begann man 1943 mit rigoroseren Maßnahmen, um alle nicht in kriegswichtigen Berufen tätigen oder überhaupt noch nicht berufstätigen Männer und Frauen in den Arbeitsprozeß des «totalen Krieges» einzugliedern. Der Generalbevollmächtigte für den Arbeitseinsatz, Sauckel, verfügte in einer «Meldepflichtverordnung», daß alle Frauen zwischen 17 und 45 Jahren auf ihre Eignung für die Arbeit in der Kriegswirtschaft zu prüfen seien. Nur Frauen, deren schlechter Gesundheitszustand Fabrikarbeit nicht zuließ und Mütter von Kleinkindern und mehreren nicht schulpflichtigen Kindern waren von «kriegswirtschaftlichem Einsatz» ausgenommen. Auf die Konsequenz des Erlasses weist ein SD-Bericht vom Februar 1943 hin:

> Geradezu mit Spannung wartete man auf das Anlaufen dieser Maßnahme und insbesondere darauf, ob die Angehörigen der Oberschicht auch wirklich gerecht einbezogen werden. Nach den vorliegenden Meldungen ist die Skepsis ziemlich groß. Man glaubt, daß die «Prominenten», wozu in der kleinen Stadt auch die Frau des Bürgermeisters oder

> Ich glaube, daß vor allem auch das deutsche Mädchen und die deutsche Frau noch einen zusätzlichen Beitrag leisten können. Denn Millionen deutscher Frauen sind auf dem Lande auf dem Felde und müssen dabei in härtester Arbeit die Männer ersetzen. Millionen deutscher Frauen und Mädchen arbeiten in Fabriken, Werkstätten und Büros und stellen auch dort ihren Mann. Es ist nicht unrecht, wenn wir verlangen, daß sich diese Millionen deutsche schaffende Volksgenossinnen noch viele Hunderttausend andere zum Vorbild nehmen.

39 *Lazarettdienst – eine schwere, aber trotzdem notwendige Arbeit, der sich in den Kriegsjahren Hunderttausende von Frauen aller Lebensalter und Berufe widmeten.*

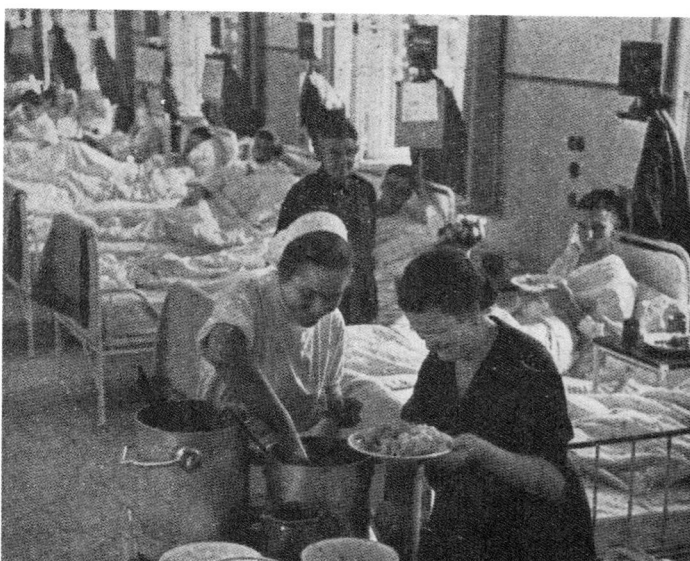

40 *Der Lazarettzug ist da, die Verwundeten werden «verladen», wie der nüchterne, kriegsmäßige Ausdruck für diese Tätigkeit lautete. Solche Szenen kann man oft an Bahnhöfen in Deutschland und im rückwärtigen Frontgebiet beobachten. Der Zug ist zum Teil mit Sitzplätzen für leichter Verwundete, zum Teil mit Bettenwagen für Schwerverletzte ausgestattet.*

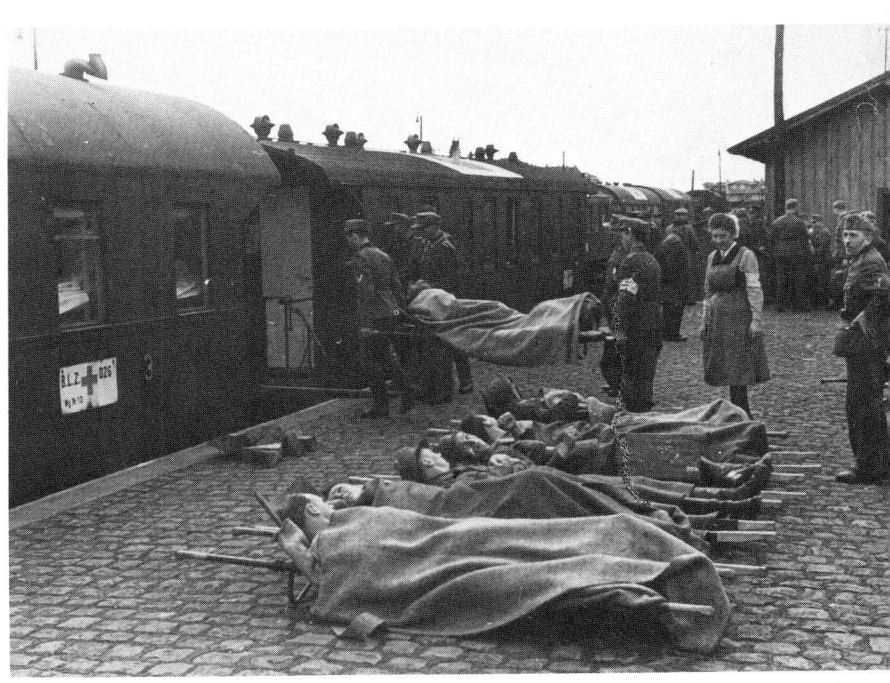

41 *In Decken gehüllt liegen die Verwundeten auf dem Bahnsteig des Verladebahnhofs. Sie sind «transportfähig» und können zur Weiterbehandlung in ein anderes Lazarett gebracht werden. Die Sanitäter, die sie tragen, müssen vorsichtig sein, um den noch nicht ausgeheilten Verwundeten keine Schäden zuzufügen.*

42 *Ein schwerverwundeter Soldat ist in der Heimat eingetroffen. Behutsam schaffen ihn Rotkreuzhelfer und Sanitätssoldaten in das Auto, das ihn in ein Reservelazarett bringt.*

43 *Mit Scharpiezupfen, der Zubereitung von Verbandma-*
terial, werden schon die «Jungmädel» von der Mädchen-
organisation der HJ in einem Alter beschäftigt, in dem
ihnen kindliche Spiele mehr Spaß machen würden.

44 *Auf dem Bauernhof gibt es im Kriege auch für die jüng-*
sten Mädchen Arbeit, und sie lernen dabei, wie man
Nahrung für Mensch und Vieh zubereitet.

des Rechtsanwalts gerechnet wird, auf irgendeine Weise versuchen würden, sich zu drücken. Die Ärzte würden sicherlich von Frauen überlaufen, die sich ihre Arbeitsunfähigkeit bescheinigen lassen wollen. Im äußersten Fall würden die Frauen, welche man besonders im Auge habe, sich wohl zum Roten Kreuz melden. Man vermute, daß infolge der Altersfestsetzung, der Festsetzung der Kinderzahl sehr viele Lücken entstanden seien, die von arbeitsunwilligen Frauen zur «Drückebergerei» benützt werden könnten. Bei vielen Arbeitsämtern wurde bereits von Frauen und Mädchen aller Volksschichten vorgesprochen, die zu beweisen versuchten, daß sie für die Erfassung nicht in Frage kommen. Unter den vorsprechenden Frauen seien heute schon solche feststellbar, die sich durch ärztliches Zeugnis in irgendeine Krankheit flüchten würden. Darüber hinaus werden seitens verantwortungsbewußter Volksgenossen auch an die vielen Möglichkeiten des «Scheineinsatzes» von Frauen bei Verwandten und Bekannten gedacht, der lediglich die Erfüllung der gesetzlichen Arbeitsdienstpflicht vortäuschen könne.

Von den 3 Millionen Frauen, die von der «Meldepflichtverordnung» erfaßt worden waren, konnten zunächst nur wenig mehr als 900 000 in der Kriegswirtschaft beschäftigt werden. Die anderen wurden wegen Krankheit oder als Mütter von Kindern zurückgestellt. Für viele gab es einfach keine Arbeit, die sie verrichten konnten, da ihnen Fachkenntnisse und Körperkräfte fehlten. Im letzten Kriegsjahr, vor allem nach den Erlassen über den totalen Kriegseinsatz im Spätsommer und Herbst 1944, versuchten die Ämter alle Frauen heranzuholen, die noch nicht in kriegswichtigen Berufen tätig waren. Angestellte der Gastronomie und Konfektion, Geschäftsfrauen, Schauspielerinnen, Künstlerinnen, Studentinnen, die bisher immer noch nicht berufstätigen Hausfrauen und sonst alle Frauen bis 50 gehörten zu den Dienstverpflichteten. Sie mußten sich in Rüstungsfabriken, in Lazaretten, im Luftschutz und schließlich direkt bei Wehrmachtseinheiten melden.
Den Funk- und Nachrichtenabteilungen, Schein-

werfer- und Flakbatterien wurden Frauen und Mädchen aus dem Arbeitsdienst und BDM als Hilfskräfte zugeteilt. In den letzten Kriegsmonaten starben viele von ihnen wie die Soldaten oder erlitten Verwundungen. Bei der Kriegsmarine erhielten 16–17jährige Mädchen eine Schnellausbildung im Funken und Fernschreiben und wurden dann in Sondereinheiten als Nachrichtenhelferinnen verwendet. Um auch die letzten Säumigen zu erfassen, erließ die Reichsjugendführung Anfang 1945 einen «Reichsbefehl», in dem BDM-Mädchen und junge Frauen zwischen 18 und 21 aufgefordert wurden, sich freiwillig zum Dienst als Wehrmachtshelferinnen zu melden. Sie sollten Soldaten ablösen, die sich noch in Schreibstuben, Nachrichten-, Flak- und Sanitätseinheiten betätigten, anstatt an der Front ihr Leben für «Führer und Volk» zu riskieren. Man hoffte, weitere 150000 Mädchen und Frauen für diesen als «Ehrendienst der deutschen Frau» bezeichneten Kriegseinsatz zusammenzubekommen. Jedoch nur ein Bruchteil der Frauen, die sich gemeldet hatte, konnte schließlich im Truppendienst Verwendung finden. Im Chaos der letzten Kriegsmonate wußten die Wehrmachteinheiten mit den kaum ausgebildeten Frauen nicht viel anzufangen.

In einem Krieg, der sich über fast sechs Jahre hinzog, ließ sich auch nicht verhindern, daß die moralischen Maßstäbe der Friedenszeit für den Umgang zwischen Mann und Frau nicht mehr galten. «Genieße den Krieg, denn der Friede wird fürchterlich» war ein Spruch, den man besonders in der zweiten Kriegshälfte aus dem Munde vieler zu hören bekam. Ehemänner und Frauen vertrugen die jahrelange, nur von kurzen Urlaubsbegegnungen unterbrochene Trennung manchmal nur schlecht und ließen sich mit anderen Partnern ein. Die Stimmungsberichte des SD sind voll Klagen über die «Auflockerung der Sitten» und die «Zerrüttung der Ehen» der durch die Kriegsverhältnisse Getrennten. «Es liegen Meldungen vor», heißt es in einem SD-Bericht vom November 1943 über die Folgen der Evakuierungsmaßnahmen, «nach denen das sittliche Verhalten der evakuierten Ehefrauen, z. T. als alles andere als einwandfrei zu bezeichnen ist.»

Die aufgrund der kriegsbedingten Trennung der Partner laufenden Scheidungsverfahren beschäftigten nicht nur die Richter und Anwälte in den Zivilprozessen. Es kam auch zu Strafprozessen mit

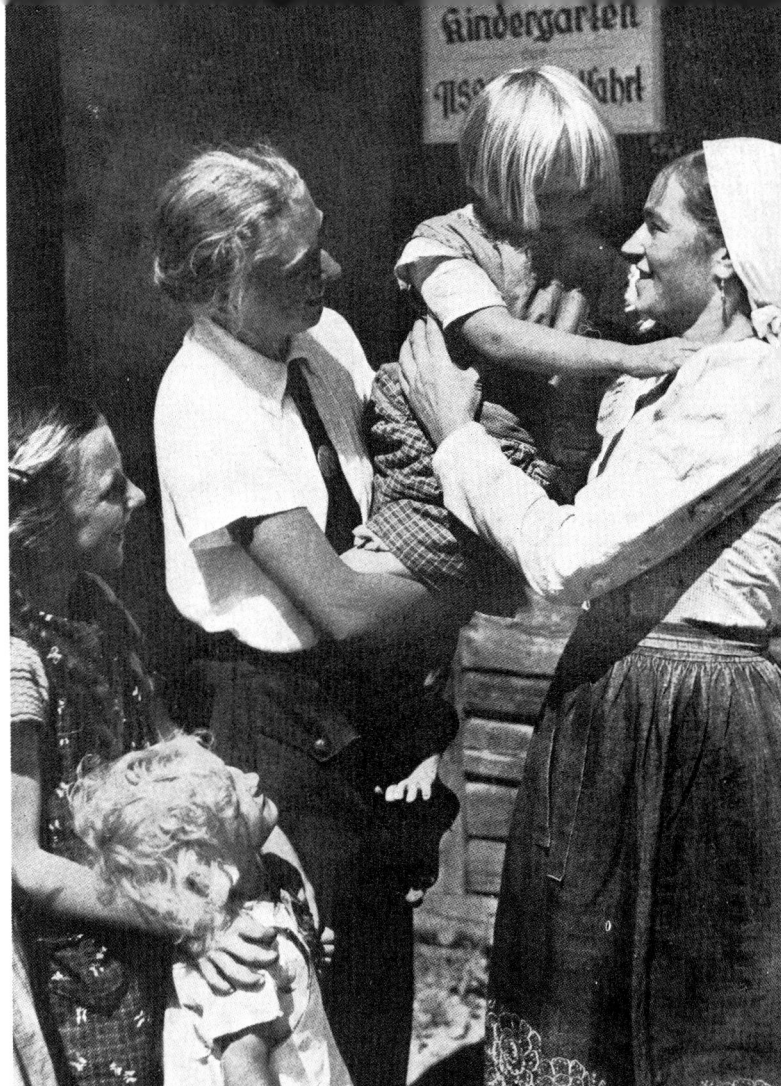

45 *Auf den Fotos der Kriegsjahre haben Frauen und Kinder gesund und fröhlich auszusehen, vor allem wenn sich um sie – wie auf diesem Bild – die zuständige Parteiorganisation, die NS Volkswohlfahrt, kümmert.*

verhängnisvollen Konsequenzen für die Angeklagten, wenn Frauen sich gegen die im November 1939 erlassene «Verordnung zum Schutz der deutschen Wehrkraft» vergingen. Diese bedrohte die geschlechtlichen Beziehungen «deutscher Frauen und Mädchen» zu Ausländern mit harten Strafen. Gegen den «fremdvölkischen» Mann, vor allem wenn es sich um einen Polen handelte, konnte das Gericht die Todesstrafe verhängen, während die Frauen mit «öffentlicher Erniedrigung» und anschließender Einweisung in ein KZ rechnen mußten. Die «öffentliche Erniedrigung» bestand meist darin, daß der Frau auf einem Platz in ihrem Wohn-

46 *Auch das Betreuen der Kinder im Säuglingsalter wird im Kriege von Staats- und Parteiorganisationen wie etwa dem «Reichsmütterdienst» und dem Hilfswerk «Mutter und Kind» beaufsichtigt. In den Mütterheimen dieser Einrichtungen haben die Frauen die mittägliche Ruhestunde pflichtgemäß zu absolvieren. Am Rande der Siesta stehen in Reih und Glied die Kinderwagen parat.*

ort in Gegenwart ihrer Mitbürger die Haare abgeschnitten wurden. Der stets für besonders harte Strafen eintretende Reichsführer SS und Chef der deutschen Polizei Himmler befürwortete in einem Geheimerlaß am 5. Mai 1940 ausdrücklich die öffentliche Anprangerung «würdeloser Frauen» mit der Erklärung: «Beabsichtigen Frauen und Mädchen eines Ortes eine Frau vor ihrer Überführung in das KZ öffentlich anzuprangern oder ihr die Haare abzuschneiden, so ist dies polizeilich nicht zu verhindern, sofern es sich nicht um körperschädigende Übergriffe handelt.»

Als die Zahl der in Deutschland arbeitenden Kriegsgefangenen und ausländischen Arbeiter, besonders aus Polen und Frankreich, im Laufe der Jahre immer größer wurde, nahmen die Verfahren gegen die «Verordnung zum Schutz der deutschen Wehrkraft» immer mehr zu. Peter Bleuel zieht in seiner sittengeschichtlichen Studie «Das saubere Reich» die Bilanz:

Gegen den Geschlechtsverkehr mit Kriegsgefangenen waren die neuen Verordnungen offensichtlich gänzlich wirkungslos. Man konnte zwar den alten Juden von nebenan als rassisch minderwertig und unwürdig der deutschen Frau verketzern: Er war für sie ohnehin reizlos, sie kannte ihn lange genug, und außerdem hatte sie ihren Mann. Aber der männerlosen, schwer arbeitenden Frau der Kriegsjahre konnte man unmöglich klarmachen, daß der vielleicht sogar blonde, jedenfalls gar nicht fremdartig und oft reizende Franzose oder Pole neben ihr, der am Arbeitsplatz die Mühen mit ihr teilte und genauso einsam war wie sie, ein minderwertiger Typ sei. 1940 wurde nach der Verordnung zum Schutz der Wehrkraft des deutschen Volkes 1909 mal der Paragraph 4 verhandelt, 1941 schon 4345 mal, und im folgenden Jahr verdoppelte sich diese Zahl abermals auf 9108 Fälle. In all diesen Angaben aus der offiziellen Quelle «Statistisches Reichsamt» stecken eine Menge Unklarheiten. Die Ziffern sind im Grunde unzuverlässig, weil sie einen entscheidenden Vorgang außer acht lassen: die ungezählten Menschen, die schon auf den denunziatorischen Verdacht sittlicher Verfehlungen hin nach der prophylaktischen Rassenreinigungsmethode Himmlers in Konzentrationslager verschleppt wurden, ohne je eine richterliche Urkunde gesehen zu haben.

Wie die deutsche Bevölkerung auf solche drakonischen Maßnahmen der Kriegsjustiz reagierte, schildert ein Geheimbericht der SD-Außenstelle Ebern in Mainfranken vom 14. März 1941:

Die Gastwirtsehefrau D. in Bramberg hat mit einem französischen Gefangenen unerlaubte Beziehungen unterhalten. Während sie selbst nur einen Fall zugibt, daß sie sich mit dem Franzosen geküßt hat, hat dieser mindestens sechs Fälle zugegeben. Als die D. auf die Kreisleitung vorgeladen wurde, wurde sie von einigen Volksgenossen ergriffen und kahlgeschoren. Sodann wurde ihr ein Plakat umgehängt: «Ich habe die deutsche Frauenehre beschmutzt» und sie ein Stück durch die Stadt geführt. Die Gendarmerie griff alsdann ein und nahm die D. in Haft, in der sie sich z. Zt. noch befindet. Die Kunde von diesem Vorfall ging wie ein Lauffeuer durch das ganze Kreisgebiet. Stimmungsmäßig ist festzustellen, daß ein großer Teil der Bevölkerung die Maßnahme gutheißt, manche forderten geradezu noch Prügelstrafen. Ablehnung fand die Maßnahme dagegen bei den meisten Frauen, auch bei denen, die Parteigenossinnen sind. Allerdings rückten diese mit ihrer wahren Auffassung zunächst nicht heraus, sondern erklärten, obwohl sie ganz weiß im Gesicht wurden, als sie die Kahlgeschorene sahen, daß dieser ganz recht geschehen sei. In späteren Gesprächen gaben die Frauen jedoch, als sie unter sich waren, der Überzeugung Ausdruck, daß sie mit der Maßnahme nicht einverstanden seien. Vereinzelt wurde auch die Frage aufgeworfen, ob in der gleichen Weise gegen die Männer vorgegangen würde, die sich in Frankreich mit Französinnen einließen. Ganz ablehnend zur getroffenen Maßnahme verhielten sich die kirchlich, insbesondere katholisch eingestellten Bevölkerungsteile. Hier fiel die Äußerung, man brauche nur noch Daumenschrauben und Folterkammern, dann sei das Mittelalter fertig.

47 *Der verwundete Soldat und die Rotkreuzschwester, manchmal ist es zugleich die Freundin des Landsers, ein alltägliches Bild in deutschen Städten während der Kriegsjahre. Ein «Heimatschuß», der ohne allzu schwere Verwundung einen längeren Aufenthalt im Hinterland garantiert, ist der verzweifelte, geheime Wunsch manches Soldaten.*

Während die von rassischen Vorurteilen gegen alle sogenannten «Fremdvölkischen» bestimmte Justiz der Hitlerdiktatur den Umgang deutscher Frauen mit Ausländern mit strengen Strafen verfolgte, sah man die Prostitution als ein notwendiges Übel an, das sich insbesondere in einem langen Krieg nicht vermeiden ließ. Himmler, der sich sonst als Moralfanatiker gebärdete, war der Ansicht, man müsse dieses Problem in eine «für ein Kulturvolk tragbare Organisation» bringen und auf diesem Gebiet «großzügig bis dorthinaus» sein, um die homosexuelle Betätigung von Männern zu verhindern, die von ihren Frauen so lange getrennt waren. In zwei Erlassen am 9. September 1939 und am 16. März 1940 ordnete Himmler in seiner Eigenschaft als

Chef der deutschen Polizei die Einrichtung von Bordellen unter ärztlicher Beaufsichtigung durch die Gesundheitsbehörden im gesamten Reichsgebiet an.

Die Sittenpolizei duldete nicht nur die in vielen Orten seit langem existierenden mehr oder weniger stadtbekannten «Freudenhäuser». Im Laufe des Krieges kamen noch eine beträchtliche Zahl von Bordellbetrieben verschiedenster Art hinzu, so etwa Bordelle für deutsche Soldaten im rückwärtigen Frontgebiet, wie es sie bereits im Ersten Weltkrieg gegeben hatte. Eine spezielle Neuerung des Zweiten Weltkrieges waren die Bordelle für die ausländischen Arbeiter in Deutschland. In einem SD-Bericht vom 29. November 1943 wird erklärt, es habe sich wegen des «bedrohlich zunehmenden Geschlechtsverkehrs fremdvölkischer Arbeiter mit deutschen Frauen und Mädchen, besonders in Orten mit stark massiertem Ausländereinsatz mehr als notwendig erwiesen, zum Schutze des deutschen Blutes im Reich Bordelle für Ausländer zu errichten. Es sind zur Zeit im Reich verteilt an ca. 60 Einsatzstellen Bordelle mit ca. 600 Prostitu-

ierten errichtet worden. Weitere rund 50 Bordelle
sind noch im Bau und werden in Kürze ihrer Be-
stimmung übergeben.»

Bei diesen Bordellen handelte es sich um sogenannte «B-Baracken», die in Städten und am Rande von Fremdarbeiterlagern aufgeführt wurden.
Über die Insassinnen meldet der SD-Bericht, sie
würden in Paris, Polen und im Protektorat Böh-
men-Mähren «auf freiwilliger Grundlage» ange-
worben. Sie könnten «jederzeit aus dem Bordell
ausscheiden und in ihre Heimat zurückkehren».
Und weiter heißt es in der Meldung:

> Die ausländischen Prostituierten unterste-
> hen einer sehr strengen gesundheitlichen,
> hygienischen und polizeilichen Kontrolle.
> Für Verpflegung, Heizung, Licht, Wäsche
> usw. muß jedes Bordellmädchen einen tägli-
> chen Satz abführen. Der Zuspruch der Aus-
> länder ist äußerst rege. Fremdvölkische Ar-
> beiter nützen den Schichtwechsel aus, um
> das Bordell zu besuchen. Die Einnahmen der
> Prostituierten seien im allgemeinen hoch;
> manche würden bis zu 50 Männer am Tag
> empfangen. Die Preise für einen Besuch be-
> trügen RM 3,– bis RM 5,– im Durchschnitt,
> aber es würden auch Preise von RM 50,– und
> sogar RM 100,– beispielsweise in Frankfurt
> am Main, gezahlt. In der Stadt am Main wür-
> den die Polinnen nicht viel verdienen, aber
> die Französinnen seien in der Lage, monat-
> lich, genehmigt von der Devisenstelle, RM
> 1000,– nach Frankreich zu schicken.

Aus Bitterfeld ließ sich der SD melden, dort habe
eine Französin erklärt, sie verdiene an manchen
Tagen bis zu RM 200,–. In Paris besitze sie schon
zwei Mietshäuser aus diesen Einnahmen, sie habe
dort einen Freund, der zwei weitere Mietshäuser

Nummer 38 21. September 1939   43. Jahrgang Preis 20 Pfennig

Berliner
Illuftrirte Zeitung

48 *So übermütig fröhlich präsentiert die «Berliner Illustrierte Zeitung», das meistgelesene bebilderte Wo-
chenblatt jener Jahre, am 31. September 1939, nach
dem siegreichen Polenfeldzug, Mädchen beim «Ernteeinsatz», dem Kriegspflichtdienst der weiblichen Jugend. Ein paar Jahre später wagt die BIZ kaum noch,
solche heiteren Titelfotos zu bringen.*

kaufen werde. Sie werde nach Ablauf ihrer Ver-
tragszeit nach Paris zurückkehren und sich dann im
Besitz von vier Häusern zur Ruhe setzen. Eine Ver-
steuerung der von den Dirnen eingenommenen
Gelder werde nicht vorgenommen. Eine an das Fi-
nanzministerium herangetragene Eingabe sei ab-
schlägig entschieden worden.

5. Wie der Krieg immer totaler wurde – Arbeiten, Sammeln, Sparen für den Krieg

Bei Kriegsbeginn zerbrachen sich nicht nur die Experten in den zuständigen Ministerien und im Wehrwirtschafts- und Rüstungsamt darüber den Kopf, wie Deutschland das militärische Ringen wohl wirtschaftlich durchstehen würde. Daß das Land arm an kriegswichtigen Rohstoffen war und daß es an vielen für die Führung eines längeren Krieges notwendigen Materialien mangelte, dies wußte auch der von den NS-Propagandisten so gern zitierte Volksgenosse, der «Mann auf der Straße», der Ingenieur und Arbeiter, der in seinem Beruf mit Metallen, Chemikalien, Kautschuk, Baumwolle, Mineralöl und anderen Artikeln zu tun hatte, die man aus dem Ausland bezog. Den noch genauer orientierten Sachverständigen war wohlbekannt, daß Deutschland an kriegswichtigen Rohstoffen eigentlich nur mit Kohle, einigen Holzarten und Zellstoff ausreichend versorgt war. Für die Rüstung unentbehrliche Metalle wie Kupfer, Zinn und Blei mußten aus dem Ausland bezogen werden, und auch den Bedarf an Eisenerz konnte der deutsche Erzbergbau nicht annähernd decken.

Etwas günstiger sah die Lage auf dem Lebensmittelsektor aus. Mit den notwendigsten Nahrungsmitteln konnte sich Deutschland etwa zu 80 Prozent selbst versorgen. Nach der Eroberung bedeutender Agrargebiete in Polen und der Sowjetunion vermochte das «Großdeutsche Reich» seinen Nahrungsbedarf sogar zu 96 Prozent zu decken. Auf Kaffee, Tee und Schokolade mußten die Deutschen allerdings weitgehend verzichten und sich mit den kärglichen ab und zu auf Karten zugeteilten Rationen begnügen. Höchstens auf dem Schwarzen Markt konnten sie sich zu Über- und Wucherpreisen mit diesen seltenen Genüssen versorgen.

Überhaupt mußten die Bürger des Hitlerstaates feststellen, daß ihr Geld von Kriegsjahr zu Kriegsjahr weniger wert war. Die Sparer konnten mit dem Geld, das sich auf ihren Konten ansammelte, nicht allzuviel anfangen, da es an begehrenswerten Waren mangelte. Es blieb höchstens der Ausweg, Wertpapiere zu kaufen; jedoch da befürchtete mancher, daß diese Wertpapiere vielleicht eines Tages noch nicht einmal das Papier wert sein würden, auf dem sie gedruckt waren. Auf den Konten mancher Bank- und Sparkassenkunden sammelten sich im Laufe der fünf, sechs Jahre beachtliche Kapitalien in Form von Zinsguthaben, Anleihen, Aktien und Wertpapieren verschiedenster Sorten an. Sie dienten direkt oder indirekt der Finanzierung des Krieges, des immer wieder von rührigen NS-Propagandisten verkündeten «Endsieges». Viele Deutsche avancierten so zwangsläufig zu Gläubigern des Reiches. Manche von ihnen waren sicherlich stolz, daß sie mit ihren Ersparnissen Krieg und Rüstung mitfinanzierten, anstatt das Geld auf dem Schwarzen Markt für Kaffee und Zigaretten auszugeben.

49 *Die WHW-Büchse, in der Millionenbeträge von freiwilligen und weniger freiwilligen Büchsenschwenkern für das «Kriegswinterhilfswerk des deutschen Volkes» gesammelt wurden, klapperte überall, auf den Straßen und an den Haustüren.*

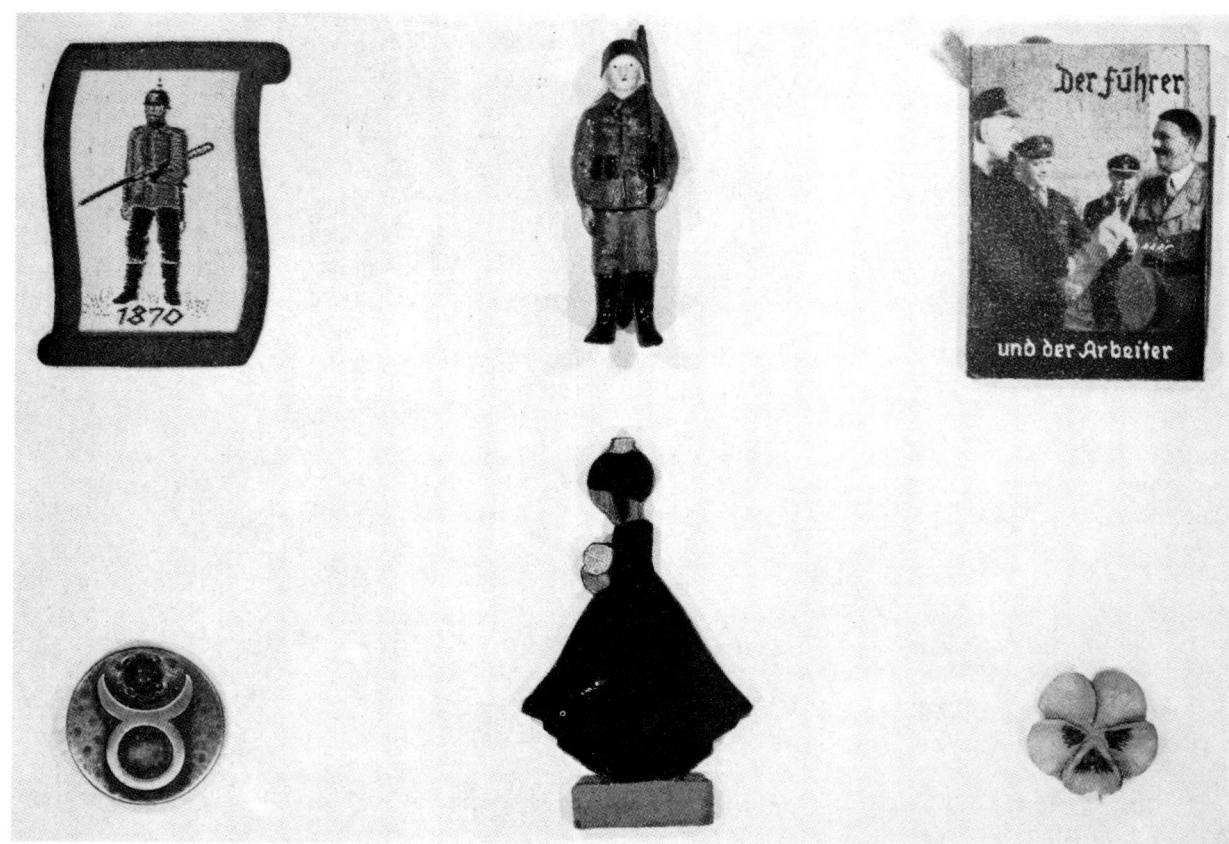

50 *Niedliche Figürchen, häufig kunsthandwerkliche Gebilde aus deutschen Landschaften, Plaketten und Bilderchen vom «Führer» als Volks- und Kinderfreund wurden bei den Großveranstaltungen des Winterhilfswerks und der NS Volkswohlfahrt verkauft. Wer nicht solch ein Sinnbild «nationaler Opferbereitschaft» im Knopfloch trug, fiel unangenehm auf, und daher gaben die meisten lieber ein paar Groschen für eine bunte Miniatur aus.*

Kaum einer dieser Sparer und Wertpapierbesitzer wußte allerdings, wie es in Wahrheit um die Staatsfinanzen des Dritten Reiches stand. Von den wahrhaft astronomischen Dimensionen der Steigerung des Notenumlaufs und der Staatsschulden hatte keiner eine genaue Vorstellung, da Regierung und Reichsbank sich hüteten, die Öffentlichkeit genau zu informieren. Wie erst nach dem Kriege bekannt wurde, stieg der Notenumlauf im Reich vom September 1939 bis zum Kriegsende von 10,9 auf 70,3 Milliarden Mark. Der Volkswirtschaftler Fritz Federau stellt in der Studie «Der Zweite Weltkrieg – Seine Finanzierung in Deutschland» fest, daß im letzten Kriegsjahr «die gesamte Kriegsfinanzierung ins Wanken» kam, und erklärt weiter:

Bis Mitte 1944 hatte sich auch das Preisstopsystem einigermaßen bewährt. Der Großhandelsindex, die Lebenshaltungskosten und die Arbeitsverdienste waren bis zu dieser Zeit nur um 9 bzw. 12 bzw. 11 v. H. gestiegen. Die Inflation wurde durch den Lohn- und Preisstop, solange dieser funktionierte, verschleiert. Jetzt jedoch standen die Stoppbestimmungen nur noch auf dem Papier. Die Inflation begann sich zu entfalten und zu beschleunigen. Das schwindende Vertrauen in die Währung rief eine Geldabhebungswelle seitens der Bevölkerung hervor, die durch die Gebietsräumungen noch wesentlich verstärkt wurde; die Währung büßte ihre Funktion als Wertmesser immer mehr ein und wurde in zunehmendem Maße durch ein «Denken in Sachwerten» ersetzt; als echt wurden nur noch diejenigen Preise angesehen, die auf dem Schwarzen Markt gezahlt wurden. In der Endphase des Krieges schließlich waren alle Anzeichen einer Hochinflation wahrzunehmen.

Die Schulden des Reiches, die bei Kriegsbeginn 37,4 Milliarden Mark betragen hatten, beliefen sich bei Kriegsende auf 387,9 Milliarden, hatten sich also mehr als verzehnfacht. Der förmlichen Erklärung des Staatsbankrotts entging das Reich – um es etwas zynisch und paradox zu sagen – nur dadurch, daß es den Krieg verlor. Angesichts der Verluste, die Land und Volk aus diesem Totalverlust mit allen seinen Konsequenzen entstanden, kam es dann auf ein paar hundert Milliarden mehr oder weniger nicht mehr an. In dem Standardwerk «Kriegswirtschaft und Rüstung 1939–1945» zieht Willi A. Boelcke die Bilanz:

51 *Wie im Ersten Weltkrieg ist die Firma Krupp, Essen, auch 1939–45 eine Waffenschmiede der deutschen Artillerie. Aber je länger der Krieg dauerte, um so mehr fehlt es an Munition für die Geschützriesen mit den mächtigen Rohren.*

Fast alle Staaten standen am Ende des Zweiten Weltkriegs vor ähnlichen oder gleichen Problemen: vor einem Zuviel an Geld und einem Zuwenig an Waren, vor einem hohen Schuldenberg und leeren Staatskassen, vor der Beseitigung des Geldüberhangs und der Sanierung der Staatsfinanzen. Sie packten die Probleme, ähnlich wie in den Jahren zuvor die Kriegsfinanzierung, unterschiedlich an, entsprechend ihren politischen, wirtschaftlichen und sozialen Gegebenheiten und Zielsetzungen. Mitunter schleppte sich die Überwindung und Heilung der Narben, die der Krieg im Währungs- und Finanzsystem hinterlassen hatte, über Jahre und Jahrzehnte hin. Sie fiel besonders den Ländern schwer, die unter dem Krieg am meisten zu leiden hatten, aber auch anderen, in denen während des Krieges ökonomische Gesetzmäßigkeiten flagrant und eklatant verletzt worden waren. Auch in Deutschland brachten während des Krieges warnende Stimmen zum Ausdruck, daß es nicht nur Aufgabe der Kriegswirtschafts- und Kriegsfinanzpolitik sei, den Krieg, sondern auch den Frieden zu gewinnen. Sie wurden überhört.

Das waren im Großen, im Spiegelbild der Zahlen und Statistik, die wirtschaftlichen und finanziellen Realitäten des Krieges, deren Auswirkung im Kleinen, im Detail, der Durchschnittsbürger im Alltag des Krieges zu spüren bekam. Das große Sparen – «Schnallt den Gürtel enger», empfahlen die NS-Blockwarte ihren Mitbürgern – begann schon kurz vor Kriegsausbruch. In den letzten Augusttagen 1939 wurden die Deutschen mit der Nachricht überrascht, daß die Bezugscheinpflicht eingeführt sei. Die wichtigsten Lebensmittel, Kohlen und Seife gab es von nun ab nur noch auf Bezugschein, auf Karte. Im Laufe des Krieges wurden weitere Karten für verschiedenste Artikel ausgegeben, angefangen von Kleider-, Raucher- und Brotkarten bis zu Futtermittelscheinen für Hunde.

In der ersten Kriegsperiode erhielt der vom Amt als «Normalversorgungsberechtigter» bezeichnete Bürger, kürzer Normalverbraucher genannt, pro

52 *«Der Eintopfsonntag bringt allen immer wieder zum Bewußtsein, daß sie Glieder eines Volkes sind», liest man unter Propagandafotos wie diesem, das eine in der «Volksgemeinschaft» im Freien eingenommene frugale Kriegsmittagsmahlzeit zeigt.*

Woche 700 g Fleisch oder Fleischwaren, 280 g Zucker, 110 g Marmelade, 150 g Nährmittel, ferner pro Tag 1 Fünftel Liter Milch und 60 g Milcherzeugnisse, Öle oder Fette. Tee gab es ganze 20 g im Monat und pro Woche 62,5 g Kaffee oder Kaffee-Ersatzmittel; meist mußte man sich mit «Ersatz» begnügen. Wer genauer nachrechnete, der stellte fest, daß damit die Fett- und Fleischration, die der Bürger im Durchschnitt verbrauchte, im Vergleich zu 1937 auf die Hälfte reduziert war. Schwer- und

53 *Recht abwechslungsreich sieht in den Jahren 1940 und 1941 noch der Speisezettel der Werkkantine von Robert Bosch aus. Aber mehr als ein «Einheitsessen für 30 Pfennig» kann auch die Stuttgarter Weltfirma nicht bieten.*

In Friedenszeiten gab es zweierlei Essen: für 45 Pfennige und für 70 Pfennige. Seit Kriegsbeginn kennen wir nur noch ein Einheitsessen für 30 Pfennige. Beispiele von Wochenspeisezetteln der Kriegszeit:

Montag	Erbsensuppe mit Wurst und Brötchen
Dienstag	Spaghetti, geröstet, mit Tunke und Kartoffelsalat
Mittwoch	Hackbraten mit Gelbrübengemüse und Kartoffeln
Donnerstag	Leberkäs mit Kartoffelsalat
Freitag	Suppe, geröstete Kartoffeln und rote Rüben

Montag	Graupensuppe mit Ei, Rindfleisch und Kartoffeln
Dienstag	Geröstete Hörnle mit Kartoffel- und Kopfsalat
Mittwoch	1 Bratwurst mit Bayrischkraut und Kartoffeln
Donnerstag	Suppe, Wirsing und geröstete Kartoffeln
Freitag	Deutsches Beefsteak mit gemischtem Gurkensalat

Selbstverständlich wird auch an Schichtarbeiter in ihren Schichtpausen warmes Essen abgegeben. Schon seit Jahrzehnten besteht bei uns auch die Möglichkeit, daß Gefolgschaftsmitglieder mitgebrachtes Essen im Betrieb wärmen lassen, wovon viel Gebrauch gemacht wird.

Zum Speiseanstaltbetrieb gehören ferner 17 sogenannte Vesperverkaufstellen, in denen die Gefolgschaft Nahrungsmittel, etliche Genußmittel und Getränke kaufen kann. Wir verabfolgen Milch, Kakaomilch, Mineralwasser, Bier. Durch einen Werbefeldzug in unsrer Werkzeitschrift war es uns in den Jahren vor dem Krieg gelungen, eine erfreulich große Zahl Liebhaber für Milch zu gewinnen. Etwaige Überschüsse aus dem Speiseanstaltbetrieb kommen restlos der Gefolgschaft wieder zugute, das heißt den Einrichtungen und Leistungen der Speiseanstalt.

54 *Die Mütter und Frauen der Soldaten werden vor Weihnachten zu einer Gemeinschaftsfeier eingeladen, um sie bei Laune zu halten. Manchmal gibt es sogar etwas «markenfrei» zu essen. Hitlerjungen, die mit Fahnen zwischen den Weihnachtsbäumen paradieren, und gemeinsamer Gesang «nationaler Lieder» geben der Feierstunde die zeitgemäßen von der Partei gewünschten Akzente.*

Schwerstarbeiter, Jugendliche, Kinder und werdende Mütter erhielten Sonderzulagen, aber auch mit denen kamen sie nur knapp aus. Es galt von nun ab die Präambel zur Kriegswirtschaftsversorgung vom 4. September 1939, «daß jeder Volksgenosse sich die notwendigen Einschränkungen in der Lebensführung und Lebenshaltung auferlegt.»

Sehr bald wurden dann auch Tabakwaren, Bier, Branntweinerzeugnisse und Schaumwein mit einer Kriegssondersteuer belegt, die allein bei Bier und Tabakwaren 20 Prozent des Verbraucherpreises betrug. Die Höhe der Rationen schwankte im Laufe des Krieges. Die Fleischration sank im Frühjahr 1942 auf 300 g pro Woche, und Fett gab es nur ganze 206 g: so genau auf das Gramm wurden die Zuteilungen offiziell berechnet. Die Händler rundeten beim Wiegen oft nach unten ab, und das gab dann lautstarke Debatten beim Einkauf. Im Frühjahr 1945 hatte der Normalverbraucher nur noch Anrecht auf 250 g Fleisch und 125 g Fett pro Woche und mußte mit 1700 g Brot auskommen, das zudem oft von miserabler Qualität war.

Die Erbitterung der Leute über die unzureichende Menge und Güte der Lebensmittel spiegelt sich in zahlreichen «Meldungen aus dem Reich» wider, so zum Beispiel in dem SD-Bericht vom 23. März 1942:

Nach übereinstimmenden Meldungen aus allen Teilen des Reiches hat die Bekanntgabe der Herabsetzung der Lebensmittelzuteilungen große Enttäuschung ausgelöst und insbesondere in Arbeiterkreisen zu einer nicht unbeträchtlichen Beunruhigung geführt. In mehreren Meldungen wurde zum Ausdruck gebracht, daß die Bekanntgabe der «einschneidenden» Lebensmittelkürzungen auf einen großen Teil der Bevölkerung geradezu «niederschmetternd» gewirkt habe, und zwar in einem Ausmaße wie kaum ein anderes Ereignis während des Krieges. Wenn man sich im allgemeinen auch darüber im klaren sei, daß sich das deutsche Volk zur Erringung des Endsieges dieser neuen Situation anpassen müsse, so habe man bisher doch verhältnismäßig wenige Stimmen feststellen können, die der erneuten Herabsetzung der Lebensmittelzuteilung uneingeschränkt das erforderliche Verständnis entgegenbrächten. Insbesondere nehme die Arbeiterschaft der Großstädte und Industriegebiete, die häufig schon die seitherige Versorgung als reichlich knapp ansah, nach den bisherigen Feststellungen vielfach eine Stellungnahme ein, die jegliches Verständnis für die Notwendigkeit der neuen Maßnahme vermissen lasse. Die Stimmung in diesen Bevölkerungskreisen sei auf einem im Verlauf des Krieges bisher noch nicht festgestellten Tiefstand angelangt. Mit großer Verbitterung wird – insbesondere in Arbeiterkreisen – davon gesprochen, daß sich ein großer Teil der sogenannten bessergestellten Kreise auf Grund ihrer Beziehungen und ihres größeren «Geldbeutels» zusätzlich zu den ihnen zustehenden Lebensmitteln irgendwelche Mangelware verschafft. Vielfach wird der Befürchtung Ausdruck gegeben, daß nach dem Inkrafttreten der neuen Lebensmittelzuteilung der Tausch- und Schleichhandel eine noch stärkere Ausbreitung als bisher finden werde. Auch fehlt es nicht an Äußerungen, die sich gegen die Lebensführung einzelner Persönlichkeiten richten, denen angeblich nach wie vor Wild, Geflügel und sonstige Mangelware zur Verfügung stände.

Anfang 1944 ist es dann so weit, daß der SD-Berichterstatter entrüstet konstatiert:

Die lange Dauer des Krieges hat zu einer allgemeinen Lockerung der strengen Auffassungen über die Verwerflichkeit der zusätzlichen Versorgung der Volksgenossen geführt. Während in den ersten Kriegsjahren noch der Tausch- und Schleichhandel in jeder

Form bei den meisten Volksgenossen verpönt war und häufig als Sabotage an der Versorgung des deutschen Volkes abgelehnt wurde, ist die Bevölkerung allmählich immer mehr dazu übergegangen, alle nur erdenklichen Mittel und Wege zur Umgehung der Kriegswirtschaftsbestimmungen im Kleinen zu benutzen, ohne sich dabei in den meisten Fällen einer Strafwürdigkeit bewußt zu werden. Die Volksgenossen sprechen heute ganz offen vom «Schwarzen Markt», wo Dinge zu haben seien, wovon der Außenstehende, insbesondere derjenige, der keine Gegenwerte zu bieten habe, regulär nur selten etwas sehe. Tabakwaren gelten als «neues Geld», für das auf dem Lande, aber auch in der Stadt viel zu bekommen ist. Nach einer Meldung aus einem Alpen- und Donaugau wird dort auf dem Lande für ein Paket Pfeifentabak ein halbes kg Speck oder ein halbes kg Butter, für eine Zigarette 1 Ei gegeben. In ländlichen Gemeinden der Umgebung von Hamburg hat sich ein Tauschhandel angebahnt, der auf Friedenspreisen basiert. Für eine Gans werden dort z. Z. etwa 3 Flaschen Kognak gegeben. In einigen Städten des Gaues Danzig-Westpreußen kann man für 50 g Fleisch 10 Zigaretten oder für 5 g Fett 1 Zigarette bekommen. Für die städtischen Verhältnisse nennt ein Makler als bezeichnendes Beispiel, daß ihm für eine Schreibmaschine 8 Pfund Kaffee und Bezahlung geboten worden sind.

Trotz der Androhung hoher Strafen wurde die Korruption auf dem Gebiet der Versorgung von Jahr zu Jahr schlimmer, und immer ungenierter wurden Schwarzmarkt- und Tauschgeschäfte abgewickelt. Eine unheilvolle Folge der Lebensmittelknappheit war die Verschärfung des Gegensatzes zwischen Stadt und Land, zwischen den Bewohnern der Städte, die schlecht und recht mit ihren auf Karten zugeteilten Lebensmittelmengen auskommen mußten, und den Bauern, die sich für Fleisch, Butter und Geflügel, Gemüse und Kartoffeln alle Dinge eintauschten, die ihnen begehrenswert erschienen. «Denen fehlt nur noch der Teppich im Kuhstall», erklärten damals ergrimmte Städter, die

«Hamstertouren» auf die Bauernhöfe machen mußten, um für schwer verdientes Geld, Textilien und Haushaltsartikel kalorienhaltige Nahrung einzutauschen.

Nach den verheerenden Luftangriffen der Jahre 1943 und 1944, die Versorgung und Transportwesen zeitweise durcheinanderbrachten, wurden in den betroffenen Städten Nahrungsmittel und simpelste Waren des täglichen Bedarfs knapp. In den Restaurants gab es nur das notdürftigste Geschirr und keine Bestecke, in den Hotels mußte der Gast sich die Bettwäsche selbst mitbringen. Handtücher, Laken, Kochtöpfe, Geschirr wurden in manchen Städten nur an Ausgebombte gegen Bezugschein abgegeben.

Hans-Georg v. Studnitz erzählt in seinem Tagebuch «Als Berlin brannte», er habe am 24. April 1944 folgende Mitteilung des Bezirksbürgermeisters von Berlin-Schöneberg erhalten:

Ihrem Antrag vom 19.4.1944 auf Erteilung eines Bezugsscheines für eine Bratpfanne kann ich zu meinem Bedauern nicht entsprechen. Die Sicherstellung des Wehrmachtsbedarfs und der volle Einsatz der deutschen Wirtschaft für den totalen Krieg fordern jetzt mehr denn je, daß jedermann sich in seinen Bedürfnissen und Lebensgewohnheiten weitgehendst einschränkt. Ich bitte Sie, dieser Tatsache Rechnung zu tragen und auch berechtigte Wünsche bis auf weiteres zurückzustellen. Ein Einspruch gegen diese Entscheidung kann zur Zeit keine Aussicht auf Erfolg haben.

Sammeln und Spenden wurde im Krieg ganz groß geschrieben. Auf Plakaten, in Zeitungen, im Rundfunk, in Versammlungen, bei Besuchen von Tür zu Tür wurde für Sammel- und Spendenaktionen geworben. Gesammelt wurde fast alles, was irgendwie knapp war, was die deutsche Rohstofflage ein wenig aufbessern konnte: Altmetalle bis hinab zu Tuben und Rasierklingen, Lumpen und Textilien, Zeitungen und Altpapier. Die NSDAP mobilisierte ihre Gefolgschaft für die Haus- und Straßensammlungen. Jungen und Mädchen der HJ, des BDM und Jungvolks, die Frauen der NS-Frauenschaft, die Block- und Zellenleiter der Partei bis

hinauf zum obersten Goldfasan des Ortes, sie alle mußten entweder bei den Haussammlungen mitwirken, in den Parteibüros die Spenden entgegennehmen oder auf Straßen und Plätzen die Klapperbüchse schwingen. Das «Münzensammeln» hielt man für so vornehm und werbewirksam, daß man dabei auch Filmstars, Sportidole und Ritterkreuzträger auftreten ließ. Sie wurden für diese Art von «Kriegseinsatz» dadurch belohnt, daß man sie für die Wochenschauen filmte und die Fotos der prominenten Sammler in den Zeitungen brachte.

Beim Winterhilfswerk, das alljährlich mit Propagandareden der Parteifunktionäre, Musik und Umzügen uniformierter Hitler-Jungen und BDM-Mädel in Szene gesetzt wurde, galt kaum noch das Prinzip der Freiwilligkeit. Bei diesen «Reichsstraßensammlungen» des WHW mußten die Passanten für bares Geld ein Abzeichen erstehen. Wer dies nicht tat, riskierte, in der Nachbarschaft oder im Betrieb mit einem leeren Knopfloch ohne WHW-Figürchen unangenehm aufzufallen. In vielen Betrieben, Behörden und Parteidienststellen wurde die «freiwillige Spende» einfach vom Gehalt oder Lohn des Arbeitnehmers abgezogen. Leute, die regelmäßig 10 Prozent des Betrages ihrer Einkommensteuer an das WHW abführten, erhielten eine Plakette, die sie an ihre Haustür klebten. Sie wurden dann nicht mehr von Jungen und Mädchen herausgeklingelt, die mit der Sammelbüchse von Haus zu Haus gingen. Einen sehr realen und ernsten Hintergrund hatte die Wintersachen- und Spinnstoffsammlung, die nach dem besonders harten ersten Kriegswinter an der Ostfront 1941/42 organisiert wurde. Jedoch die warmen Sachen trafen oft zu spät an der Front ein, und Tausende von Landsern mußten mit Erfrierungen in die Lazarette eingeliefert werden.

Die bisweilen volksfestartig aufgezogenen Sammelaktionen beim Winterhilfswerk und anderen Gelegenheiten waren Randerscheinungen des Kriegsalltags, die von der Bevölkerung gleichmütig, ja manchmal beifällig hingenommen wurden. Härter traf die große Masse der Arbeiter und Angestellte der alltägliche Zwang zur Arbeit, deren Ausmaß sich von Jahr zu Jahr steigerte. Aus der 54-Stunden-Woche wurde in der zweiten Kriegshälfte die 60-Stunden-Woche, und häufig genug wurden vor allem von den Werktätigen in den Rüstungsbetrieben Überstunden verlangt. Sie hüteten sich, allzu deutlich ihre Unzufriedenheit zu äußern. Denn sonst riskierten sie, daß ihre UK-Stellung aufgehoben wurde und daß sie Soldaten werden mußten. Im Kriegsjahr 1944, als die Betriebe besonders intensiv «durchkämmt» wurden, dienten zwar schon mehr als 9,4 Millionen Deutsche in den drei Wehrmachtsteilen Heer, Luftwaffe und Marine und in der Waffen-SS; jedoch Nachschub wurde immer gebraucht, da die Zahl der Ausfälle, der Gefallenen und Verwundeten, nach der Invasion und der Großoffensive der Roten Armee rapide anstieg. Die zahlreichen Zwangssoldaten der Jahre 1943 und 1944 gehörten zu den von den Kommissionen des Generals «Heldenklau» rekrutierten Heerscharen. So hieß im Kriegsjargon der von Hitler 1942 zum «Sonderbeauftragten für die Überprüfung des zweckmäßigen Kriegseinsatzes» ernannte General, der ausgerechnet noch den in diesem Fall wirklich viele beunruhigenden Namen Walter von Unruh trug. «Heldenklau» war so etwas wie eine wirklich vorhandene Parallelfigur zu «Kohlenklau», dem auf Plakaten dargestellten Phantasiegespenst der NS-Brennstoffsparpropaganda. Der General und seine Gehilfen hatten die Aufgabe und Vollmacht, alle noch halbwegs wehrfähigen Männer in den Betrieben und Behörden, soweit sie nicht mit wirklich kriegswichtiger Arbeit beschäftigt und nachweisbar unersetzlich waren, aufzustöbern und der Wehrmacht zuzuführen.

Die Zahl der Männer, die keine Lust hatten, ihr Leben für Hitler und seine Sache aufs Spiel zu setzen und die man in der NS-Presse als Drückeberger beschimpfte, war nach den Niederlagen an allen Fronten größer denn je zuvor. Die dennoch von der Heldenklau-Aktion Erfaßten wurden entweder durch Frauen oder durch Ausländer ersetzt. Die anfängliche Tendenz des NS-Regimes, die deutschen Frauen auf ihre nach Auffassung Hitlers «naturgegebene» Rolle als Hausfrau und Mutter zu beschränken, wurde in der zweiten Kriegshälfte immer mehr aufgegeben. 1943 erreichte allein die Zahl der weiblichen Arbeitnehmer deutscher Nationalität, die das Gros der Angestellten, Fabrik- und Rüstungsarbeiterinnen stellten, die Zahl von 8 Millionen, und bei Kriegsende waren noch mehr Frauen in den Arbeitsprozeß eingespannt.

Noch höher war die Zahl der in der deutschen Industrie und Landwirtschaft tätigen Ausländer und Kriegsgefangenen. Man schätzt, daß es 1944 über 7

55 *Werkmeister und Jungarbeiter – gesinnungsbewußt mit Hakenkreuz auf der Brust selbst bei schwerer, schmutziger Arbeit – mit solchen Bildern wird für die Arbeit im Rüstungsbetrieb geworben.*

Millionen Arbeiter und Arbeiterinnen «fremdvölkischer» Herkunft im Reichsgebiet gab, ferner eine nie genau festgestellte Zahl von mehreren Millionen Kriegsgefangenen, vor allem aus der Sowjetunion, Polen und Frankreich. Nach einer Aussage des von Hitler eingesetzten Generalbevollmächtigten für den Arbeitseinsatz, Sauckel, aus dem Jahr 1944 sind von den «Millionen Arbeitern, die nach Deutschland gekommen sind, keine 200000 freiwillig gekommen.»

Der ehemalige «Ostarbeiter» Wladimir Prichodko aus Woroschilowgrad berichtet von seinen Erlebnissen und Erfahrungen in Deutschland während der Kriegsjahre in einem «Offenen Brief» an die «Stuttgarter Zeitung», den das Blatt am 30. Juni 1973 veröffentlichte. Der in einem Rüstungsbetrieb in der württembergischen Hauptstadt zur Zwangsarbeit Verpflichtete erzählt:

Es ist kaum zu glauben, daß ich die fürchterlichen Prügel der Lagerführer und der faschistischen Werkmeister ausgehalten habe; es ist kaum zu glauben, daß man sich fast drei Jahre nur von gekochten Steckrüben und Spinat und einem Stückchen mit Sägemehl vermischten Brot ernähren und dabei am Leben bleiben konnte. Vielleicht wäre der Tod unvermeidlich gewesen, wenn unter den Frauen, Arbeitern, Bauern und der Intelligenz nicht wahre Deutsche gewesen wären, die sich nicht von der moralischen Verkommenheit des Faschismus mit seiner menschenhassenden Theorie beeinflussen ließen, die keine Angst vor den Befehlen der faschistischen Administration hatten, die jegliche Kontakte mit den Russen verboten hatte. Und wie viele hat es gute, kluge, gutherzige Deutsche gegeben! Lebt ihr noch, liebe Frauen von der Kugelfabrik «Norma»? Von ganzem Herzen entbiete ich euch ein russisches Danke dafür, daß ihr euch nicht davor gefürchtet habt, in ein Konzentrationslager zu geraten und den von der Arbeit und Hunger entkräfteten russischen Kindern unauffällig ein Stückchen Brot mit Margarine oder Wurst in die Hand gesteckt habt. Ob ich, ein sowjetischer Mensch, die Gutherzigkeit der deutschen Frauen vergessen kann? Niemals! Lebt ihr noch, ihr Arbeiter der Fabrik «Norma», ihr, die ihr dem russischen Sklaven von euren letzten Lebensmittelmarken Brot, Wurst und Margarine gegeben habt? Wer wart ihr und lebt ihr noch, unbekannte deutsche Freunde, die ihr über den Zaun unseres Lagers in gebrochenem Russisch verfaßte Flugblätter geworfen habt, in welchen ihr uns über den Verlauf der Kampfhandlungen an allen Fronten und über den politischen Bankrott des Hitler-Regimes unterrichtet und damit unseren Glauben an den Sieg über den Faschismus noch mehr gestärkt habt? Nur dank euch haben wir zusammen mit anderen ausländischen Arbeitern die Werkzeugmaschinen und die elektrischen Installationen im Werk außer Betrieb setzen können, die zum Abtransport bereitgestellten Kugellager unbrauchbar machen und in die Bomben statt Sprengstoff Sand schütten können. Dank euch für alles, deutsche Freunde, Antifaschisten der Fabriken Robert Bosch, Witzemann, Eckhard, Daimler-Benz, Fortuna. Dank euch, geehrte Bürger von Bad Cannstatt, Feuerbach, Zuffenhausen, Stuttgart-Nord, für eure Hilfe und Bemühungen, das Leben der sowjetischen Zivilverschleppten und Kriegsgefangenen zu erhalten. Und wie kann man sich nicht an die Gutherzigkeit der deutschen Bauern erinnern? Als 1944 die US-Luftwaffe unser Lager «Rosenstein» und die Wohnviertel von Bad Cannstatt vernichtete, hat man uns, die Überlebenden, in das Dorf Neckartenzlingen umgesiedelt. Wir arbeiteten in einer Fabrik. Außer verfaulten Kartoffeln und einer Art Brühe aus Steckrüben haben wir nichts zu essen gehabt. Der Hunger setzte uns stark zu. Wir waren gezwungen, über den Zaun aus dem Lager zu fliehen und in den Dörfern um Brot zu bitten. Für denjenigen, der dabei von den Gendarmen erwischt wurde, gab es fürchterliche Prügel mit der Peitsche. Die Bauern versteckten uns vor den Gendarmen. Mit Taschen voller Brot, Kartoffeln, Äpfeln kehrten wir in unser Lager zurück und teilten alles mit den Kameraden. Großen Dank euch, Bauern von Neckartenzlingen, Walddorf, Gniebel (andere Namen sind mir entfallen). Hitler versuchte mit allen Mitteln, das deutsche Volk mit dem Gift des Nazismus zu vergiften. Aber das ist ihm nicht gelungen. Und kann man denn überhaupt ein Volk zum Narren halten, das der Menschheit große Philosophen, geniale Dichter, Wissenschaftler und Komponisten gegeben hat? Niemals!

Die Anwerbung wurde besonders in den von deutschen Truppen besetzten Gebieten der Sowjetunion mit rigorosen Methoden durchgeführt. Es kam zu Zwangsdeportationen der arbeitsfähigen Männer und Frauen ganzer Dörfer und Betriebe. Die anfängliche Bereitschaft, besonders vieler Ukrainer, im antibolschewistischen Staat Hitlers zu arbeiten und damit beim Sturz des ihnen verhaßten Stalin-Regimes mitzuhelfen, schwand nach den Erfahrungen mit den neuen deutschen Gebietern. Die Isolierung der Arbeiter von der deutschen Bevölkerung in Ostarbeiterlagern, ihre Kennzeichnung mit dem auf der Kleidung aufgenähten Inschrift «Ost», die mitunter überstrenge Arbeitsdisziplin und Behandlung durch deutsche Vorarbeiter und Vorgesetzte, die im Verhältnis zur Bezahlung deutscher Arbeiter niedrigen Löhne der Ostarbeiter – all dies verbitterte viele anfangs durchaus Gutwillige. Immerhin besserte sich ihre Lage 1943 und 1944, nachdem selbst der anmaßende NS-Funktionär und «Generalbevollmächtigte» Sauckel zu der Einsicht gelangte, daß «dahinsiechende, unwillige, verzweifelte und haßerfüllte Sklaven niemals eine höchste Ausnutzung ihrer unter normalen Bedingungen erzielbaren Leistungen» ermöglichten. Im Jahr 1944, erklärt Alan S. Milward in dem auf alliierten Ermittlungen basierenden Sammelwerk «Kriegswirtschaft und Rüstung 1939–1945» über die Ostarbeiter, «scheint ihr Lohnniveau mehr oder weniger das der westlichen ausländischen Arbeiter erreicht zu haben; ihre Verpflegung war dem Standard der westlichen Arbeiter angepaßt worden, so daß sie nur wenig schlechter als die der anderen Arbeiter war, und ab und zu erlaubte man ihnen, für spezielle Gelegenheiten ihre besonderen Abzeichen zu entfernen.»

Die in Industrieunternehmen und auf landwirtschaftlichen Gütern beschäftigten Kriegsgefangenen kamen so in engen Kontakt mit der deutschen Bevölkerung, daß der SD im Oktober 1942 in einem Sonderbericht über dieses Problem auf «die volkspolitischen Gefahren des Kriegsgefangeneneinsatzes» hinwies. Besonders von dem Gefangenen, der bei der Arbeit «seine Pflicht tue und keinen Anlaß zu Beanstandungen gebe», gingen nach Ansicht der Beobachter des Reichssicherheitshauptamts «im besonderen Maße die volkspolitischen Gefahren aus, da diese Kriegsgefangenen meist auf Grund ihrer ohnehin schon vorhandenen

Bewegungsfreiheit und des Ansehens, das sie sowohl beim Arbeitgeber als auch bei der Bevölkerung genössen, viel eher und weit mehr dem deutschen Menschen näher kämen als die Elemente, die sich von vornherein ablehnend und feindselig verhielten. Dort, wo das Verhalten der Kriegsgefangenen keinen Anstoß biete, sondern diese durch Arbeitsfreudigkeit und anständiges Verhalten sogar Anerkennung vor allem in bäuerlichen Kreisen erringen, werde der volkstumsmäßige Abstand immer mehr verringert. Der immer noch weitgesteckte Rahmen der Behandlungsvorschriften und hie und da auftretende Toleranz würden dem Kriegsgefangenen reichlich Möglichkeit bieten, mit der deutschen Bevölkerung, insbesondere mit deutschen Frauen zusammenzukommen.»

Die Liebesaffären deutscher Frauen mit «fremdvölkischen» Arbeitern und Kriegsgefangenen, die trotz der darauf stehenden Strafen immer mehr zunahmen, gehörten in vielen Orten zum Klatsch und Tagesgespräch. Sie waren zugleich Beweis dafür, wie wenig es der NS-Propaganda gelungen war, die Leute von ihren Ideen über Rasse und Volk zu überzeugen. Ein noch ernsteres Problem für die zuständigen Instanzen des Staates stellte im vierten Kriegsjahr die mangelnde Bereitschaft vieler Deutscher dar, eine wirklich «kriegswichtige» Arbeit zu übernehmen. Ende Januar 1943, als sich an der Ostfront die Katastrophe von Stalingrad vollendete, sah sich der Generalbevollmächtigte für den Arbeitseinsatz schließlich gezwungen, gegen diese sogenannten «Drückeberger» vom totalen Krieg energisch vorzugehen.

In einer von Presse und Rundfunk mit besonderem Nachdruck des öfteren verbreiteten Verordnung wurde allen Männern vom 16. bis 65. Lebensjahr und allen Frauen bis 45 auferlegt, sich bei den Ämtern zum Arbeitseinsatz zu melden, falls sie nicht schon in einem vollen Arbeitsverhältnis standen oder eine für die Allgemeinheit wichtige Tätigkeit in der Landwirtschaft und im Gesundheitswesen ausübten. In den «Meldungen aus dem Reich» vom 4. Februar 1943 wird darauf hingewiesen, daß «die Aufmerksamkeit der Bevölkerung und vor allem der Arbeiterschaft» nunmehr «vorwiegend der Durchführung des Arbeitseinsatzes der bisher nicht erfaßten Männer und Frauen» gelte.

68

Nach Stalingrad sank die Volksstimmung auf solch einen Tiefpunkt, daß die NS-Führung sich zu einem Propagandacoup entschloß. Der zuständige Minister Goebbels beorderte ein auserwähltes Publikum, das fast ausschließlich aus Parteigenossen bestand, am 18. Februar 1943 in den Berliner Sportpalast und verkündete in einer rhetorisch raffiniert aufgebauten militanten Rede den «totalen Krieg» für das ganze Volk. Wirklich effektvolle Regierungserlasse, die diese rhetorischen Forderungen in die Tat umsetzten, blieben jedoch aus. Der Krieg an der militärischen Front und auch an der Heimatfront, der Front der Arbeit, schleppte sich mühselig weiter. Die Großangriffe der alliierten Luftgeschwader auf deutsche Städte, die 1943 mit voller Wucht begannen, nahmen die Bevölkerung der betroffenen Gebiete, die Betriebsleitungen und Behörden so intensiv in Anspruch, daß neue Initiativen für den totalen Kriegseinsatz kaum möglich waren. Jetzt hatten die Deutschen den «totalen Krieg», allerdings in einer ganz anderen Form, als der Chef der NS-Propaganda ihn verkündet hatte.

Erst nach der Invasion und dem gescheiterten Staatsstreich vom 20. Juli 1944, als die Krise an den Fronten und in der Heimat immer deutlicher wurde, raffte sich das Regime zu neuen radikalen Maßnahmen auf dem Gebiet der Arbeit und Rüstung auf. Ausgerechnet der Rhetoriker des Sportpalasts, der Propagandaminister Goebbels, der von Wirtschaftsfragen nicht allzu viel verstand, wurde von Hitler am 25. Mai 1944 zum «Reichsbevollmächtigten für den totalen Kriegseinsatz» ernannt. In kurzer Folge wurden nunmehr eine Reihe von Verordnungen erlassen, die den Alltag der Deutschen einschneidend veränderten, ihm eine noch kriegsmäßigere Note verliehen.

Als erstes fiel die «Kulturfassade», die immer noch dem öffentlichen Leben, namentlich in den Städten, einen repräsentativen und zum Teil friedensmäßigen Charakter bewahrt hatte. Im Erlaß vom 10. August 1944 wurde bestimmt:

> Das Kulturleben in allen seinen Sparten wird wesentlich eingeschränkt. U. a. wird schon in den nächsten Tagen der gesamte deutsche Nachwuchs für Film und Theater geschlossen in die Rüstungsindustrie überführt. Was den Stil des öffentlichen Lebens betrifft, so ist er nunmehr grundsätzlich den Erfordernissen des totalen Krieges anzupassen. Alle öffentlichen Veranstaltungen nicht kriegsmäßigen Charakters, wie Empfänge, Amtseinführungen, Fest- und Theaterwochen, Musiktage, Ausstellungseröffnungen und Gedenkfeierlichkeiten, die nicht der unmittelbaren Förderung unserer gemeinsamen Kriegsanstrengungen dienen, haben zu unterbleiben.

Am 11. August gab das Deutsche Nachrichten-Büro eine Verlautbarung über Einschränkungen auf dem Gebiet der Post und Justiz bekannt, in der es heißt:

> Reichspostminister Dr. Ohnesorge hat mit echt nationalsozialistischer Tatkraft in kürzester Frist gemeinsam mit dem Reichsbevollmächtigten für den totalen Kriegseinsatz ein Vereinfachungsprogramm seines Betriebes ausgearbeitet und durchführungsreif gemacht, das der Rüstung und Wehrmacht mit einem Schlag viele Zehntausende von hoch qualifizierten Arbeitskräften und Soldaten zur Verfügung stellt. Als Sofortmaßnahmen werden durchgeführt: 1. Einstellen der Versendung von Drucksachen. 2. Einstellung der Versendung von Päckchen. 3. Weitgehende Einschränkung im Paketdienst. 4. Aufhebung der Briefzustellung am Sonntag oder einem anderen Tag der Woche. 5. In allen Städten wird die Briefzustellung auf einmal werktäglich beschränkt. 6. Weitere wesentliche Einschränkung der Briefkastenleerung. Auch der Reichsjustizminister Dr. Thierack hat in seinem Geschäftsbereich weitgreifende Einschränkungen vorgenommen, durch die mehrere Zehntausende von Arbeitskräften frei werden.

Den Abschluß bildete eine am 24. August erlassene Reihe von Verordnungen auf dem Gebiet des Kultur- und Arbeitslebens:

> Sämtliche Theater, Varietés, Kabaretts und Schauspielschulen sind bis 1. September 1944 zu schließen. Alle Orchester, Musikschulen und Konservatorien stellen bis auf einige führende Klangkörper, die auch der Rundfunk zur Durchführung seines Programms dringend benötigt, ihre künstlerische Tätigkeit ein ... Zur vollen Ausnützung der Arbeitskraft wird die Arbeitszeit in den öffentlichen Verwaltungen und Büros der Wirtschaft auf mindestens 60 Stunden der Woche festgesetzt ... Der durch diese Erhöhung der Arbeitszeit eingesparte Teil der Gefolgschaft ist sofort für Wehrmacht und Rüstung freizustellen ... Es wird ... mit sofortiger Wirkung eine allgemeine Urlaubssperre angeordnet.

Der «totale Krieg» zog sich noch fast acht Monate hin, bis zur totalen Niederlage. Daran konnten weder wortreiche Aufrufe und Regierungserlasse etwas ändern noch die Einziehung von Frauen, Mädchen und Hitlerjungen zu Kriegsdiensten, noch die Kommandierung der männlichen Zivilisten zum Volkssturm, dem letzten Aufgebot.

Das Endstadium des Kriegsalltags war durch totale Depression und Hoffnungslosigkeit der Mehrheit der Bevölkerung, verzweifeltes Sichaufbäumen einer Minderheit gegen das Unausweichliche, Flüchtlingselend und Chaos gekennzeichnet. Die schlimmsten Zustände herrschten in den ostdeutschen Gebieten, wo die Bewohner mit der Besetzung des Landes durch sowjetische Truppen rechnen mußten. Jedoch auch die Menschen in den vom Krieg bisher weitgehend verschonten süddeutschen Landschaften begannen sich auf das Schlimmste vorzubereiten. Der Landrat von Bad Aibling im oberbayerischen Kreis Rosenheim erstattete am 31. März 1945 folgenden Bericht:

> Die breite Volksmasse zeigt immer deutlicher, daß sie nicht mehr an ein halbwegs gutes Kriegsende glaubt. Die Nachrichten von den Fronten werden mit einem starken Fata-

> lismus aufgenommen. Alarmierend wirken die Notstände im inneren Wirtschaftsbereich. Die Menschen fragen und bangen, wie sie sich in den nächsten Monaten nähren, kleiden, wärmen und waschen werden. Täglich strömen ungezählte Flüchtlinge wild in den Kreis, für die es an allem Notwendigen fehlt. Die Kartoffelvorräte für die heimische und die zugezogene Bevölkerung gehen zu Ende, und Mühlenbesitzer erklären, nur mehr für eine Woche Mehl zu besitzen. Die Anfuhr von Lebensgütern stockt überall. An Lieferversprechungen mangelt es nicht, aber an deren Verwirklichung. Selbst sonst besonnene Elemente glauben das Gespenst des Hungers an die Wand malen zu müssen, wenn die Menschenfüllung auch der Zuschußgebiete im bisherigen Ausmaß andauert.

Eine Woche später, am 7. April 1945, meldete der Regierungspräsident von Oberbayern lakonisch im Telegrammstil in seinem Monatsbericht:

> Durch militärische Ereignisse der letzten Wochen im Westen und Osten Schockwirkung bei gesamter Bevölkerung hervorgerufen, wie sie seit Kriegsbeginn noch nicht zu verzeichnen war. Stimmung im allgemeinen am Nullpunkt. Glaube an Sieg der deutschen Waffen stark geschwunden; selbst Volksgenossen, die seither vom Endsieg überzeugt waren, seit dem überraschend schnellen Vorstoß des Feindes im Westen ohne Hoffnung auf ein siegreiches Ende. Mit vollständiger Besetzung des deutschen Reichsgebietes durch die Feindmächte wird gerechnet. Gegenüber Kriegsgeschehen bei vielen Volksgenossen gleichgültiges Verhalten zu beobachten. Ablehnung der Aufstellung des deutschen Volkssturms nach Bericht des Landrates Starnberg durch drohendes Herannahen der feindlichen Armeen verstärkt. Vielfach Meinung geäußert, daß durch Widerstand des Volkssturmes innere Heimat nicht geret-

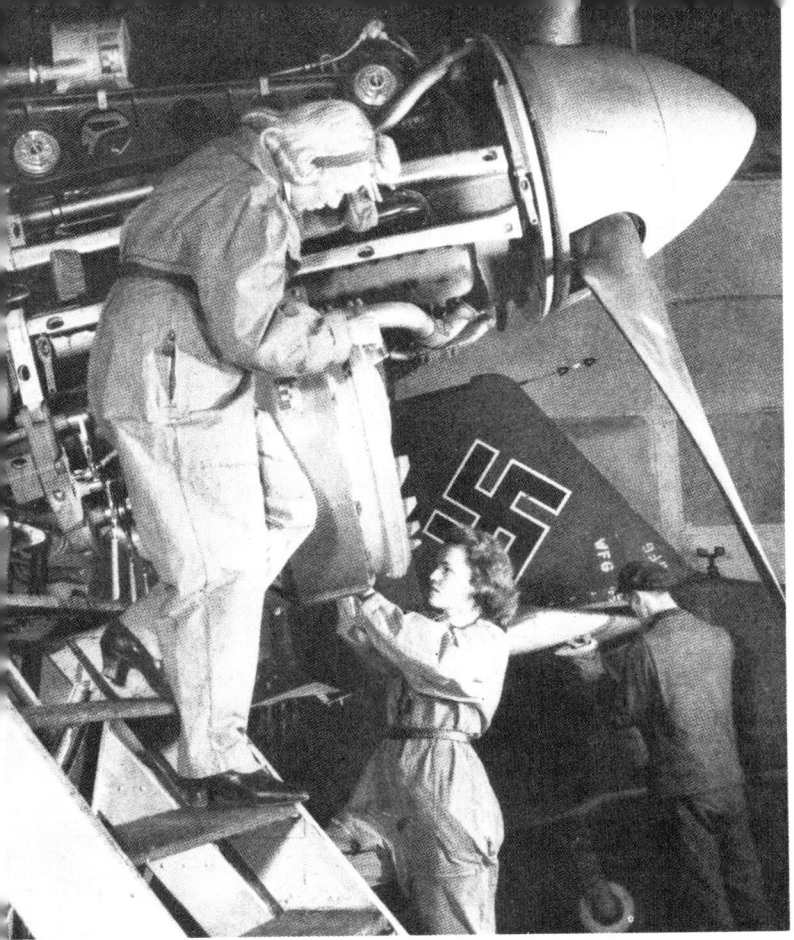

56 *In der zweiten Kriegshälfte haben in steigendem Maße Frauen in der Rüstungsindustrie Männerarbeit zu übernehmen. Diese jungen Frauen wirken sogar beim Bau von Kampfflugzeugen mit. Die männlichen Spezialisten, die das früher taten, sind im Rahmen der Aktion «Heldenklau» zur Wehrmacht eingezogen worden.*

57 *Von der anfänglichen Absicht Hitlers und anderer Naziführer, die deutschen Frauen auch im Kriege vor allem auf ihre «wesensgemäßen Aufgaben» als Mütter und Hausfrauen zu beschränken, ist in den letzten Kriegsjahren nichts mehr zu spüren. Diese Frau auf dem Foto hat eine schwierige, gesundheitsschädliche Arbeit mit «Feuer und Stahl» zu leisten, die man in Friedenszeiten nur Männern zumutete.*

tet, wohl aber gefährdet werde. In der Lazarettstadt Tutzing z. B. Empörung nicht nur der Bevölkerung, sondern auch der Wehrmacht darüber, daß dort Panzersperren und Schützengräben vom Volkssturm gebaut wurden. Auch über Errichtung der Abwehrorganisation «Werwolf» stark auseinander-

gehende Meinungen. Trotz der niedergedrückten Stimmung Haltung der Bevölkerung im allgemeinen noch gut und anständig. Restlose und unentwegte Pflichterfüllung durch Bauern und Arbeiter in der Feldbestellung und in den Betrieben, wenn auch oft unter schwierigen Bedingungen.

6. Luftkriegsalltag – Nachts kamen die Briten, am Tage die Amerikaner

Die permanente Gefährdung und teilweise Vernichtung der Zivilbevölkerung durch Luftangriffe ist ein Novum in der Kriegsgeschichte, eine der beklagenswertesten Errungenschaften der Technik des 20. Jahrhunderts. Hungersnöte, Seuchen, Brandschatzungen, Plünderungen, Vertreibung aus der Heimat und Flüchtlingselend, Besetzung, Bedrückung und Willkürregiment durch Eroberer – das alles mußten die Menschen schon in den Kriegen früherer Jahrhunderte ertragen. Es sei nur an die Leiden und Verheerungen erinnert, die im Dreißigjährigen Krieg der Bevölkerung zahlreicher deutscher Städte und Dörfer durch die Landsknechtsheere der kriegführenden Mächte zugefügt wurden, an den jahrelangen Kriegs- und Besetzungsnotstand vieler Länder im Zeitalter der napoleonischen Kriege, an die Hunderttausende von Hungertoten, die Zerstörung von Städten und Verwüstung ganzer Landschaften in den Kampfgebieten des Ersten Weltkrieges. Jedoch 1914–1918 spielte die Luftwaffe nur eine untergeordnete Rolle im Kriegsgeschehen. Die systematische Bombardierung des Landes hinter den militärischen Frontlinien gehörte noch nicht zu den strategischen Maßnahmen der kriegführenden Staaten.

Erst im Zweiten Weltkrieg und vor allem in seiner zweiten Hälfte stand der Kriegsalltag eines großen Teils der deutschen Bevölkerung im Zeichen der Luftangriffe. Mit Verlust der Wohnung und materieller Besitztümer, mit Tod und Verwundung mußte jeder Bewohner der gefährdeten Städte rechnen. Als es nach dem Großangriff auf Mannheim und Ludwigshafen im September 1943 127000 Obdachlose und zahlreiche Todesopfer gab, kursierte in der Doppelstadt am Rhein das makabre Witzwort: «Wenn de nach dem Angriff noch lebscht, bisch selber schuld. Bombe sin gnug gfalle.»

Im Kriegsjahr 1943, als die Mannheimer sich mit einem Rest von Galgenhumor über die Katastrophe zu trösten versuchten, die so plötzlich über sie hereingebrochen war, erinnerte man sich kaum noch an die ersten zwei Kriegsjahre, in denen kaum jemand Städtebombardierungen größeren Ausmaßes durch die Gegner Deutschlands für möglich gehalten hätte. Der Oberbefehlshaber der Luftwaffe, «Reichsmarschall» Göring, erklärte damals großspurig, er wolle Meier heißen, falls ein Flugzeug bis Berlin vordringe. Als es dann ganz anders kam und Tag für Tag und Nacht für Nacht ganze Geschwader von Flugzeugen in deutsche Gebiete einflogen, ohne daß Görings Jäger und Flak es verhindern konnten, erhielt Hermann Göring beim Volke den Spitznamen Hermann Meier. Beim Ertönen der Alarmsirenen witzelten einige Unentwegte: «Auf in den Bunker! Meiers Hifthorn erschallt!» – Göring, wohl der Naziprominente mit den meisten Funktionen, war nämlich unter anderem auch Reichsjägermeister und passionierter Wildtöter. Jedoch angesichts der nicht endenwollenden Verwüstungen durch Luftangriffe verging den meisten der Humor. In der zweiten Kriegshälfte war der Alltag der Bevölkerung der luftgefährdeten Städte von Unruhe und Angst vor dem nächsten Bombenangriff überschattet.

Als 1942 die Royal Air Force mit größeren Luftangriffen begann und zunächst Lübeck, Rostock und Köln bombardierte, sprach die NS-Propaganda in Presse und Rundfunk entrüstet von «Terrorangriffen». Dieser Begriff für alliierte Bombardierungen von städtischem Gebiet wurde wegen seiner einprägsamen Zweckmäßigkeit den ganzen Krieg über weiter verwendet. Daß die Angriffe der deutschen Luftwaffe auf London, Coventry und andere englische Städte in der «Luftschlacht um England» in den Jahren 1940 und 1941 vom Standpunkt der davon betroffenen britischen Bevölkerung gleichfalls «Terrorangriffe» gewesen waren, bei denen Tausende von Zivilisten ums Leben kamen, durfte keine deutsche Zeitung im Kriege schreiben.

Zu den umstrittensten Persönlichkeiten des Zweiten Weltkrieges gehört der britische *Luftmarschall Sir Arthur Harris,* von Februar 1942 bis Kriegsende Befehlshaber des RAF-Bomber-Command. Der unter dem Spitznamen «Bomber-Harris» bekannte Fliegeroffizier, der als einer der Hauptverantwortlichen für die gegen deutsche Städte und die Zivilbevölkerung durchgeführten Flächenbombardierungen gilt, nahm 1961 in einem *Interview mit dem britischen Publizisten David J. Irving* zu den gegen ihn erhobenen Vorwürfen Stellung: Dieser stellte Harris die Frage: «Haben Sie nicht daran gedacht, daß die Deutschen es uns vielleicht nie verzeihen könnten, wenn wir ihre wunderschönen mittelalterlichen Städte zerstörten?»

«Ich habe schon daran gedacht. Aber ich habe nicht damit gerechnet, daß die Deutschen so schnell nach dem Krieg Ursache und Wirkung verwechseln würden. Schließlich hat die Luftwaffe den massierten Bombenkrieg gegen große, wunderschöne und zum Teil auch mittelalterliche Städte in England begonnen. Wir haben zwei Jahre gebraucht, bis wir ähnlich große Schäden anrichten konnten. Das zeigt eindeutig, wie wenig wir auf solche Aufgaben vorbereitet waren.»

«Welchen Spielraum hatten Sie in der Auswahl der Städte, die bombardiert worden sind?»

«Keinen. Ich habe keine einzige Stadt aus eigener Initiative gebombt, sondern die Befehle des Generalstabs der RAF ausgeführt. Der Generalstab wiederum bekam seine Befehle vom Kriegskabinett.»

«Wie sahen diese Befehle aus?»

«Sie führten eine Reihe von Zielen und Städten auf, die in bestimmte Dringlichkeitsstufen eingeteilt waren. Ich habe jeden Morgen an Hand dieser Liste und der Wetterlage entschieden, welche Städte angegriffen werden sollten.»

58 *Luftmarschall Harris, der die nächtlichen Flächenbombardierungen – die area bombings – auf deutsche Städte und Rüstungsbetriebe als Chef des Bomber Comand der Royal Air Force seit Februar 1942 leitete, an seinem Arbeitstisch im Hauptquartier des Bomber Command bei einer Einsatzbesprechung mit dem ranghöchsten Stabsoffizier, Vizeluftmarschall Saundby.*

Wie eine Frau und Mutter den Luftkrieg mit seinen Folgen erlebte, bezeugt folgender Bericht von Elfriede Keilbach:

Hier in Karlsruhe wütet der Krieg mit seiner ganzen Härte. Tagsüber ist selten Fliegeralarm. In der Nähe meiner Wohnung ist der Karlsruher Flugplatz mit einem Hochbunker. Am Abend wird alles zurechtgestellt: Kinderwagen, Köfferchen mit wichtigen Papieren und für jedes Kind eine Tasche mit einigen Sachen. Jeden Abend hofft man auf eine ruhige Nacht.

Eine sternklare Nacht im September 1944. Zweimal hatten wir den Weg zum Bunker schon gemacht; einen dritten Alarm wollte ich einfach nicht mehr. Nachdem die Sirene verstummt war, schien es mir so sonderbar ruhig. Ich machte die Fensterläden auf und erschrak zu Tode. Über dem Hardtwald lauter «Christbäume». Mit großer Mühe bekam ich die Kinder wach. Kaum bekleidet rannten wir los. Wir waren gerade im Bunker, als schon die ersten Bomben fielen; zuerst etwas entfernt, dann immer näher. Diesmal galt der Angriff der Stadt. Da saß man nun mit klopfendem Herzen und konnte nur noch beten. Die Angst im Raume war fast greifbar. Etwa 20 Minuten dauerte der Spuk. Nach der Entwarnung wagte ich mich fast nicht nach Hause. Diesmal hatten wir noch Glück. Außer ein paar Fensterscheiben war bei uns alles heil.

Im Zentrum von Karlsruhe und in der Südstadt hatte es in dieser Nacht um so schlimmere Zerstörungen gegeben. Nach dem Angriff am Morgen eine perfekte Katastrophe. Kein Gas, keine Milch, nicht einmal Brot. Die Straßenbahn fuhr nicht, und ein längerer Fußmarsch hätte zu viel Zeit in Anspruch genommen.

Die Angst wurde unser ständiger Begleiter. Da sich die Angriffe mehrten, mußten Frauen mit Kindern im Bunker übernachten. Das brachte nicht viel Ruhe. Zwölf Babys in Kinderwagen und Kleinkinder auf schmalen Feldbetten. Irgendein Kind schrie immer. Wie gerädert schlichen wir morgens nach Hause. Eine Tasse Kaffee hätte jetzt Wunder gewirkt. Aber an soviel Luxus wagte man nicht zu denken. Manche Dinge verloren im Augenblick an Wert. Eine Geige und eine Ziehharmonika hatte ich für Bettwäsche und Babyausstattung verscheuert.

Kurz vor Weihnachten kam ein Vertreter der Kreisleitung der NSDAP und forderte uns auf, mit den Kindern die Stadt zu verlassen. Gegenstände, die ich nicht mitnehmen konnte, schleppte ich in den Keller und fuhr mit den Kindern zu meinen Eltern. Hier hatten wir ein warmes Zimmer und zu essen. Aber auch hier gab es Kummer und Trauer. Mein einziger Bruder war mit 19 Jahren in Ungarn gefallen. Mein Vater, um Jahre gealtert, hatte seine ganze Hoffnung auf ihn gesetzt. Er haderte mit Gott und dem ganzen Regime. Sich laut zu wehren, hätte auch nichts genützt. Was blieb, war nur die Hoffnung, daß dieser Wahnsinn bald ein Ende hat.

Im Mai 1945 ging ich zum erstenmal zu Fuß mit einem kleinen Handwagen nach Karlsruhe. Züge fuhren noch nicht. Meine Wohnung sah fürchterlich aus: Löcher in den Wänden, alle Scheiben zertrümmert, Staub und Mörtel überall. Aber ich war daheim. Ich schuftete Tag und Nacht, um die Kinder holen zu können. Auch auf die baldige Rückkehr meines Mannes hoffte ich. Grund genug, mit neuem Lebensmut an die Arbeit zu gehen.

Sehr bald schon gab man auf beiden Seiten in der Praxis die Trennung zwischen militärischen und nichtmilitärischen Zielen auf. Damit begann der Leidensweg der den Bombardierungen ausgesetzten «Zivilpersonen», wie die nicht zum Militär gehörenden Männer, Frauen und Kinder in den amtlichen Berichten und Statistiken über Luftangriffe genannt wurden. Die für die deutschen «Zivilpersonen» entscheidende verhängnisvolle Wende im Luftkrieg kam zu Beginn des Jahres 1942. Damals

59 *So sieht es in Köln nach einem nächtlichen Luftangriff aus. Am Morgen danach suchen die Bewohner der halbzerstörten Häuser die Möbel und sonstigen Sachen zusammen, die sie vielleicht in ihrem Ausweichquartier noch brauchen können. Einige versuchen, ihre bei der Bombenexplosion «durchpusteten», fensterlosen Wohnungen notdürftig wiederherzurichten.*

erteilte der britische Premierminister Churchill dem Chef des RAF-Bomber-Command, Luftmarschall Harris, den Befehl, «Hauptangriffsziel» habe «von nun an die Moral der feindlichen Zivilbevölkerung, vor allem der Arbeiterschaft», zu sein. Die Wohnviertel der werktätigen Bevölkerung, die allein schon wegen ihrer Ausdehnung für die Flieger leichter zu treffen waren als einzelne Rüstungsfabriken oder Verkehrsanlagen, wurden nunmehr Ziel der britischen Luftoffensive. Die «area bombings» der RAF, die Flächenbombardierungen der deutschen Städte, leiteten eine neue strategische Phase des Luftkrieges ein.

«Anfang 1942», so heißt es in dem nüchternen Report des «US Strategic Bombing Survey 1945», «nahm die RAF ihre Zuflucht zu einer systematischen Bombardierung der deutschen Städte, die ein großes Angriffsziel boten, so daß ein weit ausgebreiteter Bombenteppich sich als wirkungsvoll erweisen konnte. Vom Oktober 1939 bis Mai 1945 warfen die Luftwaffen der Alliierten, insbesondere die RAF, bei solchen Gebietsangriffen über eine halbe Million Tonnen Spreng-, Brand- und Splitterbomben über 61 deutsche Städte ab, deren Bevölkerung 100 000 Einwohner und darüber betrug. In diesen Städten wohnten 25 Millionen Men-

60 *Einen Vorgeschmack von den Zerstörungen des Luftkrieges, die Düsseldorf in den Hauptangriffsjahren 1943 und 1944 zu erleiden hat, erhalten die Bewohner der Rheinstadt am 13. Oktober 1941. Ein britischer Bomber, der von der deutschen Fliegerabwehr abgeschossen wird, stürzt mit seiner Ladung nahe der Christuskirche im Stadtteil Oberbilk ab und explodiert. Mehr als 60 Düsseldorfer kommen ums Leben, und die Straße ist ein Trümmerfeld.*

schen, das sind 32 Prozent der Bevölkerung des Deutschen Reiches und fast 5 Millionen Arbeitskräfte.»

Aus den alliierten und deutschen Statistiken, die erst in den Nachkriegsjahren zusammengestellt werden konnten, ergibt sich, daß die Bewohner der großen und mittleren Städte die Hauptlast der Bombardierungen zu tragen hatten. Rechnet man zu den 61 in der Aufstellung des US-Bombing-Survey genannten Großstädte über 100 000 Einwohner noch die häufiger angegriffenen mittleren und kleineren Orte hinzu, so kommt man auf eine Zahl von 30 bis 35 Millionen Deutschen, deren Kriegsalltag etwa ab 1942, nach dem Beginn systematischer Bombardierungen größeren Umfangs, vom Luft-

krieg geprägt und in Mitleidenschaft gezogen wurde. Ein gutes Drittel der Bevölkerung des Deutschen Reiches lebte demnach in luftgefährdeten Gebieten, während die Bewohner der übrigen Landesteile nur ausnahmsweise schwereren Bombardierungen ausgesetzt waren, in erster Linie dann, wenn sie in der Nähe wichtiger Rüstungsfabriken, Hydrierwerke und Verkehrsanlagen wohnten.

Im Laufe des Krieges richteten sich Großangriffe der alliierten Geschwader gegen nicht weniger als 131 deutsche Städte. 29 dieser Angriffe hatte die Hauptstadt Berlin, die am meisten bombardierte Stadt des Zweiten Weltkrieges, zu ertragen. Es folgen in der Statistik des unberechenbaren «Todes

76

61 *Eine Straße in Berlin nach einem Luftangriff, wenige Wochen vor Kriegsende. Solche Ruinenwüsten, in denen nur noch wenige Menschen in Kellern und notdürftig ausgebesserten Wohnungen ein primitives Leben von einer Bombardierung zur andern führen, gibt es im Winter und Frühjahr 1945 nicht nur in der deutschen Hauptstadt, sondern auch in vielen anderen Orten.*

aus der Luft» Braunschweig mit 21 Großangriffen, Ludwigshafen–Mannheim mit 19, Frankfurt, Kiel und Köln mit 18, Hamburg und München mit 16, Koblenz und Hamm mit 15, Hannover und Magdeburg mit 11 Bombardierungen größeren Ausmaßes. Mehr als die Hälfte aller Wohnungen wurde in über 40 deutschen Groß- und Mittelstädten zerstört. Im Verhältnis zur Zahl der Wohnungen hatte Köln mit 70% vernichteter Wohnungen die größten Verluste unter den Großstädten, dicht gefolgt von Dortmund und Duisburg mit etwa 65%. Die Millionenstädte Berlin und Hamburg büßten «nur» 37 und 53,3% ihres Wohnungsbestandes ein, da wegen der größeren Ausdehnung dieser Orte selbst mit großer Bombenlast durchgeführte Flächenangriffe mehr Häuser übrigließen als in kleineren Städten. Die an der Zahl der vorhandenen Wohnungen gemessenen größten Verluste hatte Düren mit rund 99% total oder größtenteils zerstörter Wohnungen. Die Industriestadt zwischen Köln und Aachen kann damit den traurigen Ruhm beanspruchen, die am meisten zerstörte deutsche Stadt des Zweiten Weltkrieges zu sein. Paderborn mit mehr als 95%, Bocholt und Hanau mit annähernd 90% Wohnungsverlusten folgen Düren in der Statistik der Vernichtung.

Häuser und Wohnungen lassen sich wieder aufbauen. Die im Luftkrieg Getöteten kann man nicht wieder zum Leben erwecken. Durch Flugzeugangriffe kamen auf dem Gebiet des Deutschen Reiches von 1937 mindestens 538000 deutsche «Zivilpersonen», wie die Statistik sie nennt, ums Leben, darunter 128000 Deutsche aus den Ostgebieten, die sich auf der Flucht befanden, ferner 32000 ausländische Zivilisten und Kriegsgefangene, die in Deutschland arbeiteten, sowie 23000 Angehörige der Wehrmacht und Polizei, die sich gerade im Heimatgebiet aufhielten, ohne an Kampfeinsätzen beteiligt zu sein. Alles in allem dürften rund 600000 Männer, Frauen und Kinder Luftangriffen zum Opfer gefallen sein. Hinzu kommen rund 880000 in der amtlichen Statistik erfaßte Personen mit «Verwundungen ohne Todesfolge». Die Dunkelziffer ist bei diesem Betroffenenkreis besonders groß, da viele bei Bombenangriffen erlittene Verletzungen und Verbrennungen nie einem Beamten oder Luftschutzwart gemeldet wurden.

Es gehört viel Phantasie dazu, sich vorzustellen, welches Ausmaß von Furcht, Schrecken und Schmerz sich hinter den nüchternen Zahlen der Statistik von Wohnungs- und Menschenverlusten verbirgt. Der Alltag von mehr als 30 Millionen, die

Papst Pius XII. richtete im Laufe des Krieges immer wieder «Appelle an das Gewissen der Welt». In seiner Weihnachtsbotschaft vom 23. Dezember 1942 erklärte das Oberhaupt der katholischen Kirche:

Geliebte Söhne und Töchter! Wolle Gott, daß Euer Herz beim Vernehmen Unserer Stimme von dem tiefen Ernst, der brennenden Sorge, der flehenden Beharrlichkeit gerührt und bewegt sei, mit der Wir Euch diese Gedanken mitteilen. Diese sollen ein Appell an das Gewissen der Welt und ein Aufruf zur Einsicht an alle jene sein, die bereit sind, die Größe ihrer Aufgabe und die Verantwortung für die Ausdehnung des universalen Unglücks zu überdenken und zu übersehen. Einen großen Teil der Menschheit – und Wir scheuen Uns nicht zu behaupten, auch nicht wenige jener, die sich Christen nennen – trifft die allgemeine Verantwortung für die falsche Entwicklung, für die Schäden und Mängel an der moralischen Erhebung der heutigen Gesellschaft. Dieser Weltkrieg und alles, das damit verbunden ist – seien es frühere oder neuere Vorgänge, die Handlungen oder die materiellen, rechtlichen und moralischen Folgen, bringt vielleicht nur für die Unbesonnenen eine unerwartete Zerstörung. Diese mußte jedoch von denjenigen vorausgesehen und beklagt werden, deren Blick tief eingedrungen war in eine Gesellschaftsordnung, hinter derem trügerischem Gesicht oder der Maske konventioneller Formeln nur seine schicksalsschwere Schwäche und der unbändige Wunsch der Raff- und Machtgier versteckt ist. Was in Friedenszeiten verborgen schlummert, brach im Krieg als eine Kette von Handlungen hervor, die dem menschlichen und christlichen Sinn widersprechen. Die internationalen Abkommen, die den Krieg auf die Kämpfe beschränken und somit weniger unmenschlich gestalten, sowie die Richtlinien der Besetzung und Gefangenschaft der Besiegten festlegen sollten, blieben in vielen Ländern tote Buchstaben. Wer sieht das Ende dieser fortschreitenden Verschlimmerung? Wollen die Völker vielleicht einer so zerstörerischen Entwicklung untätig zusehen oder müssen sich nicht vielmehr auf den Trümmern einer Gesellschaftsordnung, die einen so tragischen Beweis der Unzulänglichkeit für das Wohl der Völker erbracht hat, alle Großherzigen und Ehrenhaften zu dem feierlichen Versprechen vereinigen, nicht zu ruhen, ehe nicht in allen Völkern und Nationen der Erde die Reihe derjenigen zur Legion wird, die entschlossen sind, die menschliche Gesellschaft zum unzerstörbaren Gleichgewichtszentrum der göttlichen Gesetze zurückzuführen und die den Dienst am Menschen und an seiner in Gott veredelten Gemeinschaft anstreben? Dieses Versprechen schuldet die Menschheit den vielen Tausenden Nichtkämpfern, den Frauen, Kindern, Kranken und Alten, denen der Luftkrieg, dessen Schrecken Wir von Anfang an mehrfach brandmarkten, unterschieds- und rücksichtslos Leben, Hab und Gut, Gesundheit, Häuser sowie Stätten der Nächstenliebe und des Gebetes genommen hat.

62 Totale Verdunkelung ist im totalen Krieg oberstes Gebot. Daran wird der Bürger immer wieder auf Plakaten und in Zeitungsaufrufen erinnert. Wer sich nicht daran hält, bekommt es mit dem Luftschutzwart und, wenn er angezeigt wird, sogar mit der Justiz zu tun. Er könnte ja ein «Verräter» sein, der «Feindfliegern» Lichtsignale gibt.

in den wichtigsten Zentren des Landes lebten, wurde von Kriegsjahr zu Kriegsjahr stärker durch die Tag und Nacht drohende Gefährdung und Vernichtung von Leben, Wohnung und Arbeitsstätte geprägt. Es begann für die meisten zunächst ziemlich harmlos mit Luftschutzübungen, Unterricht im Selbstschutz und Erster Hilfe, Beteiligung am Ausbau des Hausluftschutzkellers; für den Bürger bisweilen lästige, aber erträgliche Aktivitäten, die manche bereits in den Friedensjahren mitgemacht hatten. Die Bewohner schätzten die Gefahr von Luftangriffen auf ihre Städte in der ersten Kriegs-

hälfte nicht sehr hoch ein. Sie vertrauten den Aussagen in Presse und Rundfunk, in denen immer wieder die Stärke und Perfektion der deutschen Luftabwehr, vor allem der Jagdluftwaffe, hervorge-

63 Nach einem Angriff auf Frankfurt im Oktober 1943, ▷
der ersten größeren Bombardierung der Mainstadt,
bemühen sich die Männer vom Luftschutz um die Bergung von Verschütteten. Oft finden sie nur noch Leichen.

64 *Wie in vielen anderen Städten müssen auch in Frankfurt, das vor allem 1944 eine Reihe schwerer und mittelstarker Angriffe erlebt, die Männer vom Luftschutz und Roten Kreuz die Erste Hilfe leisten. Oft ist es die «letzte Hilfe», da die schwerverletzt Geborgenen den Transport zum Krankenhaus oder Notlazarett nicht überstehen.*

hoben wurde, die jeden Einflug feindlicher Bombergeschwader verhindern würde. Besonders lästig war der Bevölkerung im Anfangsstadium des Krieges die markanteste Luftschutzmaßnahme, die Verdunkelung der Straßen und Häuser, die dem öffentlichen Leben in den Abend- und Nachtstunden ein anderes Gesicht gab. In einem geheimen Deutschlandbericht der SPD aus den ersten Kriegswochen wird die Situation in einer südwestdeutschen Stadt geschildert:

Die ständig angeordnete Verdunkelung macht sehr böses Blut, da sie als Schikane angesehen wird. Früher lasen die Leute in den Zeitungen, daß ankommende Flieger so

frühzeitig gehört würden, daß genügend Zeit für den Alarm übrig bleibt, und nun müssen sie Abend für Abend verdunkeln. Dabei wird streng kontrolliert, und in jedem Polizeibericht kann man eine oder mehrere Anzeigen wegen nicht genügend durchgeführter Verdunkelung lesen. Am 24. September wurde das erste Mal bei uns Fliegeralarm gegeben, als französische Flieger Friedrichshafen angriffen. Dabei herrschte ein ganz fürchterliches Durcheinander. Das gleiche wird übrigens auch aus den anderen Orten gemeldet. Viele Einwohner weigerten sich, in die Keller zu gehen, und die Polizei und Hilfspolizei raste förmlich in der Stadt her-

65 *So sieht Frankfurts historisches Zentrum nach einem Großangriff 1944 aus. Nur noch eine Trümmerwüste ist die Altstadt mit dem Römer, dem berühmten Rathaus, dessen Ruine im Hintergrund aufragt.*

66 *Von dieser alten Frankfurterin, die sich vor ihrem ausgebrannten Haus zwischen Überbleibseln ihres Hausrats niedergelassen hat, weiß man sogar Namen und Adresse. Es ist Frau Jäger aus der Cordierstraße 59.*

um, manchmal wie wahnsinnig, um die Leute in den Keller zu zwingen. Die Leute sagten, es fällt uns gar nicht ein, dieses Affentheater dauernd mitzumachen. Sogar Beamte weigerten sich, in die Keller zu gehen. Die Dümmsten und die Folgsamsten waren natürlich wieder die Proleten. Die befolgten alles treuherzig. Viele legten sich einfach ins Bett, so daß in verschiedenen Häusern die Blockwarte mit der Anzeige bei der Polizei drohen mußten. Am aufgeregtesten waren die sogenannten Hilfspolizisten, von denen es eine Unmenge gibt. Es sind meistens ältere Geschäftsleute, die gedient haben. Man steckt sie in die alten grünen Gendarmerie-

Uniformen und gibt ihnen eine gelbe Armbinde.

Als es ab 1942 mit den Luftangriffen auf die Städte ernst wurde, gab es nur noch wenige, die im Bett blieben, wenn die Alarmsirenen ertönten. Die Angriffe, die von der Flak und den Jägern der deutschen Luftwaffe nur unzureichend abgewehrt werden konnten, veranlaßten die Funktionäre der Partei und des Luftschutzes, die Bevölkerung in steigendem Maße zu Schutzmaßnahmen heranzuziehen. Männer, Frauen, Mädchen und Jungen der Hitler-Jugend mußten an der Verstärkung der Luftschutzkeller mitarbeiten, sich am Bau von

67 *Das ist 1944 das Altstadtrevier am bekannten Flei-
scherbrunnen mit der Knabenfigur auf dem hohen
Sockel. Mit ihrer letzten Habe warten obdachlos ge-
wordene Bewohner des Viertels auf den Abtransport.*

Bunkern, Schutzstollen und Splittergräben beteiligen.
Auch ausländische Arbeiter und Kriegsgefangene
wurden mit der Errichtung von Betonbunkern beschäftigt. Die in aller Eile aufgeführten Bunker
und Schutzstollen reichten in den luftgefährdeten
größeren Städten nicht im entferntesten für den
Bedarf der Bewohner aus. Zwar stand fast jedem
ein Hauskeller zur Verfügung. Jedoch die Luftschutzkeller der Wohnhäuser boten selbst bei Verstärkung der Stützbalken und Abdichtung der Fenster wohl hinreichend Schutz gegen Brandbomben

und Flaksplitter, nicht aber gegen Explosivbomben
größeren Formats und Luftminen.
Manche Luftschutzkeller wurden zu Massengräbern ganzer Hausgemeinschaften, wenn das Gebäude von einer Bombe getroffen wurde. Dann
spielten sich die Schreckensszenen ab, die Millionen von Deutschen in jenen Jahren miterlebt haben: das Einstürzen der Keller, die Panik an den
Ausgängen, wo sich die Insassen des Kellers zu-
sammendrängten, um ins Freie zu gelangen; die
verzweifelten Versuche der Luftschutzhelfer, an
die getroffenen Keller mit Schaufel und Hacke her-
anzukommen, Verschüttete und Verwundete zu
bergen; die provisorische Betreuung der unter dem
Schock des Angriffs stehenden Verletzten und
Überlebenden; schließlich die Bergung der Leichen, die oft erst Stunden und Tage nach dem Angriff erfolgen konnte.
Es war ein besonderes Glück, wenn man in der Nähe
eines Bunkers wohnte, der mehr Schutz bot als ein
gewöhnlicher Hauskeller. Bunkernahe Wohnungen waren im Kriege «gesuchte Adressen». Starkes
Mißfallen erregten bei der Bevölkerung die mit besonders dicken Betonwänden ausgerüsteten Bunker der Parteiprominenz. In Berlin wußte jeder, daß
Hitler, Göring und Goebbels mit bombensicheren
Bunkern versorgt waren, die beschönigend als «Be-
fehlsbunker» bezeichnet wurden, um den militärischen Charakter der Anlagen herauszustellen. In
den andern Städten hatten die Gauleiter und oft
auch die Ortsgruppenleiter gleichfalls ihre «Be-
fehlsbunker». Dagegen mußte der einfache Volksgenosse in den meisten Fällen im Luftschutzkeller
seines Hauses um sein Leben bangen. «Bleibe übrig
und pflege mein Grab», verabschiedeten sich manche von ihren Bekannten, wenn die Alarmsirene
ertönte und wenn sie ihren garantiert bombenun-
sicheren Hauskeller aufsuchten.
Neben den Explosivbomben stellten die Brandbomben die größte Gefahr für Häuser und Menschen dar. Bei den ersten großen durch den Massenabwurf von Brandbomben in Köln, Hamburg,
Berlin und Stuttgart entstandenen Bränden stellte
es sich heraus, wie wenig die Bevölkerung und
selbst die geschulten Luftschutzwarte die Praxis
der Brandbekämpfung beherrschten. In Schnell-
kursen sowie durch detaillierte Hinweise in den
Zeitungen und auf Plakaten versuchte man, das
Versäumte nachzuholen. Jedoch alle Bemühungen

um eine Verstärkung des Selbstschutzes und insbesondere des Brandschutzes hatten nur noch wenig Sinn, als 1943 die Briten und dann auch die Amerikaner mit massierten Bombardierungen deutscher Städte begannen. Nachts kamen die Flieger der Royal Air Force, am Tage die Geschwader der US-Bomber.

Gegen den Massenabwurf von Bomben verschiedenster Sorten war der örtliche Luft- und Brandschutz in den Städten machtlos. Bei der Angriffsserie gegen Hamburg zwischen dem 24. Juli und 3. August 1943 warfen nach zuverlässigen Schätzungen die mehr als 3000 Flugzeuge außer 25 000 Sprengbomben und 1200 schweren Luftminen über 3 Millionen Brandbomben ab. In dem Rapport des Hamburger Polizeipräsidenten wird allein über die Auswirkungen eines einzigen dieser Angriffe, der Aktion in der Nacht vom 27. zum 28. Juli, berichtet:

68 *Nach dem Nachtangriff auf Frankfurt am 22. Oktober 1943, bei dem 500 RAF-Bomber eine Viertel Million Brandbomben und 4000 Sprengbomben abwarfen, arbeiten sich Rettungstrupps durch das Trümmergewühl der Altstadtgassen.*

Mindestens 800 Maschinen griffen Hamburg von allen Seiten in laufenden Wellen an. Der Schwerpunkt des Angriffs lag jetzt in den Stadtteilen links der Alster: Rothenburgsort, Hammerbrook, Hohenfelde, Borgfelde, Hamm, Eilbeck und zum Teil Barmbeck und Wandsbek. Bereits im Verlauf einer halben Stunde war in diesen Gebieten eine furchtbare Lage entstanden. Durch einen Bombenteppich von unvorstellbarer Dichte wurde eine fast völlige Vernichtung dieser Stadtteile in kürzester Frist erreicht. Ausgedehnte Teile dieser Gebiete wurden in kaum einer halben Stunde in ein einziges Flammenmeer verwandelt. Zehntausende von Einzelbränden vereinten sich in kürzester Frist zu Großflächenbränden, die zu Feuerstürmen von orkanartiger Gewalt führten. Bäume bis zu einem Meter Durchmesser wurden platt abgedreht oder entwurzelt, Häuser abgedeckt und Menschen zu Boden gerissen oder in die Flammen hineingezogen. Großen Teilen der in den betroffenen Stadtteilen wohnenden Bevölkerung gelang es nicht mehr, dem Feuersturm zu entkommen. Sie kamen in den Selbstschutzräumen oder auf den Straßen um. Ihre Leichen bedeckten zu Hunderten die Straßen. Tausende kamen in den Schutzräumen ums Leben; sie wurden dort durch Kohlenoxyd vergiftet und zum großen Teil zu Asche verbrannt. Die Ereignisse dieses Angriffs gaben dem Reichsverteidigungskommissar am 28. Juli Veranlassung, alle Frauen und Kinder zur freiwilligen Räumung der Stadt aufzufordern. Die Durchführung der Räumungsmaßnahmen stellte an sämtliche Behörden und Parteidienststellen sowie die Reichsbahn die höchsten Anforderungen. Die reibungslose Durchführung der Aufgabe, in kürzester Frist Hunderttausende zu

69 Einen verzweifelten, ziemlich hoffnungslosen Kampf gegen Flammen und Rauch führen mit ihren wenigen Schläuchen die Männer und Frauen des Frankfurter Luftschutzes bei den Großangriffen im März 1944. Allein bei den Nachtangriffen am 18. und 22. März warfen 2000 Flugzeuge insgesamt 2 Millionen Brandbomben und mehr als 3500 Sprengbomben über dem ganzen Stadtgebiet ab.

70 «Soforthilfe» nennt man offiziell diesen Masseneinsatz Frankfurter Bürger nach einem Großangriff, denn der Regierungspräsident hat in einem Erlaß am 30. Dezember 1943 verfügt: «Der Herr Reichsmarschall wünscht, daß das Wort ‹Katastrophe› beseitigt wird, da es sich psychologisch und politisch unerfreulich auswirkt. Ich ersuche, dafür Sorge zu tragen, daß das Wort ‹Katastrophe› sofort aus dem Sprachgebrauch ausgemerzt wird. Anstelle des Wortes ‹Katastrophe› ist nur noch das Wort ‹Soforthilfe› zu verwenden!»

71 Ausgebombte Frankfurter Bürger verlassen nach den Luftangriffen im Frühjahr 1944 mit ihrem spärlichen geretteten Hausrat die Stadt. Frankfurts Einwohnerzahl sinkt von 441 700 am 1. Februar 1944 auf 265 000 im Mai desselben Jahres.

verpflegen und umzuquartieren, ist neben der vorbildlichen Zusammenarbeit aller Dienststellen und Behörden der Haltung und verständnisvollen Disziplin der Bevölkerung zu verdanken, die über jedes Lob erhaben waren. Die Schlacht hatte mit dem 28. Juli ihren Höhepunkt erreicht. Eine Steigerung der Schrecken und der Angriffsstärke schien nicht mehr möglich. Durch die rasche und weitgehende Evakuierung wurde das Schlachtfeld so geräumt, daß im weiteren Verlauf des Kampfes fast nur noch die Kräfte des Luftschutzes vom Gegner angetroffen werden konnten.

Wenn der Hamburger Polizeipräsident in seinem Bericht pflichtgemäß, wie es sich für einen Behördenchef gehörte, die «vorbildliche Zusammenarbeit aller Dienststellen und Behörden» sowie die «Haltung und verständnisvolle Disziplin der Bevölkerung» lobte, zeigte er damit die mehr positive Seite der Folgen des Luftkrieges. Die andere Seite stellte recht offenherzig der allerdings nur für den kleinen Kreis führender Partei- und Staatsfunktionäre bestimmte SD-Bericht des Reichssicherheitshauptamts vom 5. August über die Stimmung der deutschen Bevölkerung nach der Katastrophe von Hamburg dar, in dem festgestellt wurde:

Aus dem Luftkrieg ergibt sich für breiteste Volkskreise die Empfindung, daß man aufgrund der eigenen Einsatzkraft die Dinge nicht wenden kann, sondern daß sie – einmal entfesselt – sich gewissermaßen selbständig gemacht haben, und der Krieg sich nach Gesetzmäßigkeiten entwickelt, auf die wir kaum noch Einfluß nehmen können. Typisch sind Aussprüche wie: Die greifen an, wo sie wollen. Mit unserer Initiative ist es vorbei», oder: «Was sollen wir noch machen? Es nimmt alles seinen Lauf.» Diese Furcht vor dem blinden Wüten der Technik und der Eigengesetzlichkeit des Krieges bewirkt eine resignierte Skepsis, daß auch ein äußerster persönlicher Einsatz für den weiteren Kriegsverlauf ausschlaggebend sein könnte. Der Luftkrieg verstärkte das Gefühl der Wehrlosigkeit des einzelnen, aber auch der

72 *Bürger, die keinen Kochherd mehr besitzen, und Soldaten, die im Bombenjahr 1944 in Frankfurt von Luftangriffen überrascht wurden, werden auf der Straße aus der Gulaschkanone verpflegt. Frauen und Hitlerjungen helfen dabei mit.*

Gemeinschaft, gegenüber den aus der Luft drohenden technischen Gewalten. Durch dieses Ausgeliefertsein verändere sich in weiten Teilen des Volkes die Einstellung zum Krieg von Grund auf, und selbst vielen Volksgenossen, die sich in der Heimat aktiv und kämpferisch in das Kriegsgeschehen einordnen wollen, erscheine der Anruf der Leidenschaft, der Standfestigkeit der Herzen und einer soldatischen Tapferkeit in der Heimat gegenüber der hereinbrechenden Wucht der Massentechnik einfach sinnlos.

Wie dies auch der interne Bericht des SD andeutet, machte sich nach der Bombardierung von Hamburg nicht nur in der direkt betroffenen Bevölkerung der Hansestadt ein Gefühl der Ohnmacht und Resignation breit, sondern auch in andern Gebieten des Reiches, wo man eine ähnliche Vernichtung von Gebäuden und Menschenleben befürchtete. Die zensierte deutsche Presse berichtete zwar nur zurückhaltend, tendenziös und lückenhaft über das, was sich in Hamburg ereignet hatte. Jedoch die Hunderttausende, die die Katastrophe an Ort und Stelle miterlebt hatten, sorgten für die Verbreitung zahlloser Details, die man nicht aus Presse und Rundfunk erfuhr. Es ließ sich nicht verheimlichen, daß es sich um die folgenschwersten Bom-

73 *Solche notdürftig abgesicherten Luftschutzräume, die bestenfalls gegen Brandbomben und Flaksplitter Schutz bieten, gibt es überall in Deutschland. Beim Einschlagen von Sprengbomben werden sie zu Massengräbern.*

bardierungen gehandelt hatte, die bisher je eine Stadt in einem Kriege erleiden mußte. Jedoch selbst aus den zensierten Meldungen der Presse und den im Anschluß an die Hamburger Tragödie von der NS-Propaganda verkündeten Durchhalteparolen und Verdammungsurteile über den «Luftterror» der Briten und Amerikaner konnte die Bevölkerung entnehmen, was sie noch zu erwarten hatte.

Nach den Hamburgern erlebten 1943 und 1944 die Bewohner von Berlin, Frankfurt, München, Stuttgart, Düsseldorf, Dortmund und zahlreicher anderer Städte die Schrecken des Luftkrieges mit allen Konsequenzen. Erst nach dem Kriege wurde der deutschen Öffentlichkeit genauer bekannt, daß die Bombardierungen deutscher Städte in der zweiten Kriegshälfte nach einem strategischen Plan erfolgten, dessen Hauptziele die Brechung der Widerstandskraft der deutschen Bevölkerung sowie die

Wie es in einer der am häufigsten bombardierten deutschen Städte, in Düsseldorf, nach den schweren Luftangriffen des Jahres 1943 aussah, schildert mit vielen erschütternden Details eine Schwedin in einem von der angesehenen Stockholmer Zeitung «Dagens Nyheter» am 12. September 1943 veröffentlichten Bericht:

Endlich verkündigte die Stentorstimme des Lautsprechers «Düsseldorf Hauptbahnhof». Ich war auf den Anblick, der mich erwartete, vorbereitet– aber er übertraf alles, was ich mir vorgestellt hatte; denn ich sah zum erstenmal eine bombenzerstörte Stadt. Es traf mich wie ein Schock, als ich aus dem Bahnhof heraustrat auf einen Platz, der von Ruinen statt von Häusern umgeben war. Ich fragte einen Bewohner, wie ich in eine wohlbekannte Geschäftsstraße in der Nähe des Bahnhofs kommen könnte. Er antwortete, er könne mir leider nicht helfen, da er sich nach der Bombardierung in seiner Heimatstadt nicht mehr zurechtfinde! Gleiche Antworten erhielt ich von mehreren andern. Zufällig fand ich jedoch selbst die Straße. Am letzten Rest einer Hausecke baumelte an der letzten der vier Schrauben ein Schild mit dem Straßennamen.

Wohin ich auch meinen Blick wandte, in welche Seitenstraße ich auch hineinschaute – überall derselbe Anblick: Stücke von Hausfronten in den phantastischsten Formen und gähnende Löcher, wo früher Fenster waren. Längs der Häuser bis hinauf zur ersten Etage lagen Schrotthaufen, Trümmer von anderen Teilen der Häuser, Innenwände, Böden, Dächer, Möbel, Einrichtungen usw. Die Straßen waren reingekehrt und drinnen in den Häuserruinen lagen die sichergestellten Gegenstände fein ordentlich aufgeschichtet. Es war ein gespenstischer Anblick, wie die Menschen da umhergingen in diesem Pompeji der Gegenwart. Man sollte glauben, daß sie hier nichts mehr zu suchen hätten. Aber die Leute wohnten in den Kellern, die oft noch standhielten, auch wenn die Häuser bis zu den Grundmauern einstürzten. Ich sah Schilder an den Häuserwänden mit der Aufforderung an die Räumungsmannschaft, die Hausruinen nicht zu sprengen, da der Keller bewohnt sei. Die Menschen ziehen es vor, in ihren Kellern zu wohnen und dort wie Höhlenbewohner zu leben, anstatt die oft von oben diktierte Gastfreundschaft der Landbevölkerung in Anspruch zu nehmen. Unzählige Menschen der bombardierten Gebiete

Vernichtung der Kriegsindustrie war. In der Konferenz von Casablanca im Januar 1943 beschlossen Churchill und Roosevelt die «Combined Bomber Offensive» gegen Deutschland. Am Tage sollten die Amerikaner in «Präzisionsbombardements» Rüstungswerke und militärisch und wirtschaftlich wichtige Ziele angreifen, während die RAF zur Nachtzeit in Flächenbombardements vor allem Wohnviertel der Bevölkerung zerstören sollte. Das eine Hauptziel der alliierten Luftoffensive, die Zerstörung der deutschen Kriegsindustrie, wurde Ende 1944 annähernd erreicht. Das andere Hauptziel – die Brechung der Moral der Bevölkerung, von der man sich eine Erhebung gegen das NS-Regime erhoffte – ließ sich in einer Diktatur kaum realisieren, wie es der gescheiterte Staatsstreichversuch vom 20. Juli 1944 bewies. Die Bewohner der bombardierten Städte hatten in dem trotz aller Krisenerscheinungen noch ziemlich perfekt von SD und Polizei überwachten Staat der Hitler und Himmler praktisch keine Möglichkeit, einen Aufstand zu organisieren, mochte der Haß so mancher Deutscher gegen das Regime und die Sehnsucht nach Frieden im Volke auch noch so groß sein.

Die Deutschen in den vom Luftkrieg heimgesuchten Städten waren froh, wenn sie nach einem Bombardement noch am Leben waren, etwas zu essen hatten und nicht zu frieren brauchten. Sie hatten meist sehr persönliche und banale Alltagssorgen und konnten sich um die großen Probleme und Hintergründe des Krieges kaum kümmern.

Millionen von Deutschen waren zum Beispiel von den Evakuierungsmaßnahmen betroffen, die nach dem Einsetzen der alliierten Luftoffensive durchgeführt wurden und die Familien auseinanderrissen. Die in der Wirtschaft, Rüstung und Verwaltung tätigen Männer blieben an ihrem Wohn- und Arbeitsort zurück. Ihre Frauen und Kinder wurden

---

sind denn auch freiwillig zu den Resten ihrer Wohnungen zurückgekehrt, weil sie es bei ihren Gastgebern auf dem Lande nicht mehr aushielten.

Wie lebt man eigentlich in einer toten Stadt wie Düsseldorf? Man lebt im Grunde gar nicht, man läßt alles gehen, wie es geht. Zunächst ist zu sagen, daß das gesamte Kulturleben aufgehört hat. Die Oper ist abgebrannt, alle Theater sind zerbombt, das Konzerthaus erhielt einen Volltreffer, von allen Lichtspieltheatern ist eines irgendwo am Rande der Stadt übriggeblieben. Die Hotels sind alle so gut wie dem Erdboden gleichgemacht. Von den zahlreichen schönen Gaststätten des früher wohlhabenden und vergnügungsfrohen Düsseldorf stehen noch zwei. Die Bezeichnung Gaststätte können sie allerdings kaum mehr beanspruchen – sie gleichen eher einer Art Volksküche. Hier und da findet man ein Geschäft, das wie durch ein Wunder einen Teil seines Warenlagers retten konnte und auf den Brettern, mit denen man die fensterlosen Hausfronten verschalt hat, durch ein Schild mit der Aufschrift «Verkauf geht weiter» bekanntgibt, daß der Laden geöffnet ist.

Die Schadowstraße ist nur noch von Ruinen gesäumt. Der wunderschöne Park, der Hofgarten, in dem an Samstagnachmittagen im Sommer Hunderte von Menschen spazierengingen, liegt nun ganz verlassen und leer. Die malerische Altstadt war bereits vor fast einem Jahr zerstört worden, aber die Lambertus-Kirche mit ihrem bemerkenswertem Turm, der sich, wie man erzählt, infolge eines Blitzeinschlages verbogen hat, steht jedenfalls noch, auch der alte Schloßturm in der Nähe. Hier steht man am Rheinstrand, und die Augen können sich endlich von dem traurigen Anblick erholen. Hier pulsiert das Leben, auf seinem breiten Rücken trägt der Strom immer noch vollgeladene Kähne nach Westen und nach Osten.

Man sollte glauben, das Düsseldorfer Geschäftsleben sei durch die Kriegsereignisse vollständig gelähmt. Aber auf diesem Gebiet sind kleine Wunderwerke des Organisationstalents vollbracht worden. Die eigentliche Stadt ist vollständig zerstört; die Industriegebiete am Stadtrand und in den Vororten sind leichter davongekommen. Die Büros, die früher im Geschäftszentrum lagen, sind in die wunderlichsten, bisweilen in malerische Behelfsräume ausgesiedelt worden.

in ländliche Gegenden evakuiert, wo Luftangriffe kaum zu befürchten waren. Welche Folgen die Evakuierung für die große Masse der Bevölkerung und ihr Alltagsleben hatte, schildert detailliert ein SD-Bericht vom November 1943:

Das Auseinanderreißen der Familien ohne Besuchsmöglichkeiten mit all ihren Begleiterscheinungen wird auf die Dauer sowohl von den Männern, besonders aber von den Frauen, als untragbarer Zustand empfunden. Einmal leide der Mann unter der Trennung, da niemand da sei, der für ihn sorge und die Wohnung pflege. Das Heimkommen nach schwerer Tagesarbeit in die kalte und einsame Wohnung, das Fehlen der liebenden Fürsorge und einer besseren Ernährung durch die Frau und vor allem das Fehlen des Kinderlachens nehme ihm die Lust und auch die Kraft zur Arbeit. Im besonderen könnte man in Arbeiterkreisen sehr häufig die Bemerkung hören, daß, wenn man Wert darauf legt, ihre Arbeitsfreude und Arbeitskraft zu erhalten, man ihnen die Ehefrauen am Orte belassen sollte. Würde man sie jedoch evakuieren, dann «könnte man ihnen den Buckel herunterrutschen», dann würden sie in Kürze so weit heruntergekommen sein, daß sie gar nicht mehr in der Lage seien, den schweren Anforderungen ihrer Arbeit nachzukommen. Von maßgeblicher Stelle der Industrie werden diese Ausführungen insofern unterstrichen, als sie darauf hinweisen, daß schon heute teilweise aufgrund der erfolgten Umquartierungen ein gewisses Nachlassen der Leistungen zu beobachten sei. Zu den wirtschaftlichen Sorgen kommt die starke seelische Belastung, die eine langandauernde Trennung mit sich bringt. Man weise öfter auch auf das sexuelle Problem und die Gefahr der Zerrüttung der Ehen hin. Als besonders starke und deshalb auf die Dauer unerträgliche Belastung wird jedoch im allgemeinen die Trennung von den Kindern bezeichnet. Die Sehnsucht der Eltern wie auch der Kinder zueinander würde an allen zehren. Besuchsmöglichkeiten seien kaum oder nur selten gegeben, so daß teilweise schon eine

74 *Autoscheinwerfer müssen bis auf einen schmalen Lichtspalt abgedunkelt werden. Da heißt es bei Nacht in den gleichfalls total verdunkelten Straßen langsam und vorsichtig fahren.*

Entfremdung eingetreten sei. Es wird befürchtet, daß diese bei längerem Getrenntsein zur Regel werden könnte. Außerdem werden von kirchlich gebundenen Frauen Bedenken dahingehend erhoben, daß es den Kindern an der notwendigen religiösen Betreuung fehlen würde. Man hörte gelegentlich sogar die Auffassung, die Umquartierung sei nur dazu aufgezogen worden, um sie auf diese Weise besser im antikirchlichen Sinne beeinflussen zu können.

7. Kriegskultur zwischen Propaganda und Tradition – Die Kulturfassade bröckelte nur langsam ab

Hitler, Goebbels und die von ihnen beauftragten und beaufsichtigten Organisationen des Kulturlebens legten Wert darauf, dem «Großdeutschen Reich» so lange wie möglich eine halbwegs repräsentative Kulturfassade zu erhalten. Vor allem der Propagandaminister Goebbels, der sich für einen besonders guten Massenpsychologen und Kenner der Volksseele und des damals vielzitierten «gesunden Volksempfindens» hielt, legte seinen Mitarbeitern immer wieder nahe, dafür zu sorgen, daß die «Volksgenossen» sich vom trüben Kriegsalltag durch kulturelle Genüsse ablenken und erholen konnten. Presse, Rundfunk, Literatur, Theater, Film, Musik, bildende Künste – all diese von den diversen «Kammern» des Propagandaministeriums betreuten kulturellen Betätigungen sollten auch im Kriege weiter funktionieren.

Auf dem Gebiet des Theaters zum Beispiel setzten sich Goebbels und sein Parteikonkurrent auf diesem Sektor, Hermann Göring als Chef der preußischen Staatstheater, dafür ein, daß zumindest die Spitzenkräfte ihrer Etablissements von lebensgefährlichem Frontdienst verschont blieben und ukgestellt wurden. Erst als Goebbels im letzten Kriegsjahr zum «Reichsbevollmächtigten für den totalen Kriegseinsatz» avancierte, wurde die Kulturfassade beinahe total abgebaut. Die vom Luftkrieg verschonten Theater mußten schließen, Orchesterkonzerte und Kunstausstellungen durften nicht mehr stattfinden, die noch übriggebliebenen Zeitungs- und Buchverlage hatten ihre Arbeit einzustellen oder weitgehend zu reduzieren. In Presse, Rundfunk und Film beschränkte sich ab Herbst 1944 das NS-Regime auf die Aktivitäten, die ihm zur notdürftigen Information der Bevölkerung und Stärkung des Durchhaltewillens angebracht erschienen.

Jedoch es dauerte immerhin ganze fünf Jahre, ehe dieses fast kulturlose Endstadium des Krieges erreicht war, und in diesem halben Jahrzehnt wies das deutsche Kulturleben, wenn auch unter den Bedingungen des Krieges, doch recht vielfältige Aspekte auf. Abseits vom Krieg und von Kriegspropaganda fanden nach wie vor vielumjubelte Orchesterkonzerte statt, bei denen Furtwängler und andere hervorragende Dirigenten die klassischen Kompositionen von Bach, Beethoven, Haydn und Schubert zu Gehör brachten. Die Opernhäuser, an deren Spitze international anerkannte Persönlichkeiten wie Böhm und Krauß standen, boten dem Kriegspublikum auf hohem Niveau das überlieferte Opernrepertoire von Mozart und Verdi bis zu Richard Strauss.

Auch im Kriege strömten die Opernenthusiasten nach Bayreuth, um die Aufführungen der Musikdramen Richard Wagners zu erleben, Darbietungen, die großzügig von Hitler gefördert wurden, dessen Lieblingskomponist der Schöpfer der «Nibelungen» war. Nur die Zusammensetzung des Publikums war eine andere als im Frieden. Rüstungsarbeiter, Soldaten und Verwundete, die auf Kosten der Betriebe und der Wehrmacht nach Bayreuth fuhren, stellten das Hauptkontingent der Festspielbesucher. 1942 waren es nicht weniger als 35000. Die Operette wurde eifrig auf der Bühne und im Rundfunk gepflegt, um die Deutschen mit den Klängen der leichten Muse über die Misere des Kriegsalltags zu trösten.

Die Theaterintendanten richteten sich gleichfalls nach den Wünschen des Publikums, soweit die zuständigen Referenten der Reichstheaterkammer es zuließen. Sie inszenierten lieber Lessing, Goethe, Schiller und Kleist als etwa die mit Anspielungen auf die Zeit angereicherten historischen Dramen der NS-Poeten Friedrich Bethge, Eberhard Wolfgang Möller und Hanns Johst. Johst vor allem, Verfasser des vielgespielten Zeitstücks um den Freikorpskämpfer Schlageter, war ein einflußreicher Mann im Kulturbetrieb des Dritten Reiches. Die Reihe seiner Ämter und Ehrenämter reichte vom Reichskultursenator, Preußischen Staatsrat, SS-Gruppenführer bis zu den wichtigsten Führungspo-

„Hurra, ein Junge!" — Einer...?
... Zweitauſend! Heinz Goedecke, der Er-
finder der Wunſchkonzerte, mit einem Stapel
von Telegrammen, die die Geburt von Sol-
datenkindern anzeigen.

Hunderte von Soldaten haben ſich das „Hobellied" gewünſcht... aber daß
Paul Hörbiger...
... es ihnen ſingt — das iſt die Ueberraſchung des Rundfunks! Millionen hören den
Künſtler, aber nur die Zuhörer im Sendeſaal ſelbſt ſeh.n, daß er zu dem Lied des Tiſchler-
meiſters Valentin aus Raimunds „Verſchwender" einen richtigen Hobel ſchwingt.

Du liebe Zeit! Wieder ein Waſchkorb voll!
Wünſche für Wunſchkonzerte... wie ſie täglich das Funkhaus erreichen!

Wir wünschen uns...

Wie die Wünſche der deutſchen Wehrmacht im Wunſchkonzert ihre klingende,
ſingende Erfüllung finden . . .

Sonderbericht für die „Berliner Jlluſtrirte"
von Hanns Hubmann

Ein Brief an das Baby, das immer weint...
... bevor Heinz Goedecke die Geburtentelegramme verlieſt.
Nicht alle wiſſen, daß das Baby — auf einer Platte
weint... wie der reizende Kinderbrief beweiſt!

Dr. Goebbels im Wehrmacht-Wunſchkonzert.
Neben ihm Miniſterialdirigent A. J. Berndt.
Der Miniſter ſtiftete 1500 Volksempfänger
für unſere Soldaten.   Ullmann

75 *Wehrmachts-
Wunschkon-
zert – wohl die
beliebteste
musikalische
Rundfunksen-
dung der
Kriegsjahre,
auf einer Son-
derseite der
«Berliner Illu-
strierten Zei-
tung».*

sitionen im Literaturbereich als Präsident der Reichsschrifttumskammer und Präsident der Deutschen Akademie der Dichtung.

Die Schrifttumskammer, Zwangs- und Pflichtorganisation aller, die mit dem Buch beruflich zu tun hatten, zählte selbst mitten im Kriege, 1941, nicht weniger als 35000 Mitglieder, und zwar 5000 Schriftsteller, 5000 Verleger, 7000 Buchhändler, 2500 Leihbüchereibesitzer, 10300 Angestellte in Verlagen und Buchhandlungen, 400 Lektoren, 3200 Buchvertreter, 1500 Volksbibliothekare. Es war den wenigen Referenten im Goebbelsministerium und den für Schrifttumsfragen zuständigen Parteifuntionären praktisch unmöglich, diese Masse von oft gar nicht nationalsozialistisch eingestellten Vertretern des Mediums Buch durch ein paar Anweisungen und Schulungsartikel im Kriege «auf Vordermann zu bringen», wie es die NS-Propagandisten forderten.

In den Verlagen und Buchhandlungen schüttelte man nur den Kopf, wenn man etwa Broschüren mit Titeln wie «Buch und Schwert – Sinnbild unserer Zeit» erhielt, in denen lauthals verkündet wurde: «Es hätte unseren Gegnern so gepaßt, Deutschland wieder das ungefährliche Volk der Dichter und Denker sein zu lassen, mit dem sie politisch umspringen konnten, wie es ihnen beliebte. Es gibt in Deutschland nicht mehr den Dachkammerpoeten. Es gibt auch nicht mehr jenes sogenannte heimliche Dichterdeutschland. Der deutsche Dichter steht heute als Soldat an der Front oder als Rufer und Mahner in der Heimat vor dem Volk, und er würde jeden Versuch, seine Tätigkeit auf eine unpolitische Aufgabe zurückzuführen, ablehnen.» – Solche Thesen gefielen höchstens NS-Poeten wie etwa den Teilnehmern des 1940 in Weimar veranstalteten «Kriegstreffens großdeutscher Dichter», deren Sprecher Hanns Johst pathetisch verkündete: «Mit seinen Soldaten schafft der Führer das Reich, mit seinen Baumeistern meistert er den gewonnenen Raum, und mit Euch, durch Eure Wortgewalt, ist er gewillt, in die Geschichte einzugehen.»

Führerhuldigungsgedichte, diese besondere Spezies der NS-Poesie, in denen mit mehr oder weniger «Wortgewalt» der Versuch unternommen wurde, Hitler «in die Geschichte» eingehen zu lassen, bekamen die Deutschen in den Kriegsjahren in Hülle und Fülle im Zeitungsfeuilleton und in Bü-

chern vorgesetzt. Gleich nach dem Weimarer Dichtertreffen erschien in hoher Auflage als Tornisterschrift des Oberkommandos der Wehrmacht ein Heft mit dem Titel «Dem Führer. Worte deutscher Dichter.» Da lasen dann Literaturfreunde zu ihrer Verblüffung nicht nur naiv pathetische Führerbekenntnisse jugendfrischer SA- und HJ-Barden, sondern Ergüsse von Prominenten und Mitgliedern der Dichterakademie, so etwa von dem damals viel gefeierten Autor des «Paracelsus»-Romans, Erwin Guido Kolbenheyer:

> Es lebt ein Dank, mein Führer, den die Jugend
> Dir nicht zu bringen weiß und Deiner Großmut:
> Dank reifer Herzen, denen deutsches Schicksal
> Das eigne war in Spannung, Not und Sturz,
> Die wägen lernten, nicht nur gläubig nehmen.
> Aus schwülem Frieden peitschte sie der Krieg,
> Und nach dem Opfer lagen sie gebunden
> Und wissen, was es heißt, wenn Sattheit quälend,
> Wenn Leiden schreiend, Schmach erstickend wird.
> Mehr als Geschenk ist ihnen deine Tat.

Und eine noch hymnischere Huldigung für Hitler las man da von Ina Seidel, Verfasserin des in mehreren hunderttausend Exemplaren verbreiteten Romans «Das Wunschkind»:

76 *Mit «Amüsiertheater», in dem schöne Mädchen, Tänze und Liebesmelodien präsentiert werden, versuchen die NS-Kulturgewaltigen das Publikum vom Kriegsalltag abzulenken. Hier eine Tanzszene aus der vielgespielten Ausstattungsoperette «Die oder keine».*

> Hier stehn wir alle einig um den Einen,
> und dieser Eine ist des Volkes Herz ...
> In Gold und Scharlach, feierlich mit
> Schweigen,
> ziehn die Standarten vor dem Führer auf.
> Wer will das Haupt nicht überwältigt nei-
> gen?
> Wer hebt den Blick nicht voll Vertrauen
> auf?
> Ist dieser Dom, erbaut aus klarem Feuer,
> nicht mehr als eine Burg aus Stahl und
> Stein,
> und muß er nicht ein Heiligtum, uns teuer,
> ewigen Deutschtums neues Sinnbild sein?

Dichtertreffen in Weimar und anderswo, Wochen des deutschen Buches, Feier- und Weihestunden für Führer, Volk und Vaterland, die vor allem Parteiorganisationen wie die HJ oder die SS häufig veranstalteten, gehörten zum kulturellen All- und Feiertag der Kriegsjahre. Der «Dichtereinsatz», wie die zeitgemäße offizielle Bezeichnung lautete, vollzog sich auch in Form von Gemeinschaftsreisen von Dichtern und Publizisten zu den Fronten des Krieges. 1939 gab es eine Polenfahrt, 1940 eine Dichterfahrt in das eroberte Frankreich, 1941 eine Fahrt in den äußersten Norden bis zu dem umkämpften Narvik und eine Atlantik-Wall-Reise und später eine Reihe von Rußland-Expeditionen der Schreiber vom Dienst. Selbstverständlich erwartete man von den Autoren Bücher und Zeitungsberichte über ihre Erlebnisse.

Schon am 1. Juni 1942 konnten dann beflissene Kulturstatistiker melden, daß seit Kriegsbeginn nicht weniger als 748 Kriegsbücher erschienen waren. Als im Laufe des Krieges das Papier immer knapper wurde, gehörten diese Art von Publikationen zu den Büchern, die von der Reichsschrifttumskammer als besonders «förderungwürdig» galten und daher bei der Papierzuteilung bevorzugt wurden. Kriegsbücher, vor allem solche über den gerade stattfindenden Krieg, rangierten in der Skala des «förderungswürdigen Schrifttums» sogar vor den bisher stets bevorzugten Bauernromanen des «Blut- und Boden»-Schrifttums und den beliebten Geschichtswerken über «große Männer» und vorbildliche Epochen der deutschen Vergangenheit

wie etwa die Freiheitskriege und den Ersten Weltkrieg. Auch für Gedichtbände, in denen Führer, Volk und Krieg auf «heroische» Art dargestellt wurden, gab es selbstverständlich Papier. Sie trugen bezeichnende Titel wie etwa «Der Tod fürs Vaterland», «Kämpfend müssen wir marschieren» oder «Vom wehrhaften Geist».

Als die Schrifttumsexperten von Partei und Wehrmacht feststellten, daß weniger auf «hohe Literatur» erpichte Leser und vor allem die Tag für Tag dem Kriege ausgesetzten Soldaten solche Bücher nicht haben wollten, wurde schließlich auch die Verbreitung «leichter Unterhaltungslektüre» gefördert. Besonders wurde die Versorgung der Soldaten mit handlichen Feldpostausgaben angestrebt, mit Heften und broschierten Büchern, den «Taschenbüchern» der Kriegsjahre. Mehr als 30 Verlage beteiligten sich an der Herausgabe von «Feldpost»-Publikationen für die Truppe. 1944 wurde eine Gesamtauflage dieser Schriften von 70 Millionen erreicht. Die Buchhändler in der Heimat wurden in Mitteilungen der Schrifttumskammer aufgefordert, sie sollten allgemein verständliche und unterhaltende Bücher in erster Linie an Soldaten, Rüstungsarbeiter, Partei- und Volksbüchereien abgeben und nicht etwa an beliebige Privatkunden. «Der deutsche Buchhändler», so heißt es in einem derartigen Aufruf vom Herbst 1941, «gibt in diesem Winter seine Bücher nicht denjenigen, die sie kaufen wollen, sondern denen, die sie brauchen. Der deutsche Buchhandel wird hierdurch aufgerufen, dieses Entspannungsschrifttum in der sinnvollsten Weise im Dienste unseres Kampfes um das Lebensrecht des deutschen Volkes einzusetzen».

Eine der wenigen positiven Folgen der Verdunkelung und dauernd drohenden Luftalarme war, daß viele zu Hause blieben und die Zeit mit Lektüre verbrachten, anstatt auszugehen und Besuche zu machen. Bücher wurden immer mehr zu begehrter «Mangelware». Die Buchhändler sahen sich gezwungen, besonders gefragte Bücher nicht mehr zu verkaufen, sondern sie nur an ihre Kunden auszuleihen. Eine kriegsbedingte Einrichtung waren auch die «fliegenden Buchläden», die ab 1943 in Behelfsunterkünften und leeren Läden der Städte entstanden, deren Geschäfte durch Luftangriffe zerstört worden waren. Sie hatten die Aufgabe, die «Heimatfront», vor allem Ausgebombte und Fronturlauber, mit Lesestoff zu versorgen.

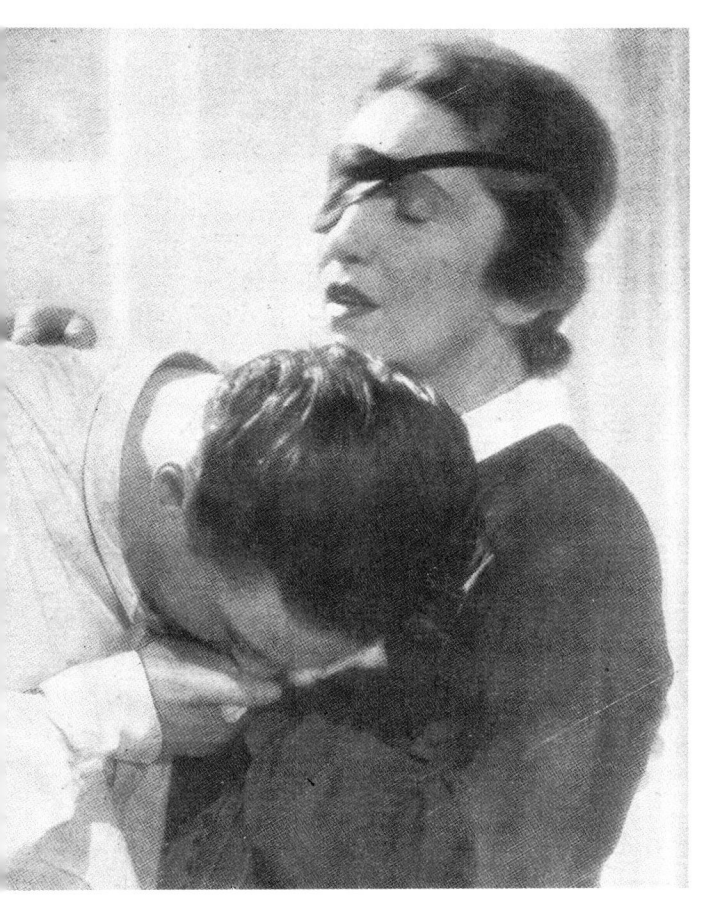

77 *Die Prominenten des Films müssen im Kriege auch Rollen spielen, die ihnen wenig liegen. Käthe Dorsch hat in dem gefühligen Film «Mutterliebe» ganz im Sinne des NS-Mutterkults zu wirken.*

78 *Zu den zahlreichen Kriegsfilmen, die die «Wehrfreudigkeit» der Jugend und Soldaten durch die Darstellung heroischer Tugenden heben sollen, gehört der Fliegerfilm «Stukas», in dem Georg Thomalla eine Hauptrolle spielt.*

In der Anfangsperiode des Dritten Reiches waren Bücher politisch unerwünschter oder jüdischer Autoren durch übereifrige Parteigenossen und Studenten auf Scheiterhaufen verbrannt worden. Jedoch in der Privatbibliothek mancher Bücherfreunde standen immer noch die Werke zur Emigration gezwungener Schriftsteller, die Bücher der Mann, Zweig, Wassermann, Tucholsky, Remarque und all der andern Autoren, die im Hitlerstaat auf dem Index der verbotenen Literatur standen. Die Lektüre dieser Werke stellte in den Jahren des Krieges Trost und Zuflucht für manchen dar, der einen Ausweg aus den Bedrängnissen einer chaotischen Umwelt suchte. Literaturfreunde, die mit

Haussuchungen durch die Gestapo rechnen mußten, stellten diese Bücher in ihren Regalen zwischen harmlose unpolitische Bände. Im Vordergrund der Bibliothek stand sichtbar und auffällig die NS-Tarnliteratur, vor allem die garantiert parteilinientreue Produktion des Zentralverlages der NSDAP Franz Eher Nachf.: Hitlers «Mein Kampf», Rosenbergs «Mythus des 20. Jahrhunderts», Zöberleins «Glaube an Deutschland» und wie die in Millionenauflagen verbreiteten Erzeugnisse der schreibenden Parteiprominenz sonst hießen.

Es war im übrigen für Bücherfreunde ein offenes Geheimnis, daß es trotz Überwachung durch die

Im Kampf gegen **Judentum, Reaktion und Dunkelmänner** führt der Zentralparteiverlag

Völkischer Beobachter · Der Angriff · Der SA-Mann · Das Schwarze Korps · Jllustrierter Beobachter · Die Brennessel

Haltet zur Kampfpresse!

Zentralverlag der N.S.D.A.P., Franz Eher Nachf. G.m.b.H., München—Berlin

Druck: M. Müller & Sohn, G. m. b. H., Zweigniederlassung Berlin SW 68.

Ohne Zeitung lebt man auf dem Mond!

Wer Zeitung liest, paßt in die Welt, er weiß Bescheid und kann sich helfen!

79 *Plakate und Werbeanzeigen fordern die Bürger immer wieder auf, mehr Zeitung zu lesen. Viele haben keine Lust dazu, da sie den Nachrichten der zensierten NS-Kriegspresse mißtrauen.*

◁ 80 *Besonders die im Zentralverlag der NSDAP erscheinenden ausgesprochenen Parteiblätter wie etwa der «Völkische Beobachter» und das SS-Organ «Das Schwarze Korps» umwerben auch im Kriege das nicht immer zu Lektüre und Abonnement bereite Publikum mit knalliger Propaganda.*

Schrifttumskammer immer noch Buchverlage und Autoren gab, die abseits von der systemkonformen Kriegs- und Blut- und Boden-Literatur gänzlich unpolitische oder aus andern Gründen den NS-Kulturpolitikern unerwünschte Bücher herausbrachten. Autoren wie etwa Werner Bergengruen, Ernst Jünger, Reinhold Schneider und Frank Thiess publizierten Bücher, die in indirekter, geschickt kaschierter Weise an der NS-Diktatur und ihren Methoden Kritik übten. Um vor allem gegenüber dem neutralen Ausland den Schein der Toleranz zu wahren, durften auch in den Kriegsjahren international angesehene Verlagshäuser wie Fi-

scher, Insel, Kiepenheuer, Piper, Rowohlt und Zsolnay Bücher herausbringen, wenn auch meist nur in beschränkten Auflagen. Erst 1943 und 1944, als fast alle kulturellen Unternehmen im Zuge des «totalen Kriegseinsatzes» ihre Arbeit einstellen mußten, wurden auch diese Verlage ebenso wie die Mehrzahl der Buchläden geschlossen.

Presse und Rundfunk waren der NS-Propaganda wegen ihrer Breitenwirkung auf die große Masse der Bevölkerung wichtiger als Bücher. Aber wegen der Papierknappheit, die schon in den Friedensjahren der Regierung und Partei Sorgen bereitete, mußten die Zeitungsverlage bereits kurz nach

96

EIN JUNGTUM
EIN ECHTES DEUTSCHES
JUNGTUM WOLLTE ICH
DURCH DIE DEUTSCHE
TURNKUNST ERRINGEN

FRIEDRICH LUDWIG JAHN

81 *Kriegerstatuen, Männer und Jünglinge mit sportlich
kräftigem Körper und markigem Gesichtsschnitt, wie
sie etwa Bildhauer im Gefolge von Arno Breker und
Josef Thorak meißeln, werden im Kriege in öffentlichen Anlagen aufgestellt. Aber sie müssen aus Stein
sein, denn Bronze wird für die Rüstung gebraucht.*

Kriegsausbruch Einschränkungen hinnehmen.
Durch die «Kriegsanordnungen» der Reichskultur-
kammer wurde der Höchstumfang der Tageszeitungen auf 6 bis 8 Seiten festgelegt. Wochenblätter
durften nicht mehr als 16, Illustrierte höchstens 28
Seiten Umfang haben. Im letzten Kriegssommer,
1944, wurde der Tagesumfang der Zeitungen auf 4
Seiten, im März 1945 schließlich auf 2 Seiten reduziert.
Im Krieg mit seinen Wechselfällen legten Hitler
und seine Gefolgsleute noch mehr als im Frieden
Wert darauf, eine stets ihren Wünschen gefügige,
schnell reagierende Presse in der Hand zu haben.

«Unser Presseapparat ist schon etwas Wunderba-
res», erklärte Hitler stolz im Februar 1942 in den
wortgetreu von Stenografen aufgezeichneten
«Tischgesprächen im Führerhauptquartier». «Das
Pressegesetz hat dafür gesorgt, daß Meinungsver-
schiedenheiten zwischen Männern der Regierung
nicht vor dem Volk mehr ausgekämpft werden. Dazu ist die Presse nicht da. Wir haben aufgeräumt
mit der Vorstellung, als gehöre es zur staatspoliti-
schen Freiheit, daß jeder (in den Zeitungen) aus-
sprechen kann, was er Lust hat.»
Vor allem Hitlers Propagandaminister Goebbels
und seine Mitarbeiter sorgten dafür, daß die Zeitungen im Kriege nur das publizierten, was der Partei und Regierung genehm war. Bei den Presse-
konferenzen des Propagandaministeriums bekam
der kleine Kreis der dazu beorderten Journalisten
Tag für Tag, oft aus dem Munde des Ministers
persönlich, zu hören, was sie in ihren Blättern
zu schreiben und zu verschweigen hatten. Diese
als «Sprachregelungen» oder «Ausrichtungen» bezeichneten Hinweise von Goebbels und seinen
Pressesprechern hatten die Redakteure wohl oder
übel bei der Gestaltung der Artikel und Nachrichten in ihrem Blatt zu berücksichtigen. Wer es nicht
tat, erhielt zunächst eine Rüge, riskierte den Verlust seiner Stellung oder landete in schweren Fällen
gar im KZ. Es war in den Kriegsjahren, in denen
viele Bürger, oft sehr gegen ihren Willen, zu «Ge-
heimnisträgern» ernannt wurden, bezeichnend,
daß mehr als 25 Prozent der ungefähr 50000 vertraulichen Presseanweisungen, die 1939–45 im Propagandaministerium ausgegeben wurden, aus
«Schweigegeboten» bestanden.
Während im lokalen Teil und im Feuilleton der Tageszeitungen den Journalisten eine begrenzte Freiheit des Ausdrucks und der Themenwahl gestattet
wurde, legten die NS-Instanzen größten Wert darauf, daß die politischen und militärischen Nachrichten und Kommentare den Weisungen des Ministe-
riums entsprachen. Goebbels und seine Mitarbeiter
haben wiederholt die geschickt formulierte Nachricht, die in scheinbar objektiver Beschreibung nationalsozialistische Ansichten vermittelt, als wichtigstes Medium der Presselenkung bezeichnet.
Daher wurde das 1933 auf Initiative der NS-Regierung gegründete Deutsche Nachrichten-Büro in
den Kriegsjahren systematisch zur Zentralinstanz
und Hauptquelle für alle Informationen ausge-

97

Besucht die Morgenfeiern der Volksbildungsstätte Stuttgart

16

82 *Mit Vorträgen in Volkshochschulen und ähnlichen Institutionen – hier ein Programm der Volksbildungsstätte Stuttgart aus dem Jahr 1942 – versuchen die NS-Kulturpolitiker vor allem das «Bildungspublikum» zu erreichen, das reine Propagandaveranstaltungen meidet.*

baut, die der Durchschnittsdeutsche über Presse und Rundfunk erhielt, erhalten durfte und sollte. Die drei Buchstaben DNB – Deutsches Nachrichten-Büro – waren jedem Zeitungsleser und Rundfunkhörer im Kriege ein vertrauter, wenn auch nicht immer vertrauenswürdiger Begriff; denn wer ein wenig nachdachte, wußte, daß DNB manches recht tendenziös und vieles überhaupt nicht meldete. Oft wurden die Zeitungen angewiesen, bestimmte DNB-Meldungen im Wortlaut abzudrucken. Bei so manchen Themen waren Kürzungen und Eigenberichte verboten. Die vom Goebbels-Ministerium ausgegebenen «Tagesparolen» und «Wochenparolen» waren Pflichtlektüre der politischen Redakteure.

Die auf diese Weise von oben dirigierte Kriegspresselandschaft bot nur wenig Abwechslung für den informationshungrigen Leser. Allenfalls in einigen Randberichten, Glossen und Artikeln altangesehener Blätter wie etwa der «Frankfurter Zeitung», der «Münchener» oder «Deutschen Allgemeinen Zeitung» oder des eigenwilligen Düsseldorfer Blattes «Der Mittag» durfte man – oft sorgsam in der Wortwahl verklausuliert und nur für geübte Zwischen-den-Zeilen-Leser erkennbar – ein wenig «Gedankenfreiheit» und subjektive Meinung eines Autors erwarten. Für die Leser mit gehobenen Ansprüchen gründete Goebbels 1940 die kulturelle Wochenzeitung «Das Reich», ein Blatt, für das er zwar selbst politische Leitartikel schrieb, jedoch im übrigen die Redakteure anwies, den üblichen militanten NS-Einheitskriegsjargon zu vermeiden.

In den beiden letzten Kriegsjahren wurden auch die Zeitungsverlage in den Schrumpfungsprozeß hineingezogen, der die meisten Buchverlage schon früher erfaßt hatte. Von den mehr als 2200 Tageszeitungen, die es noch bei Kriegsbeginn in Deutschland gegeben hatte, waren 1944 nur noch 975 übriggeblieben. Die im Ausland besonders angesehene «Frankfurter Zeitung», die Hitler und Goebbels nur widerwillig duldeten, mußte am 31. August 1943 ihr Erscheinen einstellen. Wie im Falle der «Frankfurter Zeitung» waren von den Schließungsanordnungen der Reichspressekammer in erster Linie die noch in Privatbesitz befindlichen Blätter betroffen. In Düsseldorf wurde 1944 das weitere Erscheinen der beiden Tageszeitungen des Droste Verlags, des vielgelesenen «Mittag» und des Wirtschaftsblattes «Deutsche Bergwerkszeitung», unterbunden. Der NS-Gauleitung und der Pressekammer waren die Blätter schon lange ein Dorn im Auge, da der Verleger Heinrich Droste und seine Redakteure es verstanden, die öde Uniformität und Propaganda zu vermeiden, die für die Mehrheit der deutschen Zeitungen im Kriege typisch war.

Hitlers Pressezar Max Amann, zugleich Präsident der Reichspressekammer und des Verbandes deutscher Zeitungsverleger, betrieb im letzten Kriegsjahr besonders intensiv und rücksichtslos die Vergrößerung des Einflusses der NSDAP im Pressebereich. Zwar waren im Oktober 1944 noch 625 der 975 erscheinenden Zeitungen im Besitz privater Verleger. Jedoch handelte es sich meist um Lokalblätter mit beschränkter Verbreitung und kleiner Auflage. Nur ein Fünftel der täglich im Reich publizierten Zeitungen kam in Privatverlagen heraus. Dagegen erreichten die parteieigenen oder von der Partei kontrollierten Blätter 80 Prozent der Tagesauflage aller deutschen Zeitungen. Der «Völkische Beobachter», das «Zentralorgan der NSDAP» und im Kriege im Untertitel als «Kampfblatt der nationalsozialistischen Bewegung Großdeutschlands» bezeichnet, erschien 1944 trotz der Papierknappheit mit seinen diversen Landesausgaben in einer Gesamtauflage von 1,7 Millionen Exemplaren.

Die Partei und das Propagandaministerium sicherten sich auch im Rundfunk, dem nächst der Presse wichtigsten Massenmedium, die Kommandogewalt. An den Geheimkonferenzen in seinem Ministerium, bei denen Goebbels oft persönlich die «Parolen» und Weisungen ausgab, mußten sowohl die leitenden Männer der Presse wie die des Rundfunks teilnehmen. Sie waren dafür verantwortlich, daß die Hörer im Reich und in den besetzten Gebieten Tag für Tag mit einem möglichst effektvoll aus Wort- und Musiksendungen komponierten Programm «berieselt» wurden, wie es die Meinungsmacher vom Dienst in ihrem Jargon nannten. Bei den Wortsendungen dominierten im Kriege natürlich die Wehrmachtsberichte und Sondermeldungen über militärische Erfolge, die Reportagen der Frontberichterstatter der Propagandakompagnien und Kommentare der Militärexperten. Diese hatten in der zweiten Kriegshälfte die schwierige Aufgabe, offensichtliche Niederlagen und Rückzüge der deutschen Truppen als geschickt einkalkulierte «Absetzbewegungen» und für die strategische Gesamtlage nützliche «Frontverkürzungen» zu definieren.

Der Star der politischen Kommentatoren war der Leiter der Rundfunkabteilung im Propagandaministerium, Hans Fritzsche, ein vielgewandter, anpassungsfähiger Dialektiker, dessen Sendung «Hans Fritzsche spricht» als offiziöse Meinung der Regierung galt und im In- und Ausland viel gehört wurde. 1946 wurde er anstelle seines Chefs Goebbels, der bei Kriegsende Selbstmord beging, in den Nürnberger Prozessen gegen die Hauptkriegsverbrecher vor Gericht gestellt. Daß die Deutschen mit ihren Rundfunkapparaten nicht nur Fritzsche und die Wehrmachtsberichte, sondern auch den englischen Rundfunk hören konnten und dies trotz

Androhung rigoroser Strafen immer wieder taten, war ein ewiger Kummer der NS-Propagandisten. Goebbels forderte wiederholt von den Justizbehörden strenge Abschreckungsurteile, die er dann in der Presse veröffentlichen ließ.

Der Krieg prägte auch den Musikprogrammen des Rundfunks seinen Stempel auf. Besonders an Tagen, an denen von der Front Erfolge gemeldet werden konnten, bekamen die Rundfunkteilnehmer mehr Märsche, Soldatenlieder und «heroische» Musik zu hören, als ihnen lieb war. In solchen Fällen wurden alle Sender auf ein Reichsprogramm zusammengeschaltet, und dann gab es für den Hörer keine Flucht aus dem Rundfunkkriegsalltag in unterhaltsame weniger militante Klänge. Ansonsten waren die Verantwortlichen des Großdeutschen Rundfunks darauf bedacht, die mehr oder weniger kriegsmüde Hörerschaft mit einem «ausgewogenen» Programm zu versorgen, das heißt, ihr auch Unterhaltungssendungen in Wort und Musik zu bieten, die nichts mit dem Kriegsgeschehen zu tun hatten. Besonders die U-Musik, die unterhaltende Musik, wurde neben der E-Musik, der ernsten Musik der «Klassiker der deutschen Tonkunst», ausgiebig gepflegt. Leichte Unterhaltung entspreche «vor allem einem besonderen Wunsch unserer Soldaten an der Front», schrieb die maßgebliche Programmzeitschrift «Der deutsche Rundfunk». «Aber auch die breite Hörerschaft in der Heimat will Frohsinn und Heiterkeit, soweit es die Zeit erlaubt, um Mut und Glauben zu stärken!»

Das Fernsehen war schon vor dem Krieg technisch so weit fortgeschritten, daß die Post im Juli 1939 auf der «Großen Deutschen Rundfunk- und Fernsehrundfunk-Ausstellung» die Freigabe des Fernsehens für die Öffentlichkeit und die baldige Massenfertigung eines Einheits-Fernsehempfängers zum Preis von 650 Mark ankündigte. Als dann wenige Wochen später der Krieg ausbrach, wurden alle Fernsehplanungen zurückgestellt. Hörfunk und Film übernahmen daher in den Kriegsjahren die Rolle, die heute das Fernsehen im Alltag der Bevölkerung spielt.

Die für die Gestaltung der Filmproduktion Verantwortlichen im Propagandaministerium waren sich durchaus der Doppelrolle bewußt, die das Medium Film im Kriege zu spielen hatte. Einerseits war der Tonfilm mit seinen visuellen und akustischen Effekten ein ausgezeichnetes Mittel zur politischen

83 *Der Film ist im Kriege neben Presse und Rundfunk
wichtigstes Propagandainstrument des NS-Regimes.
Die Vorführautos der Gaufilmstellen der NSDAP fahren in die kleinen Orte ohne Kino, um dort der Jugend
und den Erwachsenen Filme zu zeigen.*

rung» war beim Film während der ganzen Dauer
des Krieges zweifellos die «Deutsche Wochen-
schau». Auch der Kinobesucher, der sich nur einen
Unterhaltungsfilm ansehen wollte, bekam die Wo-
chenschau mitserviert, die laut Befehl von oben in
jedes Filmprogramm eingebaut war. Man hat ausgerechnet, daß die Wochenschauen in den ersten
drei Kriegsjahren etwa 20 Millionen Betrachter
pro Woche fanden. Am größten war das Publi-
kumsinteresse in der Periode der deutschen Blitz-
siege im Jahr 1940, über die das Oberkommando
der Wehrmacht zusätzlich einen ausführlichen
Filmbericht «Sieg im Westen» drehen ließ. Kritisch
bemerkt der Filmhistoriker Erwin Leiser zu dieser
Großreportage:

Man ist weder an dem blutigen Alltag des
Krieges noch an der Leistung des einzelnen
Soldaten interessiert. Es geht darum, sowohl
die deutsche Bevölkerung wie auch das ver-
bündete, neutrale und feindliche Ausland
von der Überlegenheit der deutschen Waffen
und des Feldherrentums der obersten Krieg-
führung zu überzeugen. Der Feind wird als
tapfer dargestellt, sonst wäre der Sieg nicht
bedeutend. Obgleich der Film, genau wie die
Kriegswochenschauen, bei dem Publikum
das Gefühl hervorrufen soll, es sei Augenzeuge des Krieges, wird die Wirklichkeit der
Schlachten nicht gezeigt. Der Kommentar
behandelt die Planung einer militärischen
Operation wie die Vorbereitung einer
Schachpartie und verkürzt eine lange Kette
von blutigen Ereignissen, indem er sie als rei-
bungslos ablaufende, schnelle Bewegung auf
einer Trickkarte darstellt, worauf dann die
Aufnahmen der Frontberichterstatter sofort
das Resultat der Aktion zeigen. Dadurch
wird auch der Eindruck des Blitzkriegs verstärkt. Wenn man diesem und anderen Do-
kumentarfilmen glauben kann, ist der Krieg
eine ständige, unaufhaltsame Bewegung
nach vorn. Daß harte Kämpfe Verluste an
Menschenleben bedeuten müssen, daß es an
der Front Verwundete gibt, die als Invaliden
zurückkehren, dringt nicht in das Bewußtsein des Publikums ein.

Beeinflussung des Volkes. Auf der anderen Seite
hatte er jedoch auch der Unterhaltung, Ablenkung
und Erholung der Bevölkerung vom Alltag des
Krieges zu dienen. In einer grundsätzlichen Erklärung auf der Tagung der Reichsfilmkammer am 15.
Februar 1941 stellte Goebbels diese zweifache Bedeutung des Films heraus und hob dabei den
«staatsmoralischen» Wert des Films hervor, «die
Tendenz, ein Volk für die Durchsetzung seiner Le-
bensansprüche mit zu befähigen und zu erziehen.
Das kann er auch im Wege der Unterhaltung
manchmal machen. Auch Unterhaltung kann zuweilen die Aufgabe haben, ein Volk für seinen Le-
benskampf auszustatten, ihm die in dem dramati-
schen Geschehen des Tages notwendige Erbauung,
Unterhaltung und Entspannung zu geben. Das
aber bloß nebenbei! Das heißt: Der Film hat heute
eine staatspolitische Funktion zu erfüllen. Er ist ein
Erziehungsmittel des Volkes. Dieses Erziehungsmittel gehört – ob offen oder getarnt, ist dabei ganz
gleichgültig – in die Hände der Staatsführung.»
Das wichtigste «Erziehungsmittel der Staatsfüh-

Als es dann kaum noch über Siege zu berichten gab, ging auch das Interesse der Bevölkerung an den Wochenschauen zurück. Besorgt stellt der Berichterstatter des SS-Sicherheitsdienstes in den «Meldungen aus dem Reich» vom 4. März 1943 fest:

> Zuverlässige Beobachtungen lassen erkennen, daß die Wochenschau ihre frühere besondere Volkstümlichkeit unter den Führungsmitteln noch nicht wieder hat erlangen können, wenn auch im einzelnen die wieder zunehmende Aktualität und Eindringlichkeit der Filmberichterstattung anerkannt wird. Es liegen Feststellungen aus breiteren Bevölkerungskreisen vor, daß man nicht mehr allein um der Wochenschau willen ins Lichtspieltheater gehe und ihretwegen nicht mehr all die unerquicklichen Begleitumstände, die ein Filmbesuch oft mit sich bringe, wie das Anstehen um die Karten, auf sich nehmen wolle.
>
> *In dem SD-Bericht wird weiter erklärt, daß* infolge der allgemeinen stimmungsmäßigen Einstellung weitere Bevölkerungskreise sich gegenüber einer Beeinflussung durch die Wochenschau zurückhalten. Derartige Beobachtungen werden immer wieder bestätigt durch Einzelberichte, aus denen hervorgeht, daß die Wochenschau vielfach gemieden wird. Etwa, wenn aus Wien berichtet wird, daß in einem dortigen Lichtspieltheater, das die Wochenschau nach dem Hauptfilm bringt, schon am Sonntag, also an einem Tag, an dem die neue Wochenschau den meisten Filmbesuchern doch noch unbekannt ist, 40 Prozent der Besucher das Theater nach Schluß des Spielfilms verlassen haben, ohne die Wochenschau sehen zu wollen. Ähnlich berichtet z. B. auch Kattowitz, daß dort ein Fünftel der Besucher das Lichtspieltheater vorzeitig verläßt, ehe die Wochenschau angelaufen ist. In den Sondervorführungen der Wochenschau im Stuttgarter Ufa-Palast am 1. und 2. 3. 1943 sind nur 25–30 Besucher gezählt worden.

Welche überragende Bedeutung der Film als Massenmedium im Kriege hatte, geht aus der Tatsache hervor, daß allein im Jahr 1942 900 Millionen Besucher in den 8000 Kinos im Reichsgebiet gezählt wurden. Bei diesen Filmfreunden dürfte es sich fast ausschließlich um freiwillige Kinobesucher gehandelt haben. Zu den Pflicht- und Zwangsbesuchern gehören dagegen ein großer Teil der rund 88 Millionen Zivilisten und Soldaten, die 1942 an Filmveranstaltungen der NSDAP teilnahmen und die 12 Millionen Jugendlichen, die sich im Schulunterricht und in Jugendfilmstunden Filme ansehen mußten.

Über die Filme, die die Deutschen im Kriege am liebsten sahen, gibt die nüchterne Statistik der Filmproduzenten über die «Einspielergebnisse» Aufschluß. Am meisten Geld, nämlich 8 Millionen Mark, gaben die Besucher an Eintrittsgeldern für den Film «Die große Liebe» aus. Es geht in diesem gefühlvollen Szenarium um die Liebe zwischen einer berühmten Sängerin aus einem skandinavischen Land – die Rolle spielt der schwedische Filmstar Zarah Leander – und einem deutschen Fliegeroffizier, also ein recht aktuelles, dem Zeitgeschmack entsprechendes Thema. Die Leander singt in diesem Film zwei in den Kriegsjahren sehr populäre Schlager, die auf hintergründig ironisch-sentimentale Art zum Durchhalten in kritischen Lebenslagen ermuntern: «Ich weiß, es wird einmal ein Wunder geschehn ...» und «Davon geht die Welt nicht unter ...». Fast ebensoviel, 7,6 Millionen, brachte der Film «Wunschkonzert» den Produzenten ein, gleichfalls ein in der unmittelbaren Gegenwart der Kinobesucher und Rundfunkhörer angesiedeltes Thema, um das im Volke beliebte Wunschkonzert. Und wiederum geht es um die Leidenschaft zwischen einer Frau und einem Offizier. Der vielgesungene Schlager «Das kann doch einen Seemann nicht erschüttern» erklang zum erstenmal in diesem mit Humor und Musik angereicherten Film, dessen Hauptrollen Ilse Werner und Carl Raddatz spielten.

Fast ebenso erfolgreich waren mit rund 7 Millionen Kinokasse zwei völlig unpolitische Unterhaltungsfilme, Willi Forsts Ausstattungsoperette «Wiener Blut» und «Frauen sind doch bessere Diplomaten», der erste deutsche Farbtonfilm mit Marika Rökk und Willy Fritsch als Spitzenstars. Veit Harlans Streifen «Jud Süß», ein von der Partei geförderter Film mit antisemitischer Tendenz, erbrachte trotz der besonders intensiven Propaganda für diesen aufwendigen Streifen nur wenig mehr als 6 Millionen Mark an Eintrittsgeldern. Im übrigen darf man die Einspielergebnisse nur mit Vorsicht als Maßstab für den Geschmack des Filmpublikums betrachten. Für viele, besonders für die Bewohner von Orten, in denen es kein Theater gab, waren die zwei Stunden im Kino eine der wenigen Möglichkeiten, dem Kriegsalltag zu entrinnen. Sie sahen sich an, was zufällig gerade im «Kino an der Ecke» vorgeführt wurde. Sie mußten sich damit abfinden, daß ihnen Filme verschiedenster Qualität und Thematik gezeigt wurden, bei denen Tendenzen im Sinne der Durchhalte- und Endsiegparolen oder nationalsozialistische und «großdeutsche» Tendenzen bald deutlicher oder – wie in den historischen Filmen – bald geschickt getarnt und weniger offensichtlich hervortraten. Solche Geschichtsfilme um bedeutende Persönlichkeiten der Vergangenheit waren etwa der Fridericus-Film «Der große König», der Bismarck-Film «Die Entlassung», der Film «Carl Peters» um den Kolonialpionier des Kaiserreiches, der antienglische Film «Ohm Krüger» um den burischen Präsidenten.

Noch deutlicher waren die direkten Bezüge zu Krieg und Gegenwart und die propagandistischen Absichten bei Kriegsfilmen wie «Stukas», «Himmelhunde», «Kampfgeschwader Lützow», «Junge Adler» und vor allem in dem eindeutig als «Durchhaltefilm» inszenierten Großprojekt «Kolberg». Dieser kostspieligste Film des ganzen Krieges, mit Massen- und Schlachtszenen und einem Aufgebot prominenter Schauspieler wie Heinrich George und Kristina Söderbaum in Szene gesetzt, verfehlte jedoch den beabsichtigten Effekt. Die Dreharbeiten dauerten so lange, daß der Film erst am 30. Januar 1945 uraufgeführt werden konnte. Er lief nur noch in wenigen Kinos und konnte daher nicht Millionen von Deutschen zum «Durchhalten bis zum Endsieg» im Sinne der heldenhaften Verteidiger der Feste Kolberg von 1813 ermuntern.

Lieder, die man in den Kriegsjahren immer wieder hörte

Das Horst-Wessel-Lied (seit 1933 fast immer zusammen mit dem Deutschlandlied angestimmt)

Die Fahne hoch, die Reihen fest geschlossen,
SA marschiert mit ruhig festem Schritt.
Kameraden, die Rotfront und Reaktion erschossen,
marschier'n im Geist in unsern Reihen mit.

Volk ans Gewehr!
Siehst du im Osten das Morgenrot,
ein Zeichen zur Freiheit, zur Sonne!
Wir halten zusammen, ob lebend, ob tot,
mag kommen, was immer da wolle!
Warum jetzt noch zweifeln,
hört auf mit dem Hadern!
Noch fließt uns deutsches Blut in den Adern!
Volk, ans Gewehr! Volk, ans Gewehr!

Märkische Heide
Märkische Heide, märkischer Sand,
sind des Märkers Freude, sind sein Heimatland!
Sind des Märkers Freude, sind sein Heimatland!
Steige hoch, du roter Adler,
hoch über Sumpf und Sand,
hoch über dunkle Kiefernwälder!
Heil dir, mein Brandenburger Land!
Hoch über dunkle Kiefernwälder!
Heil dir, mein Brandenburger Land!

Die blauen Dragoner
Die blauen Dragoner, sie reiten
mit klingendem Spiel durch das Tor.
Fanfaren sie begleiten,
hell durch die Dünen empor.

Morgen, da müssen sie reiten,
mein Liebster wird bei ihnen sein,
morgen und alle Zeiten,
morgen, da bin ich allein.

Das Heimatland-Lied
Weit ist der Weg zurück ins Heimatland,
ja weit, so weit.
Dort bei den Sternen über'm Waldesrand
lacht die alte Zeit.
Jeder brave Grenadier
sehnt heimlich sich nach dir.
Ja, weit ist der Weg zurück ins Heimatland,
ja weit, so weit.

Das Westerwald-Lied
Heute wollen wir marschier'n,
einen neuen Marsch probier'n.
Auf dem schönen Westerwald,
da pfeift der Wind so kalt.
O du schöner Westerwald,
über deine Höhen pfeift der Wind so kalt,
jedoch der kleinste Sonnenschein
dringt tief ins Herz hinein.

Es geht alles vorüber
Es geht alles vorüber, es geht alles vorbei,
auf jeden Dezember folgt wieder ein Mai,
es geht alles vorüber, es geht alles vorbei,
doch zwei, die sich lieben, die bleiben sich
treu.

Erika
Auf der Heide blüht ein kleines Blümelein,
und das heißt Erika.
Heiß von hunderttausend kleinen Bienelein
wird umschwärmt Erika.
Denn ihr Herz ist voller Süßigkeit,
zarter Duft entströmt dem Blütenkleid.
Auf der Heide blüht ein kleines Blümelein,
und das heißt Erika.

Rosemarie
Es ist so schön, Soldat zu sein,
Rosemarie,
nicht jeder Tag bringt Sonnenschein,
Rosemarie,
doch du, du bist mein Talisman, Rosemarie,
auf den ich mich verlassen kann, Rosemarie.

Das Engelland-Lied
Heute wollen wir ein Liedlein singen,
trinken wollen wir den kühlen Wein.
Und die Gläser sollen dazu klingen,
denn es muß, es muß geschieden sein.
Gib mir deine Hand, deine weiße Hand,
leb wohl, mein Schatz, leb wohl, mein
Schatz,
leb wohl, lebe wohl,
denn wir fahren, denn wir fahren,
denn wir fahren gegen Engelland.

Das Hitler-Jugend-Lied
Vorwärts, vorwärts!
Schmettern die hellen Fanfaren!
Vorwärts, vorwärts!
Jugend kennt keine Gefahren!
Deutschland, du mußt leuchtend stehn,
müssen wir auch untergehn ...
Refrain: Unsere Fahne flattert uns voran,
in die Zukunft zieh'n wir Mann für
Mann.
Wir marschieren für Hitler durch
Nacht und
durch Not
mit der Fahne der Jugend für Frei-
heit und
Brot.
Unsre Fahne flattert uns voran,
unsre Fahne ist die neue Zeit,
unsre Fahne fährt uns in die Ewig-
keit,
ja, die Fahne ist mehr als der Tod!

Wenn wir marschieren
Wenn wir marschieren, ziehn wir zum deutschen Tor hinaus,
schwarzbraunes Madel, du bleibst zu Haus.
Darum mein Madel, Madel, wink, wink,
wink!
Unter einer grünen Lialind sitzt ein kleiner
Fink, Fink, Fink,
singt nur immer: Madel, wink!

8. Die abseits vom Kriegsalltag lebten – NS-Kriegsjustiz: Verfolgte, Rechtlose, Widerstandskämpfer

Kriegsjustiz ist schon immer in fast allen Ländern härter und unberechenbarer als Friedensjustiz gewesen. Im NS-Staat kamen 1939–1945 noch einige Härten und Unberechenbarkeiten hinzu, die sich aus den politischen, weltanschaulichen und rassischen Vorurteilen und dem militanten Charakter der nationalsozialistischen Bewegung ergaben, die sich seit der «Kampfzeit» vor 1933 in permanenter Auseinandersetzung mit politischen Gegnern wähnte. Sondergerichte, Volksgerichtshof, KZ, Schutzhaft – all diese Besonderheiten der NS-Justiz gab es schon vor dem Krieg. Sie wurden im Kriege nur noch weiter ausgebaut und in ihren Konsequenzen für die Betroffenen verschärft.

Bereits am 21. März 1933, wenige Wochen nach Hitlers Machtübernahme, wurde die Zuständigkeit der ordentlichen Gerichte durch die Bildung sogenannter Sondergerichte beschränkt, die vor allem bei politischen Straftaten Urteile im Schnellverfahren ohne ausführliche Voruntersuchung fällten. Als besonders wirksames Instrument zur Unschädlichmachung und Vernichtung politischer Gegner erwies sich der Volksgerichtshof, der seit 1934 als zentrales und letztinstanzliches Justizorgan des Deutschen Reiches zur Aburteilung von Hoch- und Landesverratsverbrechen fungierte und das bisherige Reichsgericht aus der Gerichtsbarkeit weitgehend ausschaltete. Das in der Bevölkerung gefürchtete Gericht, das in der Bellevuestraße nahe dem Potsdamer Platz in Berlin seinen Sitz hatte, erhob zwischen 1934 und 1945 gegen mehr als 14 000 Männer und Frauen Anklage. 5200 von ihnen, also weit mehr als ein Drittel, wurden zum Tode verurteilt, davon allein 4951 in den Kriegsjahren 1942 bis 1944.

Im Laufe des Krieges trat eine wesentliche Verschärfung und Beschleunigung des Untersuchungsverfahrens und der Aburteilung vor dem Volksgerichtshof ein, insbesondere seitdem Roland Freis-ler im Sommer 1942 Präsident dieser juristisch getarnten Institution zur Vernichtung politischer Gegner geworden war. Der «rasende Roland», wie sein Spitzname im Justizmilieu lautete, war mehr der Typ eines politischen Fanatikers als eines nach Gerechtigkeit strebenden Richters. Er vertrat dieselbe Ansicht wie die radikalsten Exponenten der NS-Führung, deren Propagandaminister Goebbels 1942 in einer Ansprache vor Richtern des Volksgerichtshofs erklärte: «Es ist nicht vom Gesetz auszugehen, sondern vom Entschluß: der Mann muß weg!»

Auch Konzentrationslager, in die dem Regime Mißliebige aller Art ohne förmliches Gerichtsverfahren überführt werden konnten, wurden gleich nach Hitlers Regierungsantritt eingerichtet. Sozialdemokraten, Kommunisten, «Reaktionäre und Klerikale», Angehörige von Widerstandsgruppen, Juden, Sektenmitglieder wie die Bibelforscher, Homosexuelle, Arbeitsscheue, «asoziale Elemente», schließlich auch bisher in Gefängnissen und Zuchthäusern untergebrachte rein kriminelle Straftäter – sie alle mußten damit rechnen, im KZ zu landen. Ein besonders häufig angewandtes Verfahren zur Ausschaltung politischer Gegner war die Anwendung der Schutzhaft, die aufgrund eines einfachen Befehls der Geheimen Staatspolizei angeordnet werden konnte. Viele Bürger wurden nach Verbüßen einer Gefängnis- oder Zuchthausstrafe in einer Strafanstalt anschließend in einem KZ in Schutzhaft genommen, meist mit der vagen Begründung, der Betreffende gefährde «nach dem Ergebnis der staatspolizeilichen Feststellung durch sein Verhalten den Bestand und die Sicherheit des Volkes und Staates».

So erging es zum Beispiel dem sozialdemokratischen Politiker Hans Schiftan, der einer Widerstandsgruppe angehört hatte und dafür zu zwei Jahren Zuchthaus verurteilt worden war. Nach Strafverbüßung wurde er als Schutzhäftling in das

84 *Drei Münchener Studenten, die Geschwister Hans und Sophie Scholl und Christoph Probst – sie sind zusammen auf dem Foto zu sehen – sowie der Philosophieprofessor Kurt Huber waren die führenden Köpfe der Gruppe der «Weißen Rose». Sie führten die Widerstandsaktion der deutschen Jugend durch, die im Kriege am meisten Aufsehen erregte. Sie starteten vom Herbst 1942 bis Februar 1943 geschickt geheimgehaltene Aktionen, bei denen an der Münchener Universität und anderen süddeutschen Hochschulen Tausende von hektographierten Flugblättern verteilt wurden, die zum Widerstand gegen das Hitlerregime und seine Kriegspolitik aufriefen. Aufgrund einer Anzeige des Münchener Universitätspedells wurden die Geschwister Scholl und ihre Gefährten verhaftet und hingerichtet. Die Presse sah sich gezwungen, entgegen der sonstigen Verschweigepraxis, über den Fall «Weiße Rose» zu berichten, da die Aktion in Universitätskreisen schnell bekannt wurde.*

Aus der Jugend schlug die Flamme!

Am Morgen des 16. Februar 1943 erschienen an den Münchener Hauswänden grosse Inschriften in roter Farbe:

Nieder mit Hitler! Es lebe die Freiheit!

Die Gestapo mobilisierte sofort die Münchener Feuerwehr und liess die gefährlichen Worte entfernen. Aber die Nachricht von der Tat verbreitete sich in der ganzen Stadt mit Windeseile. Wer waren die Täter? Die Täter waren Münchener Studenten und Studentinnen, die eingesehen hatten, dass Hitler Deutschland in den Abgrund führte, und die versuchten, etwas zu tun, um ihr Land und Volk zu retten.

Es war an jenem Tag, der als der furchtbarste des Krieges galt.

Es war der Tag der Tragödie von Stalingrad.

Während die Gestapo fahndete, bereiteten sie ein Flugblatt vor, das illegal in 50 000 Exemplaren gedruckt und verteilt wurde:

Es lautete: "Kommilitonen, Kommilitoninnen! Erschüttert steht unser Volk vor dem Untergang der Männer von Stalingrad. 330 000 deutsche Männer hat die geniale Strategie des Weltkriegsgefreiten sinn- und verantwortungslos in Tod und Verderben gehetzt! Führer, wir danken Dir!

Es gärt im deutschen Volke. Wollen wir weiter einem Dilettanten das Schicksal unserer Armeen anvertrauen? Wollen wir den niedrigsten Machtinstinkt einer Parteiklique den Rest der deutschen Jugend opfern? Nimmermehr!

Der Tag der Abrechnung ist gekommen, der Abrechnung der deutschen Jugend mit der verabscheuungswürdigsten Tyrannei, die unser Volk je erduldet hat. Im Namen des ganzen deutschen Volkes fordern wir von dem Staat Adolf Hitler die persönliche Freiheit, das kostbarste Gut der Deutschen zurück, um das er uns in der erbärmlichsten Weise betrogen hat . . . . .

Studentinnen und Studenten! Auf uns sieht das deutsche Volk. Von uns erwartet es die Brechung des nationalsozialistischen Terrors aus der Macht des Geistes. Beresina und Stalingrad flammen im Osten auf. Die Toten von Stalingrad beschwören uns. Frischauf, mein Volk, die Flammenzeichen rauchen! Unser Volk steht im Aufbruch gegen die Verknechtung Europas durch den Nationalsozialismus, im neuen gläubigen Durchbruch von Freiheit und Ehre."

Die Urheber dieses Flugblattes waren der Professor Huber und die Geschwister Scholl. Durch Verrat des Pedells Schmied wurden sie der Gestapo ausgeliefert und hingerichtet.

85 *«Bei Fluchtversuch erschossen» – solche Mitteilungen in Form von Telegrammen und Briefen an Angehörige politischer Häftlinge sind seltene Dokumente der NS-Kriegsjustiz. Meist verheimlichten die KZ-Kommandanten diese nicht selten praktizierte Methode der Ermordung politischer Gegner und gaben andere Todesursachen an.*

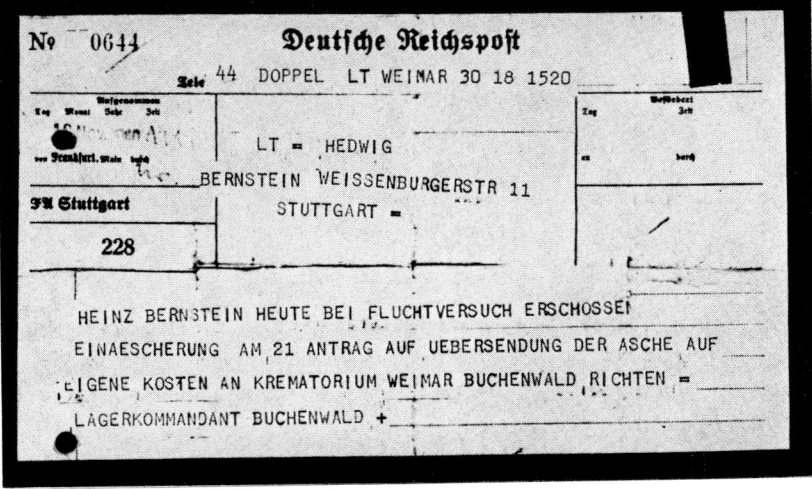

KZ Mauthausen gebracht, wo er im November 1941 verstarb. Der für zahlreiche ähnliche Fälle mit ähnlichen Floskeln ausgefertigte Schutzhaftbefehl gegen Schiftan hatte den Wortlaut:

Geheime Staatspolizei	Berlin SW. 11, d. 22. Mai 1941

Schutzhaftbefehl
Vor- und Zuname: Hans Schiftan, ... wird in Schutzhaft genommen.
Gründe: Er gefährdet nach dem Ergebnis der staatspolizeilichen Feststellungen durch sein Verhalten den Bestand und die Sicherheit des Volkes und Staates, indem er auf Grund seines politischen Vorlebens der Befürchtung Anlaß gibt, er werde sich nach Verbüßung einer Zuchthausstrafe von 2 Jahren wegen Vorbereitung zum Hochverrat erneut im marxistischen Sinne betätigen.
gez. Heydrich   beglaubigt: Rottan

Gleich nach Ausbruch des Krieges wurde eine Reihe von Gesetzen erlassen, die eine Ära verschärfter Justiz einleiteten, die Bevölkerung irritierten und verängstigten. Da gab es nunmehr eine «Ver-

ordnung über außerordentliche Rundfunkmaßnahmen», die das Abhören ausländischer Sendungen verbot und die Verbreitung der «Nachrichten ausländischer Sender, die geeignet sind, die Widerstandskraft des deutschen Volkes zu gefährden ... mit Zuchthaus, in besonders schweren Fällen mit dem Tode», bestrafte. Die Bürger fanden dieses Gesetz, wie die Berichterstatter des SD meldeten, zwar übertrieben hart, aber wenigstens vom Wortlaut und Sinn her verständlich. Anders verhielt es sich mit den Verordnungen gegen «Volksschädlinge» und «Wehrkraftzersetzung», die vom Gesetzgeber bewußt unklar und vieldeutig formuliert worden waren, so daß sie den Sondergerichten die verschiedensten Möglichkeiten zur Auslegung und Festlegung des Strafmaßes gaben. Die «Kriegssonderstrafrechtsordnung» über Wehrkraftzersetzung drohte zum Beispiel jedem die Todesstrafe an, der «öffentlich dazu auffordert und anreizt, die Erfüllung der Dienstpflicht in der deutschen Wehrmacht oder einer verbündeten Wehrmacht zu verweigern oder sonst öffentlich den Willen des deutschen oder verbündeten Volkes zur wehrhaften Selbstbehauptung zu lähmen und zu zersetzen sucht». Das war ein «Kautschukparagraph», der die verschiedensten Ausdeutungen zuließ und auch vergleichsweise harmlose und humorige Kritik am Soldatentum mit Strafen bedrohte, deren Ausmaß weitgehend dem Ermessen der Sondergerichte überlassen blieb.

86 *Solche lakonischen Mitteilungen der Gerichte über Vollstreckung eines Todesurteils erhielten im Kriege Tausende von Familien. Zwischen 1933 und 1944 wurden in Deutschland rd. 12 000 Todesurteile ausgesprochen und vollstreckt, die Mehrzahl davon aus politischen Gründen in den Kriegsjahren.*

87 *«Zugunsten des Deutschen Reiches eingezogen» wird bis in die Kriegsjahre hinein der Besitz jüdischer Bürger als «volks- und staatsfeindliches Vermögen». Der nächste Schritt war sodann der Abtransport des Enteigneten in ein Ghetto, KZ oder Vernichtungslager im Zuge der sogenannten «Endlösung der Judenfrage».* ▷

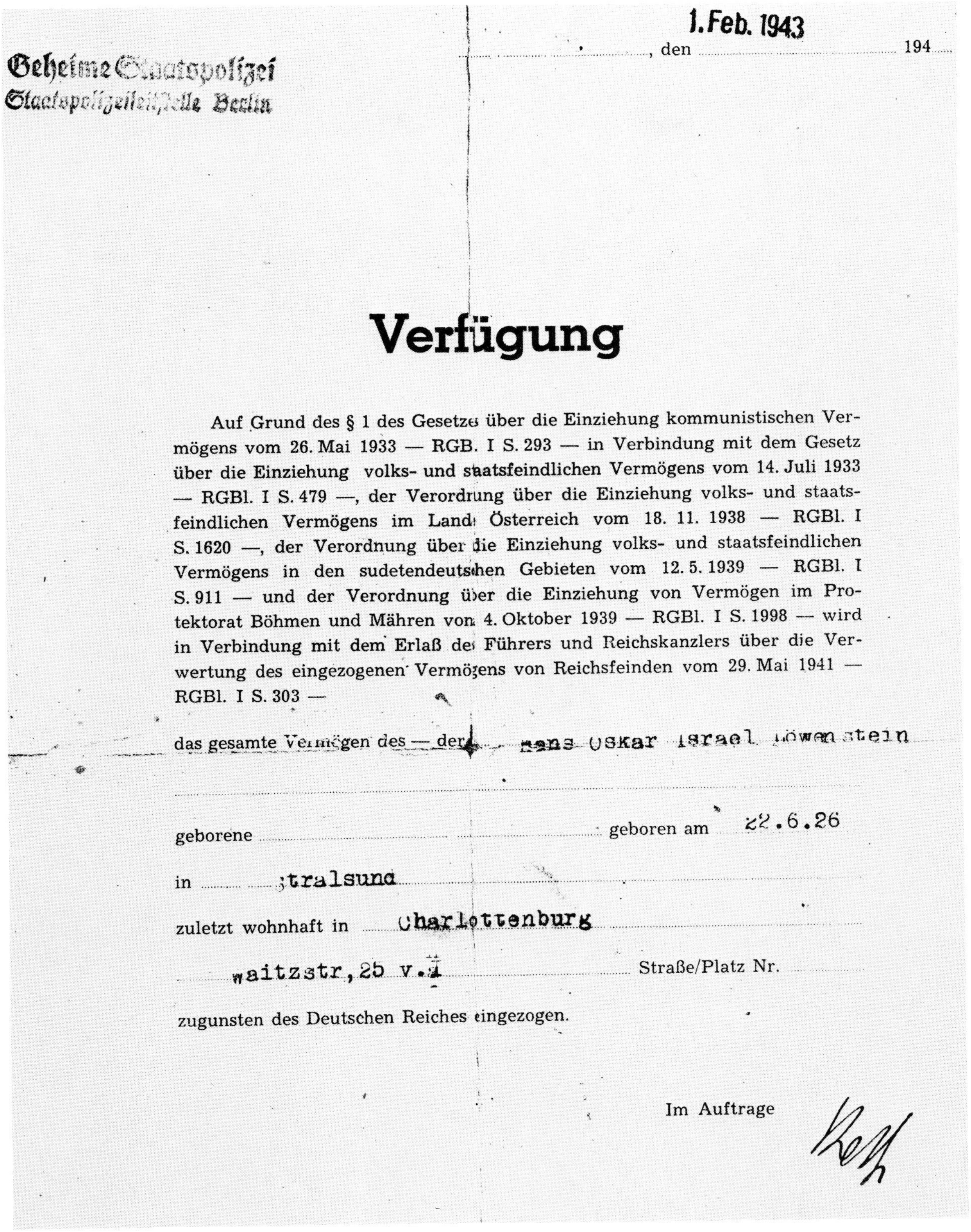

1. Feb. 1943 194......

Geheime Staatspolizei
Staatspolizeistelle Berlin

Verfügung

Auf Grund des § 1 des Gesetzes über die Einziehung kommunistischen Vermögens vom 26. Mai 1933 — RGB. I S. 293 — in Verbindung mit dem Gesetz über die Einziehung volks- und staatsfeindlichen Vermögens vom 14. Juli 1933 — RGBl. I S. 479 —, der Verordnung über die Einziehung volks- und staatsfeindlichen Vermögens im Land Österreich vom 18. 11. 1938 — RGBl. I S. 1620 —, der Verordnung über die Einziehung volks- und staatsfeindlichen Vermögens in den sudetendeutschen Gebieten vom 12. 5. 1939 — RGBl. I S. 911 — und der Verordnung über die Einziehung von Vermögen im Protektorat Böhmen und Mähren von 4. Oktober 1939 — RGBl. I S. 1998 — wird in Verbindung mit dem Erlaß des Führers und Reichskanzlers über die Verwertung des eingezogenen Vermögens von Reichsfeinden vom 29. Mai 1941 — RGBl. I S. 303 —

das gesamte Vermögen des — der   Hans Oskar Israel Löwenstein

geborene .... geboren am   22.6.26

in   Stralsund

zuletzt wohnhaft in   Charlottenburg

Waitzstr. 25 v. 1   Straße/Platz Nr.

zugunsten des Deutschen Reiches eingezogen.

Im Auftrage

107

88 *An den Litfaßsäulen macht sich soviel von großen Teilen der Bevölkerung abgelehnte Propaganda breit – wie z. B. dieses Plakat, das dem immer wieder angeprangerten «Weltjudentum» die Schuld am Kriege gibt –, daß in einem Extraanschlag ausdrücklich gewarnt wird: «Bestraft wird . . . wer Anschlagbogen abreißt, beschädigt . . .»*

Ähnlich vieldeutig und in der Auslegung den Richtern anheimgestellt waren die Strafdrohungen gegen sogenannte Volksschädlinge gehalten. Sie richteten sich nicht nur gegen Straftaten, die unter Ausnutzung der außergewöhnlichen Kriegsverhältnisse begangen wurden, also etwa gegen Delinquenten, die während eines Fliegeralarms Einbrüche, Überfälle und Plünderungen begingen. Für die Verhängung der Todesstrafe oder hoher Zuchthausstrafen gegen solche Straftäter mochte die Bevölkerung in den luftgefährdeten Gebieten einiges Verständnis haben. Aber da gab es zum Beispiel die Todesstrafe für «gemeingefährliche Verbrechen», falls diese die Widerstandskraft des deutschen Volkes schädigten. Welches Verbrechen verdiente das Attribut «gemeingefährlich», und in welchem Fall schädigte es «die Widerstandskraft des deutschen Volkes»? Dies festzustellen war Sache der Sonderrichter. Es war oft so, daß bei der Urteilsfindung das fanatischste und härteste Mitglied des Gremiums mit seinem Strafantrag durchdrang, weil die andern Richter nicht der Weichheit und «Humanitätsduselei» beschuldigt werden wollten. Gern wurde bei der Begründung von Urteilen, wenn es in den Gesetzen keine entsprechenden Paragraphen gab, das «gesunde Volksempfinden» herangezogen, ein recht unbestimmter Begriff, mit dem die härtesten Strafen gerechtfertigt wurden. Ein in angeheiterter Gesellschaft erzählter Witz über einen Naziprominenten wie Göring oder Goebbels – und über die beiden kursierten besonders viele Witze – genügte manchmal schon, um einen Bürger von einem Sondergericht zu einer Zuchthausstrafe oder Einweisung in ein KZ verurteilen zu lassen.

89 *«Amtliche Bekanntmachungen» über Hinrichtungen läßt die NS-Justiz gern an die Anschlagsäulen kleben. Man erhofft von solcher Plakatierung abschreckende Wirkung und Hebung der «nationalen Disziplin».*

Je länger der Krieg dauerte, um so mehr waren die Sondergerichte beschäftigt. Der Kriegsalltag war in manchen Gegenden durch Denunziantentum und wachsende Rechtsunsicherheit gekennzeichnet. Paul Sauer charakterisiert in seinem grundlegenden Werk «Württemberg in der Zeit des Nationalsozialismus» die Justizverhältnisse in diesem Land mit folgender, auch für andere Gebiete geltenden Darstellung:

Die Aburteilung von Volksschädlingen erfolgte in der Heimat durch die Sondergerichte. Im Verein mit der drakonischen Verschärfung der materiellen Strafbestimmungen wurde die Zuständigkeit der Sondergerichte auf Kosten der ordentlichen Gerichte erweitert, die Verfahren durch Einschränkung der Verteidigung und Aburteilung im Schnellverfahren vereinfacht. Dies gewährleistete im nationalsozialistischen Sinne eine höchst wirkungsvolle Strafjustiz. Doch auch sie befriedigte maßgebende NS-Führer noch nicht. Der Reichsführer SS ließ, wenn es ihm gut dünkte, Gewohnheitsverbrecher kurzerhand erschießen und deklarierte diese Recht und Gesetz hohnsprechenden Gewaltakte nach außen damit, die Betreffenden hätten bei ihrer Ergreifung Widerstand geleistet. Der Stuttgarter Oberlandesgerichtspräsident prangerte in seinem Bericht an den Reichsjustizminister vom 6. November 1940 diese in der Bevölkerung Aufsehen erregenden rechtswidrigen Erschießungen an, weil sie an die Wurzeln der Justiz und nicht bloß an diese rührten. Der Oberlandesgerichtspräsident rügte aber auch sehr scharf die von Parteidienststellen praktizierte Lynchjustiz gegenüber Mädchen und Frauen, die sich mit Kriegsgefangenen eingelassen hatten. Es sei mit einer geordneten Rechtspflege unverträglich, daß diesen Mädchen und Frauen bereits vor ihrer Einlieferung ins Gefängnis und ehe sich der zuständige Richter mit ihrem Fall befaßt habe, die Haare abgeschnitten würden.
Das Sondergericht Stuttgart, das, wie der Oberlandesgerichtspräsident am 9. März 1942 berichtete, nahezu alle politischen, namentlich auch kriegswirtschaftlichen Straftaten aburteilte und dadurch zu einer bedauerlichen Verkümmerung der Strafkammern der ordentlichen Gerichte beitrug, erlangte unter Senatspräsident Hermann Cuhorst, einem persönlich integren, aber dem NS-Staat fanatisch ergebenen Formaljuristen, der zugleich Präsident des Strafsenats des Oberlandesgerichts war, bald eine traurige Berühmtheit. Am 1. Juni 1942 berichtete der Stuttgarter Generalstaatsanwalt, in den beiden letzten Monaten hätten im Bereich des Oberlandesgerichts Stuttgart zehn Hinrichtungen stattgefunden, fünf dieser Urteile habe das Sondergericht gefällt, derzeit säßen in der Untersuchungshaftanstalt 26 zum Tode Verurteilte ein. Bei der Strafzumessung habe der Schutzgedanke, dem am wirksamsten durch Abschreckung Rechnung getragen werde, vor dem Sühnegedanken Vorrang. Ob das Sondergericht einen Angeklagten mit dem Tode bestraft oder ob es ihn zu einer Freiheitsstrafe verurteilt, war Ermessenssache.

«Ermessenssache» der Richter und Gestapobeamten war auch in hohem Maße die Auswahl derer, die in ein Konzentrationslager eingeliefert wurden. Es gab keine exakten gesetzlichen Bestimmungen, auf die sich die Verhafteten oder ihr Rechtsbeistand berufen konnten, keine Strafmaße. Der NS-Führung war es in mancher Beziehung erwünscht, daß in der Bevölkerung unklare Vorstellungen über Machtbefugnisse und Methoden der «Schwarzen» herrschten, wie die SD- und SS-Funktionäre wegen der Farbe ihrer Uniformen genannt wurden. Man war im Umkreis des Reichssicherheitshauptamts der Ansicht, daß es der Kriegsdisziplin der «Volksgenossen» im juristischen Zwielicht der Verleugnung der traditionellen Grundsätze des Rechts förderlich sei, wenn diese nicht so genau wüßten, was sie zu erwarten hätten, wenn sie etwas «ausfressen». Auf diese Situation der Rechtsunsicherheit in einem System, das die überlieferten Grundsätze der Rechtssprechung verleugnet, war der böse Witz gemünzt, daß im Zuge der totalen Kriegsmaßnahmen auch das Rechtssystem vereinfacht worden sei. Man habe es in drei Gesetzen zusammengefaßt: 1. Wer etwas unternimmt oder unterläßt, wird bestraft; 2. Art und Maß der Strafe richten sich nach dem Volksempfinden; 3. Was Volksempfinden ist, bestimmt der zuständige Gauleiter der NSDAP.

Abseits vom Alltag der Mehrzahl der Deutschen, die ganz andere Kriegssorgen und Nöte zu bewältigen hatten, spielte sich das Leben der KZ-Insassen und ihrer Angehörigen ab. Diese hüteten sich, ihren Nachbarn und Bekannten über die Zustände in den KZ's zu berichten; denn sonst mußten sie befürchten, selber in einem der Lager zu landen, über deren Existenz zumindest die in der Umgebung wohnende Bevölkerung unterrichtet war.

Über Lage, Zahl und Namen dieser Lager sind erst nach dem Kriege genauere Angaben bekannt geworden. Heute wissen wir, daß es auf dem Gebiet des Deutschen Reiches sechs Hauptlager gab, nämlich Buchenwald, Dachau, Flossenbürg, Mauthausen, Sachsenhausen-Oranienburg und das Frauen-KZ Ravensbrück. Zahl und Umfang der Lager nahmen im Laufe des Krieges immer mehr zu. Schließlich gab es in Deutschland und den besetzten Gebieten nicht weniger als 394 Männer- und 17 Frauenlager. Bei Kriegsbeginn waren nur etwas über 25000 Deutsche, darunter viele deutsche Juden, interniert. Ab 1939 stieg die Zahl der KZ-Insassen von Jahr zu Jahr. Im August 1944 waren genau 524286 Häftlinge, davon 145119 Frauen, in den KZ-Akten registriert. Anfang 1945 schließlich meldeten die Statistiker der SS-Bürokratie eine Gesamtzahl von 714211 männlichen und weiblichen KZ-Insassen. Von ihnen waren allerdings kaum 10 Prozent Deutsche. Bei den übrigen handelte es sich um Staatsangehörige der besetzten Länder, um Kriegsgefangene und ausländische Arbeiter, in erster Linie Sowjetrussen, Polen und Franzosen.

Da die aus einem Lager Entlassenen sich verpflichten mußten, über ihre Hafterlebnisse nichts zu erzählen, erfuhren die meisten Deutschen über die Zustände in den Lagern nur selten und zufällig genauere Einzelheiten. Eine noch dichtere Mauer des Schweigens als die Konzentrationslager in Deutschland, bei denen es sich fast ausschließlich um Zwangsarbeiterlager handelte, umgab die ausgesprochenen Vernichtungslager. Sie waren meist auf dem Gebiet des besetzten Polen angelegt. Die erschreckenden Vorgänge in Auschwitz und den anderen Todeslagern, in denen Millionen von Juden und andern Häftlingen systematisch durch Verga-

90 *Solche Klebezettel und Flugschriften couragierter Einzelgänger und Regimegegner sah man manchmal im Kriege.*

91 *Um Aufsehen zu vermeiden, wies die Gestapo die Polizeibehörden an, Nachrichten über Einlieferung in ein KZ der Familie des Inhaftierten nur mündlich mitzuteilen.*

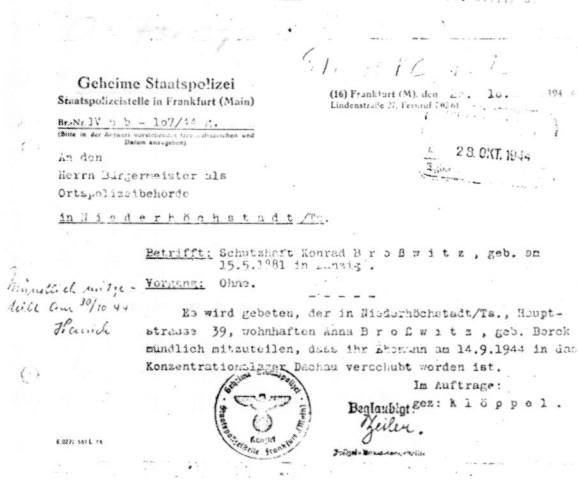

sung, Erschießen, Hunger und «Vernichtung durch
Arbeit» umgebracht wurden, wurden der deut-
schen Öffentlichkeit erst nach dem Krieg bekannt.
Wenn jemand im Heimatgebiet von einem aus dem
Osten kommenden SS-Mann oder Soldaten von
Massenerschießungen und andern Vernichtungs-
aktionen hörte oder vielleicht beim verbotenen
Abhören des britischen Rundfunks etwas über KZ-
Greuel vernahm, so hielt er es meist für einen Ein-
zelfall, wenn er dem Bericht überhaupt glaubte.
Die seit Jahren mit Propaganda eingedeckten
Kriegsdeutschen waren allmählich so mißtrauisch
geworden, daß sie fast nichts mehr ganz glaubten,
gleich, ob die Meldungen nun von deutscher oder
ausländischer Seite kamen. Im übrigen verhielt es
sich so, wie der Historiker Walther Hofer in seiner
Dokumentation über den Nationalsozialismus bemerkt, «daß der überwiegende Teil des deutschen
Volkes» bis in die Kriegsjahre hinein nur «die
glanzvolle Fassade des neuen Reiches zu Gesicht
bekam. Es gab von Anfang an eine Sonnenseite
und eine Schattenseite im nationalsozialistischen
Deutschland: dort gab es Feste, Empfänge und Pa-
raden, die Olympischen Spiele und die Reisen von
‹Kraft durch Freude›, die großen Bauten, Auto-
bahnen und sozialen Einrichtungen, die außenpoli-
tischen Erfolge, die nationale Begeisterung und
später die großartigen militärischen Siege; hinter
dieser glänzenden Fassade eines national geeinten,
arbeitsamen und disziplinierten Volkes mit einer
genialen Führung, die von Erfolg zu Erfolg eilte
und ein glanzvolles Reich aufrichtete, da gab es
von Anfang an die Willkür der Polizei, die Miß-
handlung der politischen Gegner, die Entrechtung
und Verfolgung der Juden, den gehässigen und gemeinen Kampf gegen die Kirche, die Unterdrük-
kung und Verfolgung aller freien Regungen des
Geistes (insofern sie sich nicht dem Joche der offiziellen Staatsideologie beugten), es gab die Planung des Angriffskrieges zur Unterjochung anderer Völker, später deren Unterdrückung bis hin zu
den Vernichtungsaktionen.»
Die Hauptbetroffenen von den Vernichtungsaktionen, die deutschen Juden, hatten zunächst gleichfalls keine genaue Vorstellung von dem Schicksal,
das sie in den Lagern im Osten erwartete. Sie rechneten wohl mit harter Zwangsarbeit in der NS-
Kriegswirtschaft, mit einer kärglichen Existenz in
einem Barackenlager oder im Ghetto einer osteu-

92 *Im Herbst 1942 werden die meisten noch in Frankfurt
lebenden jüdischen Bürger zum Verlassen ihrer Heimatstadt gezwungen. Sie haben sich in der Großmarkt-
halle einzufinden. Von dort aus werden sie in ein KZ
im Osten abtransportiert, die Älteren nach Theresienstadt.*

ropäischen Stadt, aber nicht mit Tod und Gaskam-
mer. Von den mehr als eine halbe Million Juden,
die vor 1933 in Deutschland lebten, hatten die meisten auswandern können. Immerhin wohnten 1941
noch etwa 170 000 Juden auf dem Gebiet des Reiches, vorwiegend in Berlin, Frankfurt und andern
Großstädten. Sie lernten nur noch die Schattensei-
ten des sowieso recht trüben deutschen Kriegsalltags kennen.
Durch eine Vielzahl von Sonderverordnungen waren sie Benachteiligungen aller Art ausgesetzt. So
war es Juden nicht erlaubt, öffentliche Verkehrs-
mittel zu benutzen und in diesen Sitzplätze zu beanspruchen, sich öffentlicher Fernsprecher und
Fahrkartenautomaten zu bedienen, Wälder, Grün-
anlagen und Gaststätten zu besuchen, sich auf
Bahnhöfen aufzuhalten, Zeitungen und Zeitschrif-
ten zu beziehen, Hunde und andere Haustiere zu
halten und Aufträge an «arische» Handwerker zu
erteilen. Juden erhielten im Kriege nur die für die
notdürftigste Ernährung ausreichenden Lebens-

93 *1942 ist auch das Schicksalsjahr der noch in Stuttgart
wohnenden Juden. In einem Sammellager zusammen-
gepfercht warten sie auf die Beförderung in ein KZ in
den Ostgebieten, und die meisten wissen, daß es keine
Rückkehr mehr geben wird.*

mittel, jedoch keine Karten oder Bezugsscheine für Fisch, Fleisch, Milch, Tabakwaren oder Textilien. Sie durften keine Schreibmaschine, kein Fahrrad, keine elektrischen Geräte besitzen und waren zur Ablieferung ihrer Pelze und Wollsachen verpflichtet. «Ausgebombte» Juden erhielten keinen Ersatz verlorengegangener Kleidung oder anderer Artikel des täglichen Bedarfs. Die für viele jüdische Mitbürger deprimierendste Maßnahme war ihre öffentliche Kennzeichnung durch den «Judenstern», den gelben Davidstern mit der Aufschrift «Jude», den sie vom September 1941 ab auf der Kleidung aufgenäht tragen mußten.

Wenige Wochen später, im Oktober 1941, begannen dann die Deportationen der noch in Deutschland lebenden Juden. Die «Endlösung der Judenfrage», wie die Vernichtungsaktion im Tarndeutsch der SS-Bürokratie hieß, lief an. Erst ein paar Monate später, am 20. Januar 1942, fand dann die berüchtigte «Wannseekonferenz» statt, jenes Treffen von SS-Führern mit Repräsentanten der Partei und Ministerien in einem Gebäude am Berliner Wannsee, bei dem Etappen und Details der «Endlösung» besprochen wurden.

Die jüdischen Mitbürger, die zum Teil schon seit Generationen in deutschen Städten lebten, erfuhren natürlich nichts über diese Konferenz. Jedoch sie bekamen in den nächsten Monaten die dort beschlossenen Maßnahmen in aller Härte zu spüren. In manchen Städten wie Berlin, Frankfurt oder Hamburg kannte die Bevölkerung die Gebäude, wo die Juden zu Sammeltransporten vereinigt wurden, um dann mit der Bahn nach dem Osten befördert zu werden. Erschütternde Szenen des Abschieds spielten sich an diesen Orten ab. Einige, vor allem ältere Juden, begingen nach Erhalt der Deportationsorder Selbstmord. Die meisten Deportierten wurden zunächst in die Ghettos von Warschau, Lodz, Minsk, Kaunas und Riga gebracht, wo sie eine Zeitlang Zwangsarbeit leisten mußten. Jedoch schon nach wenigen Monaten wurden sie in die Vernichtungslager weiterbefördert, vor allem nach Auschwitz, in dessen Gaskammern die meisten deutschen Juden ihr Ende fanden.

Juden über 65, Weltkriegsteilnehmer, Offiziere und jüdische Bürger, die sich besondere Verdienste erworben und einen bekannten Namen als Wissenschaftler, Schriftsteller oder Ärzte hatten, kamen in das in Böhmen gelegene «Vorzugslager» There-

sienstadt. Dieses KZ wurde im Kriege des öfteren ausländischen Delegationen als Musterlager, als Exempel für humane Menschenbehandlung durch die SS, vorgeführt. Daß auch Theresienstadt für viele seiner Insassen nur eine Durchgangsstation auf dem Wege in die Gaskammern von Auschwitz war, erfuhren die Journalisten und Vertreter karitativer Organisationen aus dem neutralen Ausland natürlich nicht.

Am 1. September 1944 waren nach der von den Bürokraten der «Endlösung» exakt geführten Statistik von den 168 972 Juden im Sinne der Nürnberger Gesetze vom 1. Mai 1941 noch 14 574 im «Altreich» am Leben. Einigen tausend jüdischen Mitbürgern gelang es, mit Hilfe nichtjüdischer Freunde «unterzutauchen»; «U-Boote» nannte man daher diese Existenzen, die mit gefälschten Ausweisen ein dauernd gefährdetes Dasein in der Illegalität führten. Besonders in Berlin und Frankfurt am Main nahmen viele «arische» Deutsche das Risiko auf sich, Juden in ihren Wohnungen zu verbergen und mit Lebensmitteln zu versorgen, falls diese keinen gefälschten Personalausweis besaßen, der ihnen sogar unter dem angenommenen Namen Bezugscheine und Karten verschaffte. In der Hauptstadt Berlin, wo es schon seit Generationen enge menschliche Kontakte zwischen den jüdischen und nichtjüdischen Bürgern gegeben hatte, überlebten etwa 3000 Juden auf diese Weise Krieg und Verfolgung.

Zu den Maßnahmen, die im Kriege weite Kreise der Bevölkerung beunruhigten und verbitterten, gehörte neben der Deportation der Juden die Aktion «Gnadentod». Sie begann gleich nach dem «Euthanasiebefehl» zur «Vernichtung lebensunwerten Lebens», den Hitler kurz nach Kriegsausbruch erließ. Aufgrund dieser Anordnung, die auf dem von der NS-Regierung erlassenen Gesetz zum «Schutz der Erbgesundheit des deutschen Volkes» basierte, war Geisteskranken, an Erbkrankheiten und schweren körperlichen Mißbildungen Leidenden der sogenannte «Gnadentod» zugedacht.

In der Praxis sah es so aus, daß die in Heil- und Pflegeanstalten oder von ihrer Familie betreuten Kranken von einer aus mehreren Ärzten bestehenden Gutachterkommission untersucht wurden. Alle, die die oft recht flüchtig prüfenden Gutachter als «unheilbar krank» bezeichneten, wurden sodann in als Duschräume getarnten Räumlichkeiten psychiatrischer Anstalten durch Kohlenoxyd «ver-

94 *Oberst Claus Graf Schenk von Stauffenberg, die zentrale Persönlichkeit der Widerstandsaktion des 20. Juli 1944, als junger Offizier auf einem wenig bekannten Foto, das den später schwer Verwundeten noch unversehrt zeigt.*

95 *So sieht die «Kennkarte» eines in Schutzhaft genommenen Insassen eines Konzentrationslagers aus. Die Chance des mit markantem Stempel als «Jude» gekennzeichneten Häftlings Nr. 23 122, die Schutzhaft lebend zu überstehen, war fast gleich null.*

gast», ähnlich wie die Juden in den Gaskammern von Auschwitz. Die über das Reichsgebiet verstreuten Anstalten, in denen die «Aktion Gnadentod» durchgeführt wurde, befanden sich in Grafeneck in Württemberg, Hadamar bei Limburg, Sonnenstein in Sachsen, Brandenburg an der Havel, Hartheim bei Linz, Bernburg und Kaufbeuren. Man versuchte, das unheilvolle Werk so unauffällig wie möglich abzuwickeln. Die beteiligten Ärzte, Chemiker und Techniker waren zu strengster Verschwiegenheit verpflichtet. Die Erfassung der Opfer erfolgte in Tarnorganisationen mit harmlos klingenden Namen wie «Reichsarbeitsgemeinschaft Heil- und Pflegeanstalten» oder «Gemeinnützige Krankentransport GmbH». Da es jedoch in vielen Familien Kranke gab, die in einer der ge-

nannten Anstalten untergebracht waren und sodann zu den Opfern der Aktion gehörten, sprach sie sich allmählich in der Bevölkerung herum, was hinter den Mauern der für die Öffentlichkeit abgesperrten Gebäudekomplexe vor sich ging.
Es kamen Gerüchte auf, daß in den Anstalten nicht nur unheilbar Kranke den «Gnadentod» sterben mußten, sondern auch andere Personen, jene zum Beispiel, die in der harten Sprache des Krieges als «unnütze Fresser» bezeichnet wurden, Alte und Gebrechliche etwa, die keine «kriegswichtige» Arbeit mehr leisten konnten. In Württemberg-Hohenzollern weigerten sich nicht berufstätige Frauen und ältere Leute, an der im November 1940 durchgeführten Volks-Röntgenuntersuchung teilzunehmen. Die Amtswalter der Partei, die die Be-

völkerung zur Untersuchung aufforderten, bekamen zu hören, man werde nicht hingehen, denn man habe keine Lust, in Grafeneck zu sterben. Der Stuttgarter Oberlandesgerichtspräsident teilte dem Reichsminister der Justiz mit, es werde sehr viel über diese Dinge gesprochen und erzählt, daß auch durch Kriegsverletzungen geistig behinderte Soldaten getötet worden seien. «Sehr gefährlich ist das jetzt umgehende Gerücht», meldete der Präsident weiter, «nachdem die Geisteskranken erledigt seien, gehe es an die Alten und Gebrechlichen.» Die Beschwerden bei staatlichen und kirchlichen Ämtern nahmen allmählich solchen Umfang an, daß sich führende Würdenträger der beiden christlichen Konfessionen zu öffentlichen Protesten entschlossen. Der evangelische Landesbischof von Württemberg, Theophil Wurm, und katholische Kirchenführer wie der Bischof von Münster, Graf von Galen, protestierten von der Kanzel herab gegen die Euthanasiemaßnahmen. In allen katholischen Kirchen wurde im Juli 1941 sogar ein Hirtenbrief gegen die Aktion Gnadentod verlesen. Aufgrund dieser Proteste befahl Hitler am 24. August 1941 die Einstellung des Euthanasieprogramms; eine außergewöhnliche Reaktion des sonst so Unerbittlichen und Unbelehrbaren, zu der Hitler anscheinend die Berichte des Sicherheitsdienstes über die zunehmende Beunruhigung der Bevölkerung veranlaßten. Die Angaben über die Zahl der Opfer der Aktion Gnadentod schwanken zwischen 100 000, unter denen sich etwa 5000 Kinder befanden, und annähernd 300 000 in den Anstalten Getöteten. Denn die Vergasungsräume wurden auch nach Ende August 1941 weiter benutzt, um dort Juden, Fremdarbeiter, Homosexuelle, Fürsorgezöglinge und andere dem Regime Lästige unauffällig zu beseitigen.

Zu denen, die abseits vom Kriegsalltag des Durchschnittsbürgers lebten und häufig auch Opfer der NS-Justiz wurden, gehören schließlich die Männer und Frauen des Widerstandes. Unter diesem erst nach dem Krieg allgemein gebrauchten Begriff versucht man die Aktivitäten jener zusammenzufassen, die sich allein als Individuen oder in Gemeinschaft anderer in meist sehr losen Gruppen und Organisationen zum Kampf gegen die Hitlerdiktatur entschlossen. Gelegentlich oder dauernd Mißvergnügte und Verdrossene, die im Kreise von Freunden Kritik übten, «meckerten», aus ihrer Abnei-

gung gegen den Krieg und das NS-Regime keinen Hehl machten, gab es in diesem von den meisten mit so wenig Begeisterung erlebten Krieg Millionen. Es gab Millionen, die sich vor sogenannter kriegswichtiger Arbeit und Wehrdienst drückten, um dem Regime nicht zu nützen, die nach den Grundsätzen «Arbeite langsam» und «Nur nicht auffallen» lebten. Es gab Millionen, die sich ihre innere Unabhängigkeit in selbstgewähltem Abseits von Partei und Staatsorganen bewahrten. Zu ihnen gehörten nicht zuletzt viele Gläubige der katholischen und evangelischen Kirche sowie Angehörige christlicher Sekten.

Jedoch diese Haltungen der Kritik, des Rückzugs ins Private oder Religiöse, der «inneren Emigration», wie der Schriftsteller Frank Thiess diese Einstellung genannt hat, waren höchstens eine Vorstufe zu aktivem Widerstand gegen ein verhaßtes Regime. Dieser äußerte sich in den Kriegsjahren in Aktivitäten ähnlicher Art wie zwischen 1933 und 1939: in geheimen Zusammenkünften und Diskussionen mit Gesinnungsgenossen, wie sie besonders bei den sozialdemokratischen und kommunistischen Gruppierungen üblich waren; in der Sabotage der Arbeit in Rüstungsbetrieben, in passiver Form durch Langsam- oder Nichtarbeiten oder in aktiver Weise durch Beschädigung von Maschinen und Anfertigung schadhafter, unbrauchbarer Produkte; schließlich im Abfassen und Verbreiten von illegalen Druckschriften, Flugblättern, Klebezetteln, Mauerinschriften mit Anti-Hitler- und Antikriegs-Parolen. Solche Aktionen wurden dem Reichssicherheitshauptamt im Laufe des Krieges immer wieder gemeldet, so zum Beispiel aus München am 6. August 1941:

Hetzzettel, die mit Kopier- und Farbstift in Blockschrift geschrieben waren, gelangten in München zur Verbreitung. Ein Hetzzettel hatte folgenden Wortlaut: «V – unser Zeichen ruft: Bluthund Hitler verrecke! Kapitalsknechte! Nazi! Noch 150 Tage, und ein gewaltiges Gericht wird beginnen! Noch 150 Tage, und jeder Nazischlag wird 1000fach vergolten. Noch 150 Tage, und für jeden, der von uns fiel für Freiheit und Recht, werden Tausende von Nazis hingeschlachtet. Der Tag der Vergeltung ist nahe!»

Und ein paar Tage später, am 11. August 1941, registrierte das RSHA in seinen «Meldungen wichtiger staatspolitischer Ereignisse» aus der bayerischen Hauptstadt:

> In München und Umgebung wurden in den letzten Nächten Hetzzettel angeklebt, auf die mit Farbstift geschrieben oder mit rotem Gummistempel gedruckt worden war: «Das Zeichen V ruft, Massenmörder Hitler! V! Verrecke!», «V Vernichtet den Faschismus!» Bisher konnten 100 derartige Klebezettel erfaßt werden. Darüber hinaus sind Zettel mit kommunistischen Schlagwörtern verbreitet worden. Die Stapoleitstelle München nahm daher am 3. August 1941 unter Heranziehung der SA eine auf das ganze Stadtgebiet ausgedehnte Such- und Fahndungsaktion vor und kontrollierte eine Anzahl verdächtiger Straßenpassanten. Derartige Abwehrmaßnahmen werden in Zusammenarbeit mit der SA, den Parteistellen sowie der Schupo und Kripo in München fortgesetzt.

«Such- und Fahndungsaktionen», «Abwehrmaßnahmen» dieser Art gehörten zum täglichen Arbeitspensum der damit beauftragten Partei- und Polizeidienststellen im wirren, schwer durchschaubaren Getriebe des Kriegsalltags. Denn die meisten an Widerstandsaktionen Beteiligten übten Vorsicht, verstanden sich zu tarnen. Die Gestapo stieß bei ihren Recherchen häufig ins Leere. Aber Himmlers und Kaltenbrunners Schergen hatten auch Erfolge bei ihrer systematischen, von geschulten Polizeifachleuten dirigierten und von einem Heer von geheimen «Berichterstattern» und SD-Agenten unterstützten Ermittlungsarbeit zu verzeichnen. Der Schriftsteller Günther Weisenborn, der selbst als Widerstandskämpfer die Methoden der Gestapo und die Zuchthäuser des Dritten Reiches kennengelernt hat, stellt in seiner grundlegenden Dokumentation über die deutsche Widerstandsbewegung «Der lautlose Widerstand» fest:

> In jedem eroberten Land gab es eine Widerstandsbewegung. Im Herzen Europas aber lebte die älteste Widerstandsbewegung ge-
> gen Hitler, die deutsche. Sie wurde vom Dritten Reich absolut verheimlicht. Das Dritte Reich führte seinen ersten Krieg gegen den lautlosen Aufstand der deutschen Widerstandsbewegung, und es war ein fürchterlicher und verheimlichter Krieg. Es war der Krieg an der Schafottfront. Nach den Aufzeichnungen des Reichsjustizministeriums, dem sogenannten ‹Mordregister›, sind von 1933 bis 1944 insgesamt 11 881 Todesurteile durch die Justizbehörden vollstreckt worden, die bis zur Kapitulation wahrscheinlich auf etwa 12 500 Hinrichtungen angestiegen sind. Hinzu kommen die unzähligen Opfer der Militärgerichtsbarkeit (Standgerichte), die von Sachkennern für die vier Monate des Jahres 1945 auf 7000–8000 geschätzt werden. Es handelt sich hier im wesentlichen um politische Verurteilungen ... So sei hier von jenen berichtet, die nicht im Einklang mit der herrschenden Macht kämpften. Sie durften keine öffentliche Anerkennung, keinen Dank erwarten. Für ihre Kühnheit gab es keine Beförderung, für ihren Opfermut keine Orden, für ihren Tod kein Kreuz. Auf sie warteten Flüche und Folter in den Kellern. Alles wurde ihnen genommen: ihr Besitz, die Anerkennung ihrer Familie, ihr guter Name, ihre Ehre und das Leben. Und doch gingen sie diesen fürchterlichen Weg. Und sie gingen in ein Risiko, in ein Todesspiel, das weit gefährlicher war als jedes Kriegshandwerk der offenen Fronten. Es waren nicht wenige; es waren Hunderttausende bester Deutscher. Ihre Opfer, ihre Leistungen wurden in keinem OKW-Bericht erwähnt. Ihre Prozesse, ihre Massenhinrichtungen, ihre Aussagen, ihre Taten wurden verheimlicht, so sehr, daß selbst Vater und Mutter nicht erfuhren, warum ihre Söhne plötzlich verschwanden. Und auch nach dem Kriege wurde wenig über sie bekannt.

In den 30 Jahren, die seit dem ersten Erscheinen von Weisenborns Dokumentation vergangen sind, haben sich so viele Zeugen und Beteiligte des Widerstandes mit Berichten und Erinnerungen zu Worte gemeldet, so daß wir heute sehr viel mehr

Deutsche Allgemeine Zeitung

Berlin, Donnerstag, 27. Juli 1944

BERLINER AUSGABE

83. Jahrgang · 27.7. · Nr. 205 · 10 Pfennig

Verlag und Schriftleitung Berlin SW 68, Kochstraße 22-26. Fernsprecher: Stadt-Anruf 17 60 81. Anruf aus auswärts 17 60 81. Drahtanschrift: Deutschzeitung. Postscheck-Konto: Berlin Nr. 660. Die Deutsche Allgemeine Zeitung erscheint wöchentlich siebenmal. Bezugspreis monatlich 3 Mark 50 durch Boten. Anzeigen-Preisliste Nr. 10. Fahrkarten durch das Reisebüro des Deutschen Verlages, Berlin SW, Kochstraße 22-26

Bestellungen und Anzeigen-Annahme: Berlin SW 68, Kochstr. 22-26, und in allen Filialen unseres Verlages, zum Beispiel: Potsdamer Str. 127, Alt-Moabit 123; Kaiserdamm 75-76, Friedenau, Rheinstr. 66, Kurfürstendamm 115, Schmargendorf, Breite Straße 26, Schöneberg, Kolonnenstr. 61, Steglitz, Albrechtstr. 1a; Wilmersdorf, Uhlandstr. 95; Zehlendorf, Teltower Damm 9, Potsdam, Nauener Str. 50

Waffen, Hände und Herzen!

Der große Appell des Reichsbevollmächtigten Dr. Goebbels

Wie die Verschwörung des 20. Juli erledigt wurde

Berlin, 27. 7.

Reichsminister Dr. Goebbels hielt am Mittwochabend über alle deutschen Sender die nachfolgende bedeutsame Rede:

"Meine deutschen Volksgenossen und Volksgenossinnen!

Ich schulde dem deutschen Volke einen Rechenschaftsbericht über die Vorgänge des 20. Juli und die daraus zu ziehenden Folgerungen. [...]

Am Mittag des 20. Juli

Als ich am Mittag des vergangenen Donnerstag durch einen Telefonanruf aus dem Führerhauptquartier von dem schändlichen Verbrechen unterrichtet wurde, [...]

Direkte telefonische Weisungen des Führers an Major Remer

Standgericht an Ort und Stelle

Kein Truppenteil war wankend

Die verdiente Strafe

Der Rhythmus der Entscheidung

DAZ Berlin, 26. 7.

Die ernste Stunde des Reiches und Europas verlangt außerordentliche Maßnahmen. [...]

(Fortsetzung auf Seite 2)

Aus dem Führerhauptquartier

Generalfeldmarschall Keitel, Reichsmarschall Göring, der Führer, Reichsleiter Bormann, im Hintergrund mit verbundenem Kopf, General Jodl, rechts Reichsführer ℋ Himmler im Gespräch mit Generaloberst Schoerner

Presse-Hoffmann

wissen. Wir wissen inzwischen, daß es im Kriege weit mehr Widerstandsgruppen gab als etwa die auch von der nationalsozialistischen Presse jener Jahre zugegebene und ausführlich behandelte Flugblattaktion der Münchener Studenten um die Geschwister Scholl und den viel umfangreicheren zivilen und militärischen Widerstandskreis der Männer des 20. Juli 1944. In der Arbeiterschaft, in der katholischen und evangelischen Kirche, aber auch in der Jugend, selbst in dem streng überwachten Milieu der Konzentrationslager wirkten Einzelpersonen und kleinere Personengruppen in meist geschickt getarnter Zusammenarbeit gegen Krieg und Hitlerdiktatur. Diese risikoreiche illegale Aktivität war ein Bestandteil des Kriegsalltags von Zehntausenden deutschen Männern und Frauen.

Wir wissen aber auch, daß dieser mit soviel Mut und Selbstaufopferung betriebene Widerstand in der mit allen Mitteln einer rücksichtslosen Kriegsjustiz arbeitenden nationalsozialistischen Diktatur erfolglos bleiben mußte. Mit Flugblättern, Maueraufklebern und Mundpropaganda erreichte man sicherlich viele und bestärkte sie in ihrer Ablehnung des NS-Staates und seines Krieges. Die Herrschaft der Hitler, Himmler und Göring wirklich erschüttern und stürzen konnte jedoch nur eine vom Militär getragene Großaktion, wie sie die Männer des 20. Juli zu organisieren und durchzuführen versuchten. Daß sie in erster Linie wegen einer Verkettung unglückseliger Zufälle scheiterte, nimmt ihr nichts von ihrem für die Nachwelt gültigen Sinn und Wert. Der britische Premierminister Winston Churchill, im Kriege Deutschlands resolutester Gegner, rechtfertigte nach dem Kriege den deutschen Widerstand im Hitlerstaat mit der Erklärung:

In Deutschland lebte eine Opposition, die quantitativ durch ihre Opfer und durch eine entnervende internationale Politik (Casablanca) immer schwächer wurde, aber zu dem Edelsten und Größten gehört, was in der politischen Geschichte aller Völker bisher hervorgebracht wurde. Diese Männer kämpften ohne Hilfe von innen und außen – einzig getrieben von der Unruhe ihres Gewissens. Ihre Taten und Opfer sind das Fundament eines neuen Aufbaus. Wir hoffen auf die Zeit, in der das heroische Kapitel der inneren deutschen Geschichte seine gerechte Würdigung finden wird.

◁ 96 *Über keine Widerstandsaktion wurde in der Presse der Kriegsjahre so ausführlich geschrieben wie über «die Verschwörung des 20. Juli», wie die «Deutsche Allgemeine Zeitung» sie nennt. Noch eine Woche später erstattet der Propagandaminister Goebbels aus seiner Sicht spaltenlang Bericht über die Aktion und ihr Scheitern. Es fehlt auch nicht an einem Foto aus dem Führerhauptquartier, das Hitler zwischen seinen Gefolgsleuten Göring und Bormann zeigt.*

97 *Mai 1945. Der Krieg ist aus – woina kaputt. Nach der Kapitulation der deutschen Truppen, die Berlin verteidigten, wird den Soldaten der Roten Armee am 2. Mai vor dem Brandenburger Tor das Ende der Kämpfe verkündet. Dem Kriegsfinale in Berlin folgt wenige Tage später, am 7. und 9. Mai, die Unterzeichnung der Kapitulation der gesamten deutschen Wehrmacht. Der Krieg und der Kriegsalltag sind zu Ende.* ▷

117

Zeittafel

Feldzuges durch Waffenstillstand. Anschließend Siegesfeier in vielen Orten.

17.7. Antisemitischer Film «Die Rothschilds» uraufgeführt.

21.7. «Erster deutscher Kriegsmeister im Fußball» wird Schalke 04 durch 1:0 über Dresdener Sport-Club.

7.8. Reichsjugendführer v. Schirach zum Reichsstatthalter in Wien ernannt. Obergebietsführer Axmann wird Reichsjugendführer.

24.8. Staatsbegräbnis für den im Alter von 80 Jahren in Berlin verstorbenen Miterfinder des Fernsehens Paul Nipkow.

28.8. Erster größerer britischer Luftangriff auf Berlin.

24.9. Antisemitischer Film «Jud Süß» uraufgeführt.

27.9. Dreimächtepakt Deutsches Reich–Italien–Japan in Berlin unterzeichnet.

17.11. Filmdokumentation über Westfeldzug «Der Sieg im Westen» uraufgeführt.

6.12. Film «Bismarck» mit Paul Hartmann in der Titelrolle uraufgeführt.

16.12. Mannheim von über 100 RAF-Bombern angegriffen.

1941
1.1. Zahl der Rundfunkteilnehmer im Reich auf 14 882 496 gestiegen.
Verordnung über «Pflichtdienst in der HJ» regelt und verschärft Erfassung der Jugendlichen für Dienste in der Landesverteidigung.

1.–4.3. Britische Luftangriffe auf Köln.

21.3. Film «Karl Peters» mit Hans Albers in der Rolle des deutschen Kolonialpioniers uraufgeführt.

26.3. «Institut zur Erforschung der Judenfrage» als zentrale Einrichtung mit antisemitischer Tendenz in Frankfurt am Main gegründet.

4.4. Antibritischer Film «Ohm Krüger» mit Emil Jannings in der Rolle des Burenpolitikers uraufgeführt.

6.4. Beginn des Krieges gegen Jugoslawien und Griechenland.

10.4. Unabhängiger kroatischer Staat proklamiert.

17.4. Kapitulation der jugoslawischen Armee.

30.4. Abschluß der Kämpfe in Griechenland. Besetzung des griechischen Festlandes.

8.–11.5. Angriffe von über 300 RAF-Bombern auf Hamburg und Bremen. Größte bisherige britische Luftkriegsaktion gegen deutsche Städte.

10.5. Englandflug des «Stellvertreters des Führers», Rudolf Heß, der ohne Vollmacht Hitlers der britischen Regierung Frieden und gemeinsamen Kampf gegen die Sowjetunion vorschlagen will. Heß wird bis Kriegsende in England interniert, Hitler läßt ihn für geisteskrank erklären.

4.6. Tod des ehemaligen deutschen Kaisers Wilhelm II. im Alter von 82 Jahren in seinem niederländischen Exil Doorn. Feierliche Beisetzung, Hitler stellt Ehrenbataillon.

12.6. Bochum und Duisburg bombardiert. Bisher schwerster britischer Angriff auf Städte im Ruhrgebiet.

22.6. Beginn des deutschen Angriffs auf die Sowjetunion.

28.7. Anklage und Protest des Bischofs von Münster, Graf von Galen, gegen die im Rahmen des geheimen Euthanasieprogramms durchgeführte Ermordung von Geisteskranken und andern Insassen von Heilanstalten.

15.8. Kriegshilfsdienst für weibliche Jugendliche im Anschluß an die Ableistung des Arbeitsdienstes eingeführt. Sie haben 6 Monate bei Dienststellen der Wehrmacht und Behörden, in Krankenhäusern, Verkehrs- und Rüstungsbetrieben zu arbeiten.

24.8. Aufgrund der Proteste Galens und anderer katholischer und evangelischer Kirchenführer wird die Vergasung der Insassen von Heilanstalten eingestellt.

29.8. Euthanasie-Propagandafilm «Ich klage an» uraufgeführt.

1.9. Judenstern-Erlaß: alle Juden über 6 Jahre sind vom 19. September ab verpflichtet, auf der linken Brustseite einen gelben Stern mit der Aufschrift «Jude» zu tragen.

14.10. Deportationen von Juden aus dem Reichsgebiet nach dem Osten beginnen.

15.11. «Deutsche Akademie» gegründet. Ihre Aufgabe ist «die Erforschung und Pflege der deutschen Sprache im Inlande und ihre Verbreitung im Auslande».

17.11. Selbstmord des Generalluftzeugmeisters Udet wegen Vorwürfen von Hitler und Göring, die ihn für Fehlentscheidungen in der Flugzeugproduktion verantwortlich machen.

7.12. Überraschungsangriff der Japaner ohne Kriegserklärung auf Pearl Harbor, den

	Hauptstützpunkt der US-Flotte im Pazifik.
8. 12.	USA und Großbritannien erklären Japan den Krieg. Hitler gibt im Reichstag die deutsche Kriegserklärung an die USA bekannt.
16. 12.	Film «Quax, der Bruchpilot» mit Heinz Rühmann uraufgeführt.
19. 12.	Der Oberbefehlshaber des Heeres, Generalfeldmarschall v. Brauchitsch, nach Meinungsverschiedenheiten von Hitler entlassen, der nunmehr Befehl über das Heer selbst übernimmt; er erklärt: «Das bißchen Operationsführung kann jeder machen.»

1942

1. 1.	Alle Skisportveranstaltungen im Winter 1942 abgesetzt. Die Skigeräte sind an die Wehrmacht abzugeben, die sie im russischen Winter benötigt.
11. 1.	Mit großem Propagandaaufwand aufgezogene Sammlung von Pelz-, Woll- und Wintersachen für die Soldaten der Ostfront beendet. Insgesamt mehr als 67 Millionen Stück gespendet.
20. 1.	Wannseekonferenz: in Villa am Berliner Wannsee werden in einer Besprechung führender SS- und Staatsfunktionäre Maßnahmen zur sogenannten «Endlösung der Judenfrage», der Deportation und Ausrottung des europäischen Judentums, beschlossen.
5. 2.	Reichsjugendführer Axmann proklamiert verstärkten «Kriegseinsatz» der HJ, insbesondere beim «Osteinsatz und Landdienst».
8. 2.	Zum Reichsminister für Bewaffnung und Munition wird anstelle des durch Unfall verstorbenen Fritz Todt der Architekt Albert Speer ernannt.
15. 2.	Reichsraucherkarte für Männer über 18 und Frauen über 25 Jahre eingeführt. Frauen erhalten nur die halbe Männerration.
3. 3.	Film «Der große König» mit Otto Gebühr, ein Fridericus-Film mit der aktuellen Tendenz «Durchhalten bis zum Endsieg», uraufgeführt.
12. 3.	Industrieller Robert Bosch, Gründer der Bosch-Werke, im Alter von 80 Jahren in Stuttgart gestorben.
21. 3.	Fritz Sauckel, Gauleiter von Thüringen, zum Generalbevollmächtigten für den Arbeitseinsatz ernannt.
28. 3.	Flächenangriffe (area bombings) der Bombergeschwader der RAF, deren Befehlshaber seit Ende Februar Luftmarschall Harris ist, beginnen mit Großangriff auf Lübeck. 1425 Gebäude, vor allem in der Altstadt, zerstört.
1. 4.	Zigeuner werden durch eine Verordnung den Juden gleichgestellt, ihrer bürgerlichen Freiheiten beraubt und zum großen Teil in Konzentrationslager überführt.
24. 4.	RAF-Nachtangriff auf Rostock mit weitgehender Zerstörung der Altstadt. Zweite Aktion des «area bombing».
27. 5.	Attentat in Prag durch tschechische Widerstandskämpfer auf den stellvertretenden Reichsprotektor von Böhmen-Mähren und Chef des Reichssicherheitshauptamts, Heydrich, der am 4. Juni den Verletzungen erliegt. Zur Vergeltung etwa 1300 standgerichtliche Hinrichtungen und Vernichtung des Dorfes Lidice mit Ermordung der männlichen Einwohner durch SS.
30.–31. 5.	Erster Flächenangriff der RAF auf Köln mit 1130 Flugzeugen. Umfangreiche Zerstörungen.
12. 6.	Film «Die große Liebe» mit Zarah Leander in der Hauptrolle uraufgeführt: größter Publikumserfolg aller während des Krieges gedrehten Filme.
2.–3. 7.	RAF-Großangriff auf Bremen.
5. 7.	Schalke 04 siegt über Vienna-Wien 2:0 vor 90000 Zuschauern im Berliner Olympia-Stadion. Erringt damit nach dem 1. FC Nürnberg gleichfalls sechs deutsche Fußballmeisterschaften.
14. 8.	Antisowjetischer Propagandafilm «G. P. U.» uraufgeführt.
16. 8.	Die in Bayreuth zu Ende gehenden Richard-Wagner-Festspiele 1942 weitgehend den Erfordernissen des Krieges angepaßt. Die meisten Karten an Soldaten und Rüstungsarbeiter vergeben.
24. 8.	Otto Thierack, Präsident des Volksgerichtshofs, zum Reichsjustizminister ernannt. Der Staatssekretär im Justizministerium, Roland Freisler, wird Präsident des Volksgerichtshofs. Mit diesen Ernennungen beginnt eine Ära verschärfter Kriegsjustiz.
6. 9.	Deutscher Meister im Schwergewichtsboxen wird Walter Neusel durch Sieg über den Titelverteidiger Adolf Heuser in der Berliner Deutschlandhalle.
10.–11. 9.	Erster Flächenangriff der RAF auf Düsseldorf mit 360 Flugzeugen. Umfangreiche Gebäudeschäden.

4.10.	6 Millionen Fremdarbeiter und 5 Millionen Kriegsgefangene arbeiten im Reich, behauptet Göring in einer Erklärung.
6.10.	Bismarck-Film «Die Entlassung» mit Emil Jannings in der Hauptrolle uraufgeführt.
19.–25.11.	Beginn der Tragödie von Stalingrad. Etwa 250 000 deutsche und rumänische Soldaten bei Stalingrad von Sowjettruppen eingeschlossen. Hitler befiehlt: «Die 6. Armee igelt sich ein und wartet Entsatz von außen ab.»

1943

27.1.	Erlaß einer Meldepflichtverordnung: Männer zwischen 16 und 65 und Frauen zwischen 17 und 45 Jahren haben sich beim Arbeitsamt zu melden, um für Aufgaben der Reichsverteidigung zur Verfügung zu stehen.
30.1.	Zum Oberbefehlshaber der Kriegsmarine anstelle von Großadmiral Raeder, der wegen Meinungsverschiedenheiten mit Hitler verabschiedet wird, der bisherige Befehlshaber der U-Boote, Karl Dönitz, unter Beförderung zum Großadmiral ernannt.
31.1.–2.2.	Kapitulation der in zwei Teile aufgespaltenen 6. Armee in Stalingrad. 140 000 deutsche und rumänische Soldaten gefallen, 91 000 geraten in Gefangenschaft, unter ihnen der von Hitler am 31.1. zum Generalfeldmarschall beförderte General Paulus. Größte bisherige Niederlage der deutschen Wehrmacht im Zweiten Weltkrieg.
4.2.	Schließung aller nicht kriegswichtigen Betriebe des Handels, Handwerks und Gaststättengewerbes durch das Reichswirtschaftsministerium angeordnet. Die Aktion läuft nur langsam an, so daß viele dieser Betriebe noch lange erhalten bleiben.
11.2.	Einberufung aller höheren Schüler ab 15 Jahren zum Kriegsdienst als Luftwaffenhelfer.
18.2.	Reichspropagandaminister Goebbels ruft in einer durch Zeitungen und Rundfunk in besonders großer Aufmachung verbreiteten Rede im Berliner Sportpalast zum «totalen Krieg» auf. Mitglieder des studentischen Widerstandskreises der «Weißen Rose» um die Geschwister Scholl nach antinazistischer Flugblattaktion in München verhaftet und kurz darauf hingerichtet.
1.–2.3.	Schwerer RAF-Bombenangriff auf Berlin. Über 700 Tote, 35 000 Obdachlose.
5.3.	Film «Münchhausen» mit Hans Albers in der Titelrolle zum 25-Jahresjubiläum der Ufa uraufgeführt.
3.4.	Krupp-Werke in Essen durch RAF-Angriff erheblich zerstört. Hauptziele der Flächenangriffe britischer Bomber sind in den nächsten Monaten die Rhein-Ruhr-Zentren der Kriegswirtschaft und ihre Wohnviertel, vor allem Essen, Duisburg, Dortmund, Düsseldorf, Bochum, Wuppertal, Oberhausen, Krefeld, Mühlheim, Gelsenkirchen, Köln und Mönchengladbach.
12.–13.5.	Kapitulation der deutschen und italienischen Streitkräfte in Nordafrika. 130 000 deutsche und fast 120 000 italienische Soldaten geraten in Gefangenschaft.
16.5.	Beim Muttertag 1943 erhalten 137 950 Frauen in zum Teil propagandistisch effektvoll gestalteten Feierstunden der NSDAP und NS-Frauenschaft Mutterkreuze, davon 23 439 Kreuze in Gold für 8 und mehr Kinder.
16.–17.5.	Bei Bombardierung der Eder- und Möhne-Talsperrmauern entstehen erhebliche Schäden und Überschwemmungen. Über 1200 Tote.
31.5.	Zahl der in der Kriegswirtschaft beschäftigten ausländischen Arbeiter und Arbeiterinnen einschließlich der Kriegsgefangenen auf über 12 Millionen gestiegen.
1.7.	Juden durch Stellung «unter Polizeiaufsicht» der ordentlichen Gerichtsbarkeit entzogen. Verlust jeglichen Rechtsschutzes, so daß sie bei geringstem Verstoß gegen die zahlreichen für Juden geltenden Sonderbestimmungen der Gestapo ausgeliefert und sodann meist deportiert werden.
23.7.–3.8.	Operation «Gomorrha»: Britisch-amerikanische Luftangriffe auf Hamburg mit schwersten Zerstörungen und größten Menschenverlusten, die bis dahin je eine Stadt in einem Krieg erlitt: mindestens 30 000 Tote, rd. 280 000 Gebäude zerstört. Flächenbrände und Feuerstürme bisher unbekannten Ausmaßes.
25.7.	Mussolini gestürzt und interniert. Marschall Badoglio von König Viktor Emanuel III. zum italienischen Ministerpräsidenten ernannt.
6.8.	Aufgrund der schweren Luftangriffe auf Hamburg wird eine möglichst umfassende Evakuierung der Bevölkerung Berlins angeordnet. Insbesondere nicht berufstätige Frauen und Kinder sollen die Stadt verlassen.

123

17.u.18.8.	US-Bomberangriffe auf Rüstungszentren: Kugellagerfabriken in Schweinfurt, Messerschmitt-Flugzeugwerke in Regensburg und Raketenversuchsanstalt in Peenemünde.
18.8.	Selbstmord des Generalstabschefs der Luftwaffe, Generaloberst Jeschonnek, wegen Differenzen mit Hitler und Verzweiflung über Luftkriegslage.
2.9.	Konzentration der Kriegswirtschaft im Ministerium Speer, das die neue Bezeichnung Reichsministerium für Rüstung und Kriegsproduktion erhält, soll Effektivität der Kriegsindustrie verstärken.
8.9.	Waffenstillstand der Alliierten mit Italien.
12.9.	Mussolini auf Befehl Hitlers durch Handstreich aus Internierung entführt und nach Deutschland gebracht.
23.9.	Hannover durch 4 Flächenangriffe der RAF am 23.9., 28.9., 9.10. und 19.10. erheblich zerstört.
18.11.–3.12.	5 Luftangriffe der RAF auf Berlin. Schwerste Serie von Bombardierungen der Hauptstadt. Etwa 2700 Tote und 250000 Obdachlose. Vor allem Stadtviertel im Westen und Zentrum Berlins betroffen. Hauptziele des Luftkrieges bis Jahresende außer Berlin vor allem Leipzig, Kiel, Bremen, Hamburg, Frankfurt.

1944

1.1.	Hitler erklärt zum Jahresbeginn in Tagesbefehl an die Wehrmacht: «Es mag die plutokratische Welt im Westen ihren Landeversuch unternehmen, wo sie will: er wird scheitern.»
9.1.	Die Wienerin Martha Musilek, eine der populärsten deutschen Sportlerinnen, wird in München zum dritten Mal deutsche Meisterin im Eiskunstlauf.
31.1.	Letzter von 6 Nachtangriffen der RAF auf Berlin im Laufe des Januar 1944.
16.2.	Aufruf an die deutschen Pensionäre zum «freiwilligen Ehrendienst in der deutschen Kriegswirtschaft».
20.–25.2.	Sogenannte «Big Week»: Serie von Tagesangriffen von insgesamt 4000 US-Bombern und Jägern auf Flugzeug- und Rüstungswerke.
6.6.	Beginn der Invasion mit Landung alliierter Truppen in der Normandie.
12.6.	Hydrierwerke bei Gelsenkirchen bombardiert.
13.–16.6.	Erstmalige Aktionen der als «Wunderwaffe» bezeichneten unbemannten V1-Flugkörper gegen das Stadtgebiet von London. Wehrmachtsbericht spricht von «neuartigen Sprengkörpern schwersten Kalibers».
18.6.	Deutscher Fußballmeister 1944 wird Dresdener SC durch 4:0-Sieg über Luftwaffen SV Hamburg vor 70000 Zuschauern im Berliner Olympia-Stadion.
21.6.	Tagesangriff von etwa 2500 US-Bombern und Jägern auf Berlin. 44 Bomber abgeschossen.
22.6.	Sowjetische Sommeroffensive gegen deutsche Heeresgruppe Mitte eröffnet. Tiefe Einbrüche schon in den ersten Tagen.
30.6.	«Wunderwaffe» V 1, der Hitler «kriegsentscheidende Wirkung» vorausgesagt hatte, erweist sich als wenig wirksam wegen mangelnder Zielgenauigkeit und langsamen Fluges, der Abschüsse ermöglicht. Fast ein Drittel der rd. 2000 eingesetzten Flugkörper durch britische Flak und Jäger abgeschossen.
4.7.	Hitler erklärt in einer Ansprache vor 200 führenden Männern der Rüstung und Wehrwirtschaft, seiner letzten Rede vor einem nichtmilitärischen Kreis, «der deutsche Erfindergeist» sei «im Begriff, die Voraussetzungen zu schaffen, das Steuer des Krieges endgültig herumzureißen».
8.7.	Bei der sowjetischen Offensive an der Mittelfront nach Kapitulation der eingekesselten restlichen Truppen insgesamt 28 Divisionen mit 350000 Mann vernichtet oder in Gefangenschaft geraten.
11.–13.7.	München von US-Bombern wiederholt angegriffen.
18.7.	Stückgutbeförderung durch Straßenbahnen zum Zwecke der Benzinersparnis beginnt in Hamburg auf mehreren Linien. Andere Städte folgen dem Hamburger Beispiel.
20.7.	Attentat auf Hitler im Führerhauptquartier «Wolfsschanze» durch eine von Oberst Graf Stauffenberg gelegte Bombe. Mehrere Tote, Hitler nur leicht verletzt. Der lange vorher geplante Staatsstreich einer Gruppe höherer Offiziere und Zivilisten, der von der Zentrale des Ersatzheeres im Bendlerblock in Berlin aus versucht wird, scheitert. Standgerichtliche Erschießung Stauffenbergs und seiner Mitverschworenen im Hof des Bendlerblocks kurz nach Mitternacht.
23.7.	Deutscher Gruß in der Wehrmacht eingeführt.

24.–29.7.	Stuttgart in mehreren Nachtangriffen von über 1800 britischen Bombern schwer zerstört. 898 Tote, mehr als 100 000 Obdachlose.
25.7.	Hitler ernennt Goebbels zum Reichsbevollmächtigten für den totalen Kriegseinsatz.
28.7.	Denkschrift des Reichsrüstungsministers Speer über die immer kritischere Treibstofflage seit Beginn der alliierten Luftangriffe auf Hydrierwerke. Benzinerzeugung ging von 175 000 Tonnen im April auf 30 000 im Juli 1944 zurück.
28.–29.7.	Leuna-Werke in Thüringen, die größten deutschen Hydrieranlagen, zweimal von US-Verbänden bombardiert.
30.7.	Propagandafilm «Der Wille zum Leben», der die Versorgung der Kriegsversehrten in günstigem Licht zeigt, uraufgeführt.
1.8.	Durch Sondererlaß Hitlers «Sippenhaft» für die Familienmitglieder von Wehrmachtsangehörigen eingeführt, die des Verrats an Deutschland überführt sind. Viele Verwandte der an der Verschwörung des 20. Juli Beteiligten in Konzentrationslagern und Gefängnissen interniert.
2.8.	Sämtliche Reichsmeisterschaften im Sport im Zuge der Maßnahmen des «totalen Krieges» eingestellt.
7.–8.8.	Volksgerichtshof unter Vorsitz des Präsidenten Freisler verurteilt im ersten Prozeß gegen die Männer des 20. Juli u. a. Generalfeldmarschall v. Witzleben und Generaloberst Hoepner zum Tode. Weitere Prozesse gegen Teilnehmer der Verschwörung folgen in den nächsten Monaten. Meist Todesurteile.
10.8.	Maßnahmen im Zuge des totalen Krieges auf kulturellem Gebiet in mehreren Verordnungen bekanntgegeben. Theater müssen schließen, Verlage, Orchester, Kunsthochschulen und andere Institutionen Aktivitäten einstellen. Ihre Mitarbeiter werden der Wehrmacht und Rüstung zugeführt.
11.8.	Reichspost gibt Einschränkung des Post- und Paketverkehrs bekannt.
23.8.	Rumäniens Staatschef Antonescu gestürzt. Waffenstillstand Rumäniens mit der Sowjetunion, deren Truppen in das Land einmarschieren.
24.8.	60-Stunden-Woche im öffentlichen Dienst und in der Wirtschaft eingeführt. Allgemeine Urlaubssperre. Truppenbetreuung durch die Organisation «Kraft durch Freude» eingestellt.
25.8.	Die Alliierten ziehen in die von deutschen Truppen widerstandslos geräumte französische Hauptstadt Paris ein. Opelwerke in Rüsselsheim von RAF bombardiert.
27.–30.8.	Schwere RAF-Angriffe auf Hafenstädte Kiel, Königsberg, Stettin, Bremen.
30.8.	Verlust des rumänischen Ölgebiets von Ploesti verschärft Treibstoffknappheit. Allmählicher Rückzug der deutschen Truppen aus dem Balkangebiet fortgesetzt.
4.9.	Weitgehende Einschränkung des Personenzugverkehrs. 60 Schnell- und Eilzüge abgesetzt.
11.–12.9.	Darmstadt durch RAF-Bomberangriff erheblich zerstört. 12 000 Tote wegen Fehlens von Luftschutzräumen, 70 000 Obdachlose.
12.9.	Stuttgart erneut bombardiert. 957 Tote, 50 000 Obdachlose.
25.9.	Erlaß über die Bildung des deutschen Volkssturms verkündet. Alle «waffenfähigen Männer von 16 bis 60 Jahren» nunmehr zum Wehrdienst verpflichtet.
8.10.	Alliierte Verbände erreichen deutsche Westgrenze und beginnen mit Einschließung Aachens, das am 21.10. von der 9. US-Armee eingenommen wird.
14.10.	Erwin Rommel, der volkstümlichste deutsche Generalfeldmarschall, der als Oberbefehlshaber einer Heeresgruppe an der Invasionsfront wiederholt Hitlers Strategie kritisiert hat, begeht auf Hitlers Befehl Selbstmord. Andernfalls muß er mit seiner Verurteilung durch den Volksgerichtshof wegen Kontakten zur Verschwörung des 20. Juli rechnen.
16.10.	Sowjetische Truppen dringen in Ostpreußen ein.
20.11.	Hitler gibt wegen der Nähe der Kampffront sein ostpreußisches Hauptquartier auf, das unter der Tarnbezeichnung «Wolfschanze» mehr als drei Jahre «Führerhauptquartier» war.
15.12.	Premiere des Hans-Albers-Films «Große Freiheit Nr. 7» findet in Prag statt, da die Filmprüfstelle die Vorführung des nicht in die Atmosphäre des totalen Krieges passenden Films aus dem Hafenmilieu in Deutschland untersagt.
16.12.	Beginn der Ardennenoffensive, des letzten Großangriffs deutscher Truppenverbände. Muß nach anfänglichem Vordringen nach

rd. zwei Wochen wegen amerikanischer Gegenoffensive und Luftüberlegenheit abgebrochen werden.

1945

1.–2.1. Schwere Angriffe von US-Bombern auf Rheinbrücken von Koblenz, Neuwied und Remagen.

15.1. Hitler siedelt aus seinem vorübergehenden Hauptquartier im Taunus in die Berliner Reichskanzlei über, die er bis zu seinem Tode nicht mehr verläßt.

23.1. Abtransport von Zivilflüchtlingen und Soldaten aus Ostpreußen und der Danziger Bucht, vorwiegend auf dem Seewege, beginnt. Bis Kriegsende 2 Millionen evakuiert.

30.1. Großfilm «Kolberg», das aufwendigste Filmprojekt des Krieges mit der Tendenz «Durchhalten bis zum Endsieg», am zwölften und letzten Jahrestag der Machtergreifung Hitlers uraufgeführt.

3.2. Tagesangriff von über 900 US-Flugzeugen auf Berlin. Erhebliche Zerstörungen in der Innenstadt. 22000 Tote, darunter der gefürchtete Präsident des Volksgerichtshofs, Freisler.

13.1.–14.2. Zwei schwere Nachtangriffe der RAF auf das von Flüchtlingen aus Schlesien überfüllte Dresden. Mindestens 60000 Tote.

16.2. Kampf um das von sowjetischen Verbänden eingeschlossene Breslau beginnt, dessen letzte Häuserblocks erst Anfang Mai eingenommen werden.

6.3. Köln von Alliierten besetzt.

14.–15.4. Die alte Preußenresidenz Potsdam von über 360 britischen Flugzeugen angegriffen. Viele historische Bauten vernichtet oder beschädigt. Etwa 5000 Tote.

18.–19.4. US-Truppen nehmen Magdeburg und Leipzig ein. Britische Armee erreicht die Elbe bei Lauenburg.

21.4. Die nach schweren Kämpfen im Odergebiet bis nahe Berlin vorgerückten Sowjettruppen beginnen mit dem Beschuß des Zentrums der Hauptstadt.

25.4. Sowjetische und US-Truppen treffen sich bei Torgau an der Elbe.
Einschließung Berlins durch sowjetische Armee beendet.

30.4. Selbstmord Hitlers in der Reichskanzlei.
US-Truppen besetzen München.

2.5. Kapitulation der deutschen Truppen, die Berlin verteidigen.
Der von Hitler in seinem Testament zum Reichspräsidenten bestimmte Großadmiral Dönitz bildet eine «Geschäftsführende Reichsregierung» in Flensburg, die dort bis zu ihrer Inhaftierung am 23. Mai abschließende Verhandlungen mit den Alliierten zu führen versucht.

7.–9.5. Gesamtkapitulation der deutschen Wehrmacht am 7. Mai in Eisenhowers Hauptquartier in Reims unterzeichnet. Unterzeichnungsakt in der Nacht vom 8. zum 9. Mai in Berlin-Karlshorst in Anwesenheit des Repräsentanten der Sowjetunion, Marschall Schukow, wiederholt.

Literatur zum Thema

Beck, Johannes u. a. (Hg.): Terror und Hoffnung in Deutschland 1933–1945. Leben im Faschismus. Reinbek 1980.

Bleuel, Hans-Peter: Das saubere Reich. Eros und Sexualität im Dritten Reich. Bern–München 1972.

Boberach, Heinz (Hg.): Meldungen aus dem Reich. Auswahl aus den geheimen Lageberichten des Sicherheitsdienstes der SS. Neuwied–Berlin 1965.

Broszat, Martin u. Fröhlich, Elke (Hg.): Bayern in der NS-Zeit. 4 Bde. München 1977 ff.

Deutschland-Berichte der SPD 1934–40. 7 Bde. (insbes. Jahrgangsbände 1939 u. 1940). Frankfurt 1980.

Diller, Ansgar: Die Rundfunkpolitik des Dritten Reiches. München 1980.

Dokumente deutscher Kriegsschäden. Hg. vom Bundesminister für Vertriebene, Flüchtlinge und Kriegsgeschädigte. 5 Bde. u. 2 Beihefte. Bonn 1958–62.

Focke, Harald u. Reimer, Uwe (Hg.): Alltag unterm Hakenkreuz. Reinbek 1979. – Alltag der Entrechteten. Wie die Nazis mit ihren Gegnern umgingen. Reinbek 1980.

Gamm, Hans-Jochen: Der Flüsterwitz im Dritten Reich. München 1963.

Grube, Frank u. Richter, Gerhard: Alltag im Dritten Reich. So lebten die Deutschen 1933–45. Hamburg 1982.

Hale, Oron J.: Presse in der Zwangsjacke 1933–1945. Düsseldorf 1965.

Heyen, Franz-Josef (Hg.): Nationalsozialismus im Alltag. Quellen zur Geschichte des Nationalsozialismus vornehmlich im Raum Mainz–Koblenz–Trier. Boppard 1967.

Hoffmann, Peter: Widerstand, Staatsstreich, Attentat. Der Kampf der Opposition gegen Hitler. München 1970.

Holmsten, Georg: Deutschland Juli 1944. Soldaten, Zivilisten, Widerstandskämpfer. Düsseldorf 1982.

Irving, David: Und Deutschlands Städte starben nicht. Zürich 1963.

Kiersch, Gerhard u. a.: Berliner Alltag im Dritten Reich. Düsseldorf 1981.

Klose, Werner: Generation im Gleichschritt. Oldenburg 1964.

Koch, Hannsjoachim: Geschichte der Hitler-Jugend. Starnberg 1975.

Kurowski, Franz: Der Luftkrieg über Deutschland. Düsseldorf–Wien 1977.

Leiser, Erwin: «Deutschland erwache!» Propaganda im Film des Dritten Reiches. Reinbek 1978.

Lück, Margret: Die Frau im Männerstaat. Frankfurt 1979.

Mutterkreuz und Arbeitsbuch. Zur Geschichte der Frauen in der Weimarer Republik und im Nationalsozialismus. Frankfurt 1981.

Paul, Wolfgang: Der Heimatkrieg 1939 bis 1945. Esslingen 1980.

Sauer, Paul: Württemberg in der Zeit des Nationalsozialismus. Ulm 1975.

Seidler, Franz W.: Blitzmädchen. Die Geschichte der Helferinnen der deutschen Wehrmacht im Zweiten Weltkrieg. Koblenz–Bonn 1979.

Staff, Ilse (Hg.): Justiz im Dritten Reich. Eine Dokumentation. Frankfurt 1978.

Strothmann, Dieter: Nationalsozialistische Literaturpolitik. Berlin 1960.

Weisenborn, Günther: Der lautlose Widerstand. Bericht über die Widerstandsbewegung des deutschen Volkes 1933–45. Hamburg 1953.

Zentner, Christian (Hg.): Lexikon des Zweiten Weltkrieges. Hamburg 1977.

Zentner, Kurt: Illustrierte Geschichte des Zweiten Weltkriegs. München 1963.

Zur Person des Autors

Georg Holmsten, am 4. August 1913 in Riga geboren. 1922 Übersiedlung nach Berlin. 1933 Abitur an einem Berliner Gymnasium. Während der NS-Zeit Nachrichtenjournalist, zunächst bei der amerikanischen Agentur United Press, seit Kriegsbeginn Redakteur und Chef vom Dienst der Auslandsredaktion des Deutschen Nachrichten-Büros. Vom 1. Juli 1942 bis Kriegsende Wehrmacht. Vom Februar 1943 bis Februar 1945 als Informationsoffizier in Zivil in der Amtsgruppe Ausland des Amtes Ausland/Abwehr tätig. An der Aktion des 20. Juli 1944 beteiligt; siehe Erlebnisbericht in dem Buch «Deutschland Juli 1944» in der Reihe «Fotografierte Zeitgeschichte», Droste – Düsseldorf 1982.
Seit Kriegsende freier Schriftsteller. Autor von über 30 Büchern, darunter die Kriegsbücher «Der Brückenkopf» und «Endstation Berlin», zehn biographische Romane über Ludwig XIV., Rembrandt und andere Persönlichkeiten in Gesamtauflage von über 1 Million, Rowohlt-Monographien über Voltaire, Rousseau, Friedrich den Großen und den Freiherrn vom Stein, die Historien «Potsdam-Geschichte der Stadt» und «Brandenburg-Geschichte der Mark» sowie Baedeker-Stadtführer durch sechs Berliner Bezirke.

Georg Holmsten
Deutschland Juli 1944
Soldaten, Zivilisten, Widerstandskämpfer
160 Seiten mit 153 Abb., celloph. Einband
Ein Augenzeuge der Ereignisse des 20. Juli 1944 legt mit diesem Band der Droste-Reihe «Fotografierte Zeitgeschichte» die bisher umfassendste Bilddokumentation über eine der dramatischsten Epochen deutscher Geschichte und den Berliner Bendlerblock vor, der seit dem Ersten Weltkrieg die deutsche militärische Befehlszentrale und später Mittelpunkt des militärischen Widerstandes gegen Hitler war.

Klaus-Jörg Ruhl
Brauner Alltag
1933–1939 in Deutschland
168 Seiten mit 137 Abb., celloph. Einband
Der Band «Brauner Alltag» der erfolgreichen Droste-Reihe «Fotografierte Zeitgeschichte» läßt in Bild und Text das tägliche Leben in Deutschland der Jahre 1933–39 lebendig werden.

Rolf Italiaander (Hrsg.)
Wir erlebten das Ende der Weimarer Republik
Zeitgenossen berichten
240 Seiten mit 219 Abb., celloph. Einband
So erlebten wir das Ende der Weimarer Republik: Dieser neue Band der Droste-Reihe «Fotografierte Zeitgeschichte» versammelt in nahezu 100 eigens heute geschriebenen Originalbeiträgen deutsche Schicksale des Jahres 1933, Erinnerungen von eindringlicher Aktualität, belegt mit der Authentizität zahlreicher Bilddokumente.

Droste Verlag Düsseldorf